Ulrich Dierse (Hrsg.)

Joachim Ritter zum Gedenken

AKADEMIE DER WISSENSCHAFTEN UND DER LITERATUR

Abhandlungen der
Geistes- und sozialwissenschaftlichen Klasse
Jahrgang 2004 • Nr. 4

Ulrich Dierse (Hrsg.)

Joachim Ritter zum Gedenken

AKADEMIE DER WISSENSCHAFTEN UND DER LITERATUR • MAINZ
FRANZ STEINER VERLAG • STUTTGART

Vorgelegt von Hrn. Kodalle in der Plenarsitzung am 17. April 2004,
zum Druck genehmigt am selben Tage, ausgegeben am 20. Oktober 2004.

Bibliografische Information Der Deutschen Bibliothek

Die Deutsche Bibliothek verzeichnet diese Publikation in der Deutschen Nationalbibliografie; detaillierte bibliografische Daten sind im Internet über <*http://dnb.ddb.de*> abrufbar.

ISBN 3-515-08626-9

Umschlaggestaltung: die gestalten. Joachim Holz, Mainz
Druck: Rheinhessische Druckwerkstätte, Alzey
Gedruckt auf säurefreiem, chlorfrei gebleichtem Papier

Printed in Germany

Inhalt

Vorwort

Joachim Ritter, dessen Andenken dieser Band gewidmet ist, lehrte von 1946 bis 1968 Philosophie an der Universität Münster; er hatte viele Hörer und Leser, aber er bildete keine Schule im eigentlichen Sinn aus. Es hätte seiner liberalen Art zu lehren, die sich nicht durch Unbestimmtheit, wohl aber durch noble Offenheit auszeichnete, widersprochen, auf eine geschlossene Systematik oder Schulsprache zu dringen. Gerade deswegen dürfen sich viele zu seinen Schülern zählen, die jeweils ihre eigenen Wege verfolgten. Einige von ihnen versammelten sich im November 1989 in Bad Homburg v. d. H., um das vorzutragen, was sie bei Ritter als prägend erlebten und für erinnerungswürdig hielten. Zudem konnte dort erstmals über einiges aus dem Nachlaß berichtet werden, besonders aus dem der frühen Zeit. Die Referate werden hier – in mancherlei Über- und Nacharbeitungen – vorgelegt, um etwas von Ritters großer Wirkung zu dokumentieren, einer Wirkung ebenso sehr der Vorlesungen und Vorträge, der Seminare und des *Collegium Philosophicum*, als der gedruckten Schriften. Das *Historische Wörterbuch der Philosophie*, das von Ritter und seinen ersten Schülern begonnen wurde und jetzt abgeschlossen wird, legt zusätzlich davon Zeugnis ab.

Zu danken ist der Werner-Reimers-Stiftung in Bad Homburg, die großzügig ihre Räumlichkeiten zur Verfügung stellte, der Akademie der Wissenschaften und der Literatur (Mainz), die das Kolloquium unterstützte und diesen Band in ihre Publikationsreihe aufnahm, nicht zuletzt auch Frau Karin Beiküfner für die Abschrift der Tonbandmitschnitte.

Daß dieser Band nicht mehr exakt zu Ritters 100. Geburtstag (2003) erschienen ist, möge man ihm nachsehen. Vielleicht beugt die Verzögerung der Gefahr vor, daß er nur im Jubiläumsjahr gelesen wird.

Ulrich Dierse

Das bürgerliche Leben

Günther Bien

Wenn eines der Signa der deutschen Nachkriegsphilosophie die Erneuerung der praktischen Philosophie und eine interessierte Zuwendung zu ihr auf breiter Front ist, so ist dies – wenn vielleicht nicht allein, so doch in ihren wesentlichen Impulsen – Joachim Ritter zu verdanken.

Praktische Philosophie begegnet heute in zwei Gestalten, die man historisierend zwei Epochen, oder, wenn man so will, den beiden sie repräsentierenden Namen und Hauptphilosophien zuordnen kann, nämlich der Aristotelischen und der Kantischen Philosophie. Sachlich läßt sich das Gemeinte verschieden umschreiben, wobei es gilt, das Gemeinsame auf den Begriff zu bringen. Von Jürgen Habermas stammt die Kennzeichnung: Während die alte, sich von Aristoteles herführende Ethik, sich mit Fragen des guten und gelingenden Lebens unter dem Titel „Glück" befaßt hat, thematisiert die spezifisch moderne, von Kant inaugurierte Moralphilosophie, die Kriterien eines richtigen und gerechtfertigten Handelns in der Ausrichtung an den der Universalisierung fähigen Normen. Mehr oder weniger offen ausgesprochen, aber auf jeden Fall impliziert ist dabei die Unterstellung, daß, wer nach Glück und gelingendem Leben fragt, nicht moralisch fragt und nach nichts Moralischem fragt.[1] – Bei Adorno ist der gleiche Sachverhalt noch mit einer etwas anderen Einfärbung formuliert: Die (von ihm „traurig" genannte) Wissenschaft, aus der er seinem Freund Horkheimer einige Minima Moralia darbiete, beziehe sich auf einen Bereich, der für undenkliche Zeiten als der eigentliche der Philosophie gegolten habe, seit deren Verwandlung in Methode aber der intellektuellen Nichtachtung, der sententiösen Willkür und am Ende der Vergessenheit verfallen sei: der Lehre vom richtigen Leben.[2] – Die in diesen Entgegensetzungen gemeinte Differenz ist zuerst immerhin von Kant mit Scharfsinn

---

1 Vgl. J. Ritter: Metaphysik und Politik (Frankfurt a.M. 1969) S. 57.
2 Th. W. Adorno: Minima Moralia (Frankfurt a.M. 1951) S. 7.

formuliert worden als Querelle de la morale des Anciens et des Modernes in ethicis: Während die Modernen die Beurteilungsinstanz der Moralität zum zentralen Gegenstand machen, fragten die Alten direkt, worin sie zu setzen sei – in die Tugend und das Wohlverhalten oder das Wohlergehen und die Wohlfahrt oder die Einfalt.[3] Kant selbst, auf den sich die Verächter der alten Philosophie zumeist berufen, hat seinerseits anders als seine Nachfolger votiert. Er hat dazu aufgefordert, das Wort und die Sache der Philosophie auch weiterhin in der Bedeutung zu verstehen, in der die Alten sie genommen hatten, nämlich als eine Anweisung zur theoretischen Klärung des Begriffs vom höchsten Gut und zum praktischen Verhalten, durch welches es zu erwerben sei.[4]

Als das Gemeinsame dieser Kennzeichnungen und der in ihnen gemeinten Differenzierung ist im Blick auf Joachim Ritters Philosophie herauszuheben: es geht um den Unterschied zwischen einer philosophia practica universalis einerseits und einer auf die quaestio diiudicationis andererseits reduzierten Moralphilosophie. Die philosophia practica universalis ist umgreifende Theorie des Menschen und – aristotelisch gesprochen – eine Philosophie über die menschlichen Angelegenheiten,[5] eine Lehre von der menschlichen Lebenswelt und der menschlichen Praxis im Sinne einer Reflexion auf die Totalität der Bedingungen einer sinnvollen Daseinsführung. Zu ihr verhält sich eine ausschließliche Normbegründungsphilosophie wie etwas Partikuläres. Joachim Ritter intendierte in seiner Philosophie den Bereich, der nach Adorno seit je als der eigentliche der Philosophie gegolten hat: das richtige Leben, und er betrieb Philosophie als Weisheitslehre genau in dem von Kant explizierten traditionellen Sinn. Wenn er mit Hegel gegen die von Kant bzw. einigen Kantianern vorgenommenen Reduktionsformen der Moral ausschließlich auf Moralbedingungsanalyse Vorbehalte (um nicht zu sagen: Abneigungen) erkennen ließ, so geschah dies darum, weil er, vielleicht weniger in ihnen selbst, aber doch in ihren Folgen als Subjektivitätsphilosophie in ihrer abstrakten Gestalt, eine der modernen Welt eigene spezifische Gefährdung und Beeinträchtigung des gelingenden Lebens erkannte. Joachim Ritter ist nie gegen die moderne Subjektivität gewesen, mögen ihm dies auch solche Interpre-

3 I. Kant: Reflexion Nr. 6880 zur Moralphilosophie. Akad.-Ausg. Bd. 19 (Berlin u. Leipzig 1934) S. 190.

4 Kritik der praktischen Vernunft (1787) S. 194, hg. von K. Vorländer (Hamburg 1929) S. 125.

5 Aristoteles: Nikomachische Ethik X, 10. 1181 b 15 .

ten direkt oder implizit und nur in der Tonart ihrer Äußerung unterstellen, die ihn zum Ahnherrn des verruchten Neo-Aristotelismus – wie sie diesen verstehen – erklären.

Ritters Theorie des bürgerlichen als des richtigen Lebens ist, wenn solche globalen Beschreibungen ein Recht haben, Philosophie über die menschlichen Angelegenheiten im Sinne und Umfang der Aristotelischen Trias von Ethik, ökonomischer Analyse und Politik, verbunden mit und motiviert von einer spezifisch geschichtsphilosophischen Analyse (a) der Verlaufsstruktur des europäischen philosophischen und politischen Denkens sowie (b) der Moderne als deren Frucht und Ergebnis. Will man – nur zum Zwecke einer auf Verständigung zielenden Kennzeichnung – die Position in analogisierender Weise auf das Inhaltsverzeichnis eines großen Buches abbilden: Sie entspricht nach Inhalten und Dimensionen den Analysen der Rechtsgestalt des modernen Staates, der Moralitätstheorie und neuzeitlichen Subjektivität überhaupt sowie der Theorie der institutionellen Gestalten des Lebens in der modernen bürgerlichen Gesellschaft und ihrem Staat – einschließlich des die europäische Freiheitsgeschichte unter dem Titel *Die Weltgeschichte* thematisierenden Teils C in Hegels Rechtsphilosophie.[6]

Eine umfassende Interpretation von Joachim Ritters praktischer Philosophie als Theorie des bürgerlichen Lebens müßte also zur Sprache bringen

1. seine universale Interpretation der europäischen Freiheitsgeschichte einschließlich seiner Theorie der Moderne unter dem Stichwort „Weltzivilisation“ mit Stadttheorie und Europäisierungsanalyse,
2. seine aktuell gemeinte ethische Lehre von den Bedingungen eines richtigen Lebens heute,
3. seine Deutung der reduzierten Formen von Ethikverständnis und seine Kritik an den Folgen einer abstrakten Subjektivitätsphilosophie.

Ich kann nur Aspekte ins Auge nehmen und zentriere meine Überlegungen auf Punkt 2, auf die – ich hatte es schon gesagt – von aktuellem Interesse motivierte Relecture der Aristotelischen *Ethik* und *Politik* durch Joachim Ritter mit einem von dem Aristoteliker Hegel vorgegebenen Verständnis der spezifischen Probleme einer gelingenden Lebensführung angesichts der

6 G. W. F. Hegel: Grundlinien der Philosophie des Rechts (1821) §§ 341–360. Sämtl. Werke, hg. von H. Glockner, Bd. 7 (Stuttgart-Bad Cannstatt 1964) S. 446–456.

Chancen und der Gefährdungen in der Moderne. – Wenn es erlaubt ist, in einem der feiernden Erinnerung an Joachim Ritter gewidmeten Colloquium gleich hier auch die problematischen Seiten zu benennen: In den im Sammelband *Metaphysik und Politik. Studien zu Aristoteles und Hegel* zusammengefaßten Arbeiten stehen die beiden Hauptphilosophen nicht nur buchmäßig zwischen zwei Einbanddeckeln neben- und nacheinander; sondern, überspitzt gesagt: Aristoteles wird ein klein wenig – aber nicht zuviel und vielleicht auch nicht zu Unrecht – hegelianisiert, und Hegel wird ein klein wenig aristotelisiert. Philologisch geschärfter Nahblick kann freilich daran Anstoß nehmen und hat ihn genommen.

Joachim Ritter hat sich programmatisch und bewußt die geschichtliche Perspektive seiner Aristotelesinterpretation durch Hegel vorgeben lassen: Hegel habe zu seiner Zeit die aristotelische praktische Philosophie aufgenommen, um sie in ein Verhältnis zum modernen Staat und zur modernen Lebenswirklichkeit zu setzen. Es gelte, noch einmal das Geschäft aufzunehmen, das Hegel zu dem seinen gemacht habe: den philosophischen Versuch zu *vergegenwärtigen*, die letztlich auf Aristoteles zurückgehende Schulphilosophie aus ihrer historischen Neutralisierung herauszuholen, „um aus dem Zusammenhang der modernen politischen Wirklichkeit zum Begriff hervorzubringen, was ohne ihre Vergegenwärtigung nicht ausgesagt und nicht begriffen werden kann". Es gelte, „an diese Versuche anzuknüpfen und so den Begriff des Politischen freizulegen, der, von Aristoteles in der praktischen Philosophie entwickelt, in der von ihm ausgehenden Tradition über Jahrhunderte hin bestimmt hat, was Philosophie zur Erkenntnis politischer Wirklichkeit beiträgt und beizutragen vermag."[7]

„Erinnernde Vergegenwärtigung"[8] ist das hermeneutische Programmwort. Als „der der Vergegenwärtigung bedürftige Kern" der praktischen Philosophie des Aristoteles wird die Einsicht benannt, „daß die Politik nicht von der unmittelbaren, abstrakten Natur des Menschen ausgehen kann. Politik setzt in Führung und Satzung in sich ethische Institutionen voraus, in denen der Mensch im Handeln und Leben Wirklichkeit hat. Es gibt ebenso keine Möglichkeit, sittliches Handeln für sich und aus dem Zusammenhange der Institutionen gelöst zu begreifen, die seine Wirklichkeit sind."[9] Das ist nun nicht als naive Konventionenapologie gemeint, sondern hat einen

7 Ritter, a.a.O. [Anm. 1] S. 109.

8 Ebd. S. 353.

9 Ebd. S. 130.

spezifisch geschichtsphilosophischen, ja einen das Verhältnis von Theorie und Zeit grundsätzlich reflektierenden metaphysischen Sinn. Für die Philosophie seit dem 19. Jahrhundert sei charakteristisch und entscheidend die „Entgegensetzung des Historischen und des Allgemeinen". Das Wesen der praktischen Philosophie des Aristoteles liege demgegenüber darin, so hält Joachim Ritter, in einer Anmerkung versteckt, seine grundsätzliche philosophie-theoretische Einsicht und hermeneutische Programmformel fest, daß sie dem Prinzip gemäß, daß der Mensch als dieser Mensch besteht, aus der Wirklichkeit, wie sie ist, das Allgemeine als ihr immanent aufweist: „Man kann das Resultat der praktischen Philosophie daher auch als die Einsicht fassen, daß mit dem Geschichtlichen und dem geschichtlich Gewordenen ein universales Prinzip in der geschichtlichen Wirklichkeit aufgegangen ist. Das ist nicht Zeitlosigkeit, sondern Theorie der gegenwärtigen Zeit und Wirklichkeit in der Erkenntnis, daß ihr einwohnend ein Universales zum Grunde und zur Substanz geworden ist."[10]

Vier Beobachtungen sind an dieser für Ritters Interpretationsweise fundamentalen These zu erheben.

1. Daß *der* Mensch nur als *dieser* Mensch Realität hat, ist die Grundthese der von Aristoteles gegen Platons universalistischen Essentialismus immer durchgehaltene Grundüberzeugung seines gesamten Philosophierens. Es ist eine metaphysisch-logische Programmthese (das Wort ‚logisch' dabei im klassischen, nicht auf die Analyse von formalen Denkstrukturen reduzierten Sinne verstanden).
2. Wenn Ritter fortfährt, daß eben darum das Allgemeine aus der Wirklichkeit, wie sie ist, als ihr immanent aufzuweisen sei, so ist auch das zunächst auf die Deutung von Dingen, Wesenheiten, Begriffen und Substanzen bezogener Aristotelismus; er ist jedoch zugleich eine Variation über den nicht eidos-ontologischen, sondern auf gesellschaftliche und lebensweltliche Wirklichkeiten bezogenen Hegelschen Satz von der Vernünftigkeit des Wirklichen und der Wirklichkeit des Vernünftigen. Dies ist denn auch der Kern von Ritters Deutung der weltgeschichtlichen Leistung Hegels und seiner Theorie der Französischen Revolution: die Berufung des spekulativen Begriffs der klassischen Tradition der europäischen Metaphysik „wird im Angesicht der für die Gesellschaft selbst konstitutiven Abstraktheit" zur Notwendigkeit.[11]

10 Ebd. Anm. 29.
11 Ebd. S. 231f.

3. Wenn (gegen Franz Dirlmeier) gesagt wird, daß nicht „Zeitlosigkeit" der Charakter der Aristotelischen Ethik sei, sondern daß es sie zu begreifen gelte als „Theorie der gegenwärtigen Zeit und Wirklichkeit", so meint dies in eigensinniger Doppelheit sowohl die von Aristoteles begriffene eigene Zeit wie auch die uns gegenwärtige Zeit und Wirklichkeit, auf die blickend Joachim Ritter die der Aristotelischen Ethik und Politik spezifische Universalität expliziert hat. Diese Doppelbezüglichkeit, die eine Folge der Ritterschen hermeneutischen Philosophietheorie ist, fällt auch sonst immer wieder auf. Ritter unterscheidet immer wieder heraushebend das, was als die Substanz und als das Wesentliche, als das Allgemeine und als das allgemeine Gesetz der Aristotelischen Ethik zu gelten habe,[12] und dabei ist das, was als „das Wesentliche" der Aristotelischen Ethik erkannt wird, zugleich ihre Wahrheit für uns, nämlich – und dieser Satz formuliert die Essenz von Joachim Ritters Theorie des bürgerlichen Lebens und der menschlichen Praxis überhaupt: „‚Ethisch' ist das in der Polis, in Institutionen, Brauch, Sitte eingelassene und zu ihnen gebildete Handeln in der Breite, die vom geziemenden Verhalten bis zur hohen Tugend reicht".[13] Und: „Alles, was Aristoteles über Sitte, Brauch, Institutionen sagt, zielt hierauf hin; es zeigt nun seine allgemeine Bedeutung: *ohne die Institutionen bleiben für den Menschen alle Anlagen nur Möglichkeit und er selbst ohne Werden und Sein.* Der Einzelne, ohne seine ethisch-politische Welt in der reinen Unmittelbarkeit seines Fürsichseins gedacht, ist daher nicht der Mensch in seiner Natur, sondern Mensch in der absoluten Isolierung und ohne Wirklichkeit seiner Natur;"[14] denn: „Während der Natur die übrigen Lebewesen von Natur (und geleitet von der Natur) zur Wirklichkeit ihrer Praxis wächst, gelangt der Mensch nicht von Natur, sondern ‚ethisch' zur Verwirklichung seiner Natur."[15]

4. Joachim Ritter hat nicht nur – getreu den von Hegel selbst gegebenen Anweisungen – die Hegelsche Gesellschaftstheorie in spekulativen und metaphysischen Begriffen ausgelegt, er hat umgekehrt das Aristotelische ontologische Konzept des Verhältnisses von Substanz, Begriff, Einzelding, Allgemeinem und Natur als geschichtlich zu verstehende und selbst als von Aristoteles geschichtlich gemeinte Einsicht gefaßt:

---

12 Vgl. ebd. S. 121, 123, 127, 131.

13 Ebd. S. 111.

14 Ebd. S. 127f.

15 Ebd. S. 127.

sie entspringe der Erkenntnis, daß der gegenwärtigen Zeit und Wirklichkeit „einwohnend ein Universales zum Grunde und zur Substanz *geworden ist.*“[16]

Ich diskutiere von den hier möglichen nur die folgenden sechs Fragen:

1. Worauf zielt Joachim Ritters Theorie des bürgerlichen Lebens als des richtigen Lebens?
2. Wie ist seine Theorie des Ethos als Theorie des Menschen zu verstehen, also der Gedanke, der betont als „das allgemeine Gesetz“[17] herausgehoben wird?
3. Warum ist die Aristotelische Ethik in ihrem Grund Politik?
4. Warum ist seine Philosophie eine Erfahrungsphilosophie und kann sie eine solche sein? Oder: Welches ist der geschichtliche Sinn des Aristotelischen Naturbegriffs?
5. Wie stellt sich Aristoteles dar, wenn man ihn aus dieser Hegelianischen geschichtstheoretischen Perspektive herausnimmt, oder: Hat Joachim Ritter Aristoteles ‚richtig‘ interpretiert? – Und schließlich:
6. Welche Wirkungen hat Joachim Ritters Aristoteles-Verständnis?

1. Was bürgerliches Leben heißen kann, bestimmt sich durch die jeweils anzusetzenden Oppositionsbegriffe.

(a) Nach der bei Aristoteles gebotenen,[18] von Platon übernommenen, dabei aber bewußt modifizierten Typologie der bioi oder Lebensformen ist der bios politikos eine Existenzweise (1.) neben dem theoretischen und philosophischen Leben, (2.) neben der auf Lusterfahrung ausgerichteten Grundeinstellung und Daseinsgestaltung sowie (3.) neben dem auf Gelderwerb um seiner selbst willen zielenden Leben. Der bios politikos, von Aristoteles an anderer Stelle auch bios praktikos genannt, ist die öffentliche Existenzform des freien, ein eigenes Hauswesen besitzenden Bürgers, der, sein Haus und die Besorgung bloß ökonomischer Angelegenheiten überschreitend, auf dem Markt, im Gericht, im Rat zusammen mit anderen sibisuffizienten Bürgern und Hausherren die allgemeinen Angelegenheiten besprechend und handelnd wahrnimmt. Gemäß der von Aristoteles vorausgesetzten und als republikanische Staatsform fa-

16 Ebd. S. 131.
17 Ebd.
18 Nikomachische Ethik I, 3. 1095 b 14ff.

vorisierten öffentlichen Ordnung der prinzipiellen Gleichheit aller Bürger mit der Folge eines Wechsels im Reihendienst von Regieren und Regiertwerden ist ein politikos zugleich auch ein dem Recht nach potentieller und zu seiner Zeit dann auch wirklich die Regierung ausübender „Staatsmann“. Der antike politikos ist ein regierungsfähiger citoyen; er ist als solcher grundsätzlich kein im status oeconomicus agierender Bourgeois. Aristoteles betont ausdrücklich, daß, wer es sich erlauben kann, die Besorgung der häuslich-ökonomischen Angelegenheiten einem Hausverwalter überläßt, um entweder sich ganz der freien Theorie und Philosophie zu widmen, oder aber um politisch-öffentliche Geschäfte zu betreiben. Der bios politikos ist eine öffentlich-politische Existenzform, in der es um die Gewinnung und Anerkennung von Ehre, um die öffentliche Selbstdarstellung und den Erweis der eigenen überlegenen Handlungsfähigkeit („Tugend“) geht.[19]

(b) In der Moderne ist das bürgerliche Leben die Alternative zur aristokratischen und militärischen Existenzform einerseits und zu den sehr verschiedenen Erscheinungsformen einer ästhetischen Existenz andererseits. Christian Garve hat in seiner Diskussion der Maxime La Rochefoucaulds, daß sich das bürgerliche Air zuweilen bei der Armee, niemals aber am Hofe verliere,[20] die Frage vorgelegt: „Wie geht es in aller Welt zu, [...] daß, da das Wort, *Bürger*, nichts anders als den Mann aus dem Mittelstande bezeichnet, – aus dem Stande, der, nach aller, selbst nach der Großen Geständnisse, das Achtungswürdigste in sich enthält, was eine Nation an talentvollen und tugendhaften Leuten besitzt, das Beywort, *bürgerlich*, demohnerachtet, eine verächtliche Nebenidee erweckt?“[21] Er erklärt diese Tatsache mit einem Hinweis auf die Homonymität des deutschen Wortes, das sowohl den Bourgeois wie den Citoyen bezeichnen könne. In La Rochefoucaulds Maxime werde vom Bourgeois gesprochen, und dies sei ein „unadlicher Stadteinwohner, der von einem gewissen Gewerbe lebt.“[22] Positiv zeichne ihn seine Redlichkeit, seine Klugheit, seine Kenntnisse aus, die vornehmlich (Garve setzt hinzu: „nur“) in der Ausübung ihrer Profession in Erscheinung treten. Joachim Ritters Theorie des bürgerlichen Lebens ist eine

19 Ebd. 1095 b 22 f.

20 Christian Garve: Popularphilosophische Schriften, hg. von K. Wölfel, Bd. 1 (Stuttgart 1974) S. 559ff.

21 Ebd. S. 566.

22 Ebd. S. 567.

Theorie, Verteidigung und Anempfehlung just dieser Existenzform. Die Rittersche Apologie dieser Lebensgestalt, die Abwehr der von Garve beobachteten „verächtlichen Nebenidee" des Wortes „bürgerlich" hat nicht, wie beim bürgerlichen Aufklärungsphilosophen, der für seine Person ausspricht: „Ich gehöre auch zu dem Bürgerstande, und habe also mein eignes Interesse und meine Gerechtsame bey dieser Untersuchung mit im Spiele"[23] – Ritter also hatte nicht abwehrend den Aristokraten und den „Mann vom Stande" „mit der vollkommensten Politur des gesellschaftlichen Umgangs" und „dem wahrhaft guten Ton"[24] im Auge – das Weltmännische und die guten Sitten hatte auch Joachim Ritter nicht nur repräsentiert, sondern es war in seinem Begriff vom bürgerlichen Leben selbstverständlich durchaus inkludiert –, seine Verteidigung und anempfehlende Explizierung der bürgerlichen Existenz hatte kritisch im Auge eine Existenzform des Kultes der eigenen Subjektivität, des Sich-Verhausens in der unerhellten Innerlichkeit, des Sich-Versteifens auf die eigenen Besonderheiten als dieser, des Verharrens in der bloßen Möglichkeit, des Sich-Verweigerns angesichts allgemeiner Geschäfte und der gekonnten Erledigung objektiver Aufgaben, des Ausspielens des bloßen Sollens und Gewünschten und der Innerlichkeit einer abstrakten Moralität gegen das Anerkannte und Geltende, überhaupt der Perhorreszierung des Allgemeinen und Gemeinsamen und des Vernünftigen, ich möchte sagen: der Verweigerung des Erwachsenwerdens. Wer sieht, daß dies keine von Ritter nur ausgedachte Möglichkeiten sind, sieht zugleich die ungebrochene Aktualität der Intentionen Joachim Ritters und seines ethisch-philosophischen Programms. Gegen solche Haltungen des Sich-Verweigerns wird von Joachim Ritter unter Berufung auf Hegel die Aristotelische Ethik als Theorie des Ethos und der Sittlichkeit erinnert. Hegel habe „vielleicht zuerst" in der Auseinandersetzung um das moderne Prinzip der Moralität und der sittlichen Bestimmung des Willens in sich die grundsätzliche von diesem verschiedene institutionelle Bedeutung des Ethischen in der griechischen und der Aristotelischen Philosophie geltend gemacht.[25] Aus § 151 der Hegelschen Rechtsphilosophie wird der Gedanke des „Ethos" erläutert als der Gedanke „der ‚einfachen Identität' des Sittlichen ‚mit der Wirklichkeit der Individuen'; in ihr erscheine es ‚als die

23 Ebd. S. 571.
24 Ebd. S. 572.
25 Ritter, a.a.O. [Anm. 1] S. 111.

allgemeine Handlungsweise derselben – als Sitte'. Damit erfüllt der Rückgriff auf das griechische (aristotelische) Ethos die systematische Aufgabe im Verhältnis zur Innerlichkeit der Moralität die für das Handeln konstitutive Einformung in Sitte, Gewohnheit zur Geltung zu bringen."[26] Als das „Wesentliche" der Aristotelischen Ethik wird festgehalten: „,Ethisch' ist das in Institutionen, Brauch, Sitte eingelassene und zu ihnen gebildete Handeln in der Breite, die vom geziemenden Verhalten bis zur hohen Tugend reicht".[27] Das „Ethische" ist das zum „Ethos" Gehörige – es hat eine von aller „Moralität" unterschiedene Bedeutung. „Das Ethische sind so Sitte, Brauch, Herkommen, Weise des rechten und geziemenden Verhaltens als Tugend, aber auch die diese tragenden Institutionen wie Haus, Kult der Götter, Freundschaftsbünde, Gemeinschaften des Krieges, des Festes, der Totenbestattung".[28]

Der bürgerliche Stand – das Wort hier nicht in einem klassen- oder statusmäßigen Sinne genommen, sondern als Kennzeichnung des Menschen, der in der Welt seinen Platz eingenommen hat, auf dem er gekonnt und lebensführungskompetent handelnd Festigkeit, Stand und Stetigkeit gefunden hat – ist der Stand des Glücks und des Selbstseins, in welchem der Mensch die ihm eigenen Möglichkeiten zur Tüchtigkeit des guten und meisterlichen Könnens gebildet hat. Die Tugenden des „bürgerlichen Standes" schließen daher „Gediegenheit, Verantwortung, Verläßlichkeit und die Fähigkeit zu rechter Entscheidung und zum rechten Verhalten" ein.[29] „Das bürgerliche Leben im Stand der Gesellschaft ist die konkrete Wirklichkeit der menschlichen Praxis und so auch des Seins der Natur des Menschen. Im bürgerlichen Leben wird das Seinkönnen des Menschen wirklich. Was der Subjektivität als das ihr Äußerliche erscheint, ist in Wahrheit der Stand, in dem das Selbst zu seinem Sein kommt".[30]

2. Das Sittliche hat seinen Ort da, wo der Mensch mit seinem Handeln und seinen geistigen Gaben in der Welt steht, in der das Gute und Rechte im Zusammenhang des gemeinsamen menschlichen Seins gefordert werden. Bezieht man hingegen die sittlichen Normen unmittelbar auf die Subjektivität und leitet sie nur von dort her ab, „dann stehen sie ihr als Postula-

26 Ebd. S. 111f., Anm. 15.
27 Ebd. S. 111.
28 Ebd. S. 110.
29 Ebd. S. 89.
30 Ebd. S. 87.

te gegenüber und als ein Sollen, abgetrennt von dem, was ist; es fehlt die Mitte, in der das Allgemeine und das Eigene des Einzelnen einander durchdringen. Um diese Mitte geht es Aristoteles; sie ist das bürgerliche Leben mit allem, was zu ihm gehört; in ihm hängen die sittliche Tugend und die bürgerliche Tüchtigkeit mit dem aktualen Menschsein zusammen."[31] „Es gibt [...] keine Möglichkeit, sittliches Handeln für sich und aus dem Zusammenhange der Institutionen gelöst zu begreifen, die seine Wirklichkeit sind."[32] Eben darauf zielt die von Ritter als „allgemeines Gesetz" der Aristotelischen Lehre vom Menschen, als der „der Vergegenwärtigung bedürftige Kern seiner praktischen Philosophie" herausgestellte These: „die menschliche Natur" verwirklicht sich „nur ethisch."[33] Was der Einzelne sein kann, wird wirklich, wenn er zu der Form der vernünftigen gesellschaftlichen Praxis gebildet und in ihr wirksam wird. Was der Einzelne sein kann, bleibt in der isolierten Subjektivität bloße Möglichkeit, es wird wirklich im bürgerlichen Stand. „In den Vorstellungen vom Glück" – das Wort „Vorstellung" ist hier in der Nähe des Hegelschen bloßen „Meinens" angesiedelt – „hält sich die Subjektivität des Einzelnen, aber der Stand des menschlichen Selbstseins, auf den sie in sich hinweisen, wird vom Einzelnen dann erreicht, wenn er seine Anlagen und Möglichkeiten zum Können einer Kunst bildet und so dazu kommt, als er selbst nicht in der Zufälligkeit der Einzelheit, sondern im Stande des Bürgers zu leben."[34]

Der gleiche Gedanke lautet in der bekannten, von Joachim Ritter in seinen Vorlesungen immer wieder erinnerten Hegelschen Wendung: „Das Vernünftige ist die Landstraße, wo jeder geht, wo niemand sich auszeichnet"; wer das Vernünftige will, handelt nicht als partikulares Individuum, sondern nach den Begriffen der Sittlichkeit überhaupt: In einer sittlichen Handlung mache ich nicht mich selbst, sondern die Sache geltend. Wer nur sich selbst geltend macht, bleibt beim abstrakten Standpunkt der formalen, nicht zur Substanzialität gekommenen Selbsttätigkeit; er kennt nur die Freiheit einer Reflexionsphilosophie, für die Hegel, ob zu Recht oder nicht, Kant als Kronzeugen benennt und „die Friesische vollendete Verseichtigung der Kantischen."[35]

31 Ebd. S. 89.

32 Ebd. S. 130.

33 Ebd. S. 131f.

34 Ebd. S. 86.

35 Hegel: Grundlinien der Philosophie des Rechts, § 15 und Zusatz, a.a.O. [Anm. 6] S. 67f.

3. Aristoteles also geht, wie Ritter nachdrücklich herausstellend betont, in seiner praktischen Philosophie vom Nomos und Ethos,[36] d.h. „weder vom Prinzip der Freiheit als solcher [...], noch von dem Einzelnen, der für sich selbst ist, sondern von ihm in seinem in ethischen Institutionen verfaßten Leben“ aus.[37] Diese These in Joachim Ritters ethischer Theorie vom bürgerlichen Leben als dem glücklichen Leben in Gestalt einer erinnernden Vergegenwärtigung der Aristotelischen Ethik ist oft mißverstanden worden als Standpunkt einer bloßen Konventionsmoral im Festhalten an zufällig geltenden und dem Urteil der gesetzesprüfenden Vernunft nicht unterworfenen Üblichkeiten, obgleich Ritter explizit davor gewarnt hat, dies als „bloße Orientierung an den gegebenen Verhältnissen der Polis“ aufzufassen, „als ein gleichsam historisches, der Philosophie äußerliches Element“,[38] und sie so als eine ungehörige Moralphilosophie zu verstehen. Unüberlesbar hat Ritter vom Verfall des Traditions- (d.h. des bloßen Konventionalitäts-)prinzips[39] und immer wieder von der durch die Sophisten zur Radikalität vorangetriebenen Legitimitätskrise der Institutionen und des Ethos und Nomos als dem Anlaß der Aristotelischen Philosophie über die menschlichen Angelegenheiten gesprochen. Tradition und Alter als solche werden, so Ritter, von Aristoteles als Prinzip der Legitimität für ethische Institutionen zurückgewiesen.[40] In einem Exkurs ist er Aristoteles' Überlegungen[41] nachgegangen, ob es für die Polis nützlich oder schädlich sei, die von den Vätern herkommende Sitte zu bewegen; Aristoteles hat geantwortet und mehrfach begründet: „Das Bewegen (d.h. das Ändern) der patrioi nomoi ist das Bessere“.[42] Den Versuch verständlich zu machen, daß das für Aristoteles nicht heißen kann, daß darum das Geltende und Anerkannte, die nomoi, ethe und Institutionen nur wesenlose Satzungen seien, denen ein Seinsollen entgegenzusetzen sei, hat Joachim Ritter in seiner Abhandlung *Politik und Ethik in der praktischen Philosophie des Aristoteles* unternommen. Nicht die Faktizität des bloßen Geltens ist der Grund des Ethos, sondern das „Rechte“ in ihnen ist das Prinzip. Als eine Sache „von außerordentlicher Wichtigkeit“ – ein in seiner Nachdrücklichkeit seltenes

36 Ritter, a.a.O. [Anm. 1] S. 124.
37 Ebd. S. 118.
38 Ebd. S. 124.
39 Ebd. S. 126.
40 Ebd. S. 122.
41 Aristoteles: Politik 1268 b 27.
42 Ebd. 1268 b 33.

Wort bei Ritter – wird die Art, wie Aristoteles[43] die Legitimitätskrise und den Streit um das Schöne und Gerechte gleich im ersten Kapitel der *Nikomachischen Ethik* aufnimmt, herausgestellt. Es geht nicht um die Alternative zwischen einem konventionenorientierten und einer postkonventionellen Moralbegründung, es geht um ein spezifisch politisches Problem: die Aristotelische ethische Theorie der Institutionen ist Polis-Philosophie, ist politische Theorie. Was hier „so geschieht und geschehen ist, läßt sich allgemein als das (in der Philosophie immer wieder aufgenommene) Problem bestimmen, daß Sitte und Brauch und die sie tragenden Institutionen nur so lange selbstverständliche und unreflektierte Geltung haben, als der Mensch sich mit ihnen als den von den Vätern herkommenden und von alters bestehenden Ordnungen des Lebens identifiziert".[44] Die Zusammengehörigkeit von ethischer und politischer Theorie hat neben dieser sehr allgemeinen, ja beinah übergeschichtlichen Bedeutung noch einen spezifisch zeitlichen Sinn. Die Aristotelische Philosophie, so hat Joachim Ritter sie in ihrer geschichtlichen Bedeutung erfaßt, ist positives Begreifen der Legitimitätskrise des Ethos und der Notwendigkeit von Ethos, weil „da, *wo die Polis am Ende ihrer Entwicklung steht, ihre Institutionen erst in ihr volles Wesen gekommen sind und so nicht mehr aus dem, ‚was die Väter meinten', begründet werden können.* Sie sind die in sich fertig gewordenen Institutionen, ihr Wesen ist die gegenwärtige, mit der Polis gewordene und zu ihrer Reife gelangte Praxis. Die praktische Philosophie ist Philosophie, die dieses Wesen aus dem bestehenden Ethos hervorbringt, um so die Legitimität des Rechten zu begründen, das in den ethischen Institutionen sowohl für das individuelle Handeln wie für das Politische zur Norm und zum Richtmaß geworden ist."[45] Wenn ausgeführt wird, daß alles, was Aristoteles über Sitte, Brauch, Institutionen sagt, darauf hinzielt, daß der Mensch nicht von Natur, sondern durch Praxis zur Verwirklichung seiner Natur gelangt und daß darin die „allgemeine Bedeutung" des Aristotelischen ethischen Konzeptes von menschlicher Praxis liege: nämlich daß ohne die Institutionen alle Anlagen für den Menschen nur Möglichkeiten und er selbst ohne Werden und Sein bleibt, so ist diese These in zweifachem Sinne zu verstehen: sie zielt zunächst und grundsätzlich auf einen allgemeinen anthropologischen Tatbestand, sie hat daneben aber auch einen spezifischen geschichtlichen und spezifisch politischen Sinn: Der

43 Nikomachische Ethik 1094 b 14.
44 Ritter, a.a.O. [Anm. 1] S. 121.
45 Ebd. S. 124.

Satz gilt nur für die Polis an ihrem Ende, er hat seine Wahrheit nicht losgelöst davon; nicht für alle Institutionen ist er richtig, sondern nur dann, wenn die Polis zur Vollendung ihrer Natur gelangt ist: Der Mensch ist „als Vernunftwesen für Aristoteles nicht nur auf ethische Institutionen, sondern konkret auf die Polis und ihre Institutionen verwiesen. Die Polis ist die Wirklichkeit seiner Natur, nur wo sie geworden ist, vermag der Mensch actu zum Menschsein zu gelangen. Davon geht Aristoteles in der Grundlegung der für sie entscheidenden Bestimmung der Praxis aus."[46] Nur *„wo das Werden der Polis abgeschlossen ist, da haben die ethischen Institutionen und mit ihnen politische Ordnung die Verwirklichung der Vernunft und der Vernunftnatur des Menschen zu einem menschlichen Leben zur Substanz und zu ihrem Zweck erhalten."*[47] Nur hier und nicht in ungeschichtlicher Allgemeinheit gilt, daß die Polis von Natur ist und daß der Mensch von Natur ein auf die Stadt (die Polis) angewiesenes Wesen, daß er ein zoon politikon ist. Wenn die Definition aus dem Schlußkapitel der *Nikomachischen Ethik* aufgenommen wird, daß die praktische Philosophie in der Einheit von Ethik und Politik die Philosophie sei, die sich um das zum Menschen Gehörige sammelt, so kann das als bloß regionalthematische Abgrenzung ihres Gegenstandsbereiches von den Gegenständen der theoretischen Philosophie verstanden werden; bei Joachim Ritter hat die Wendung „das zum Menschen Gehörige" eine emphathische und geschichtlich spezifische Bedeutung: es impliziert den Gedanken der Freiheit und der unterscheidenden Besonderheit der politisch-republikanischen Verfassung von allen anderen, auf Unfreiheit gegründeten Herrschaftsformen. Dieser politische Sinn der Freiheit ist selbst nicht wieder „nur" politisch, in einer auf Herrschaftsformenanalyse beschränkten Regierungslehre zu begründen. Nur wo und seitdem es geschichtlich die auf Freiheit, Vernunft und Recht gegründete Stadt gibt, kann es dann in einem politischen engeren Sinne darum gehen, das Freisein der Bürger in ihrem je eigenen Leben zu ermöglichen und zu sichern, d.h. den bürgerlichen Stand als den Stand des Selbstseins und als das höchste Gut zu begründen.[48]

Für Aristoteles, so interpretiert Joachim Ritter, ist darum die politische Philosophie zugleich Theorie des höchsten menschlichen Gutes, weil mit der Polis zuerst eine Gesellschaftsform in die Geschichte eingetreten ist,

46 Ebd. S. 128.
47 Ebd. S. 129.
48 Vgl. ebd. S. 73, 74, 68.

„deren Subjekt der Mensch als Mensch ist.“[49] Diese beiden Aspekte dürfen nicht voneinander getrennt werden: der allgemeine anthropologische Sinn der These von der Angewiesenheit des Menschen auf Institutionen, will er einerseits seine Natur verwirklichen und andererseits daneben das spezifisch politische Kriterium für die ‚Richtigkeit‘ dieser Institutionen: die Lebensordnungen haben nur Substanz und Recht, wenn und sofern sie die Freiheit und das Selbstseinkönnen des Menschen als Mensch zum Inhalt haben. Noch ein weiteres Moment ist festzuhalten: die hermeneutisch-hypoleptische Orientierung an dem, was ist, gilt so nicht immer; die praktische Philosophie des Aristoteles als Ethik und Politik konnte ‚Erfahrungsphilosophie‘ darum sein, weil sie eine Polis vor Augen und zum Thema hatte, in der geschichtlich zum ersten Male rechtliche und ethische Institutionen ausgebildet waren, die den Menschen als Menschen und die Ermöglichung seiner Freiheit zum Inhalt hatten, wo das Universale zum Prinzip, zum Bestimmungsgrund des konkret Politischen geworden ist. Nur unter dieser Voraussetzung kann hermeneutisch-hypoleptisch von dem ausgegangen werden, was ist, eben weil nur hier das, was ist, vernünftig ist.

In Joachim Ritters Deutung der Aristotelischen Philosophie also hängen diese Momente aufs engste zusammen:

- sie wird interpretiert als Polis-Philosophie,
- sie wird verstanden als Legitimationskrisenbewältigung,
- sie ist Ethos-Theorie,
- sie kann hermeneutisch-anknüpfende Erfahrungsphilosophie sein,
- sie zentriert sich auf den geschichtlich zu verstehenden Naturbegriff als den Stand der Vollendung des Abschlusses einer Entwicklung,
- sie ist Lehre vom höchsten Gut als Glück, als Naturzweck, als Staatszweck, – sie ist Naturrechtslehre als Legitimationsbegründung humaner Institutionen.[50]

4. Man kann nun fragen: Hat Joachim Ritter Aristoteles ‚richtig‘ interpretiert? Wenn er heute bisweilen als der Ahnherr einer Schule von sogenannten neoaristotelischen und neokonservativen Ethos-Apologeten apostrophiert und diskreditiert wird, so ist das nur möglich, weil man den spezi-

49 Ebd. S. 71.

50 Über den Zusammenhang von Vernunft, Staat, Menschsein im Ausgang von Hegel vgl. ebd. S. 81, Anm. 38.

fisch geschichtlichen und spezifisch politischen Sinn seiner Institutionenlehre abspaltet und unterschlägt. Die Gegnerschaften gegen Joachim Ritters Lehre vom bürgerlichen Leben als dem höchsten menschlichen Gut kommen heute nicht aus der Richtung, in die hin sie von ihm kritisch gesprochen worden ist, also nicht vom Standpunkt einer ästhetisch-subjektivistischen Verweigerungsexistenz aus; es können, so scheint mir, drei Perspektiven und Positionen ausgemacht werden: eine zielt gegen das bürgerliche auf ein plebejisches Leben mit seinen neuen Unmittelbarkeiten und vermittlungslosen Direkterfahrungen; eine andere ist der Standpunkt einer abstrakten, ethos-kritischen und universalistischen Normenletztbegründung; eine weitere ist ein den gegebenen und in der Tat notwendigerweise immer kontingenten Lebenshorizont überspringender und ihn negierender Kosmopolitismus. Man könnte durchaus, wäre das Wort nicht inzwischen in Mißkredit geraten, schon sagen: Joachim Ritters Theorie des bürgerlichen Lebens hat Züge an sich, die man als biedermeierlich, aber in gar keiner Weise als biedermännisch kennzeichnen dürfte. Gegen einen falschen Kosmopolitismus als vermittlungsloses Realwerden eines moralistischen Universalismus pflegte Ritter in seinen Vorlesungen die Fortsetzung des Kernsatzes der Hegelschen Rechtsphilospohie zu zitieren: Der für die Freiheitsgarantierung durch den modernen Staat entscheidende Gedanke, daß jeder Mensch und das Ich als allgemeine Person aufgefaßt werden, „worin Alle identisch sind", und daß der Mensch so gelte, „weil er Mensch" sei und nicht durch eine partikulare religiöse oder nationale Identität definiert werde[51]: dieser Gedanke sei von unendlicher Wichtigkeit und nur dann mangelhaft, wenn er etwa als Kosmopolitismus sich dazu fixiert, dem konkreten Staatsleben gegenüberzustehen und sich ihm zu entziehen. Am Ende des Naturrechtsaufsatzes war Hegel noch schärfer: Man soll „nicht zur Gestaltlosigkeit des Kosmopolitismus fliehen, noch zu der Leerheit der Rechte der Menschheit, und der gleichen Leerheit eines Völkerstaats und der Weltrepublik, (als welche Abstraktionen und Formalitäten das gerade Gegentheil der sittlichen Lebendigkeit enthalten, und ihrem Wesen nach gegen Individualität protestantisch und revolutionär sind)."[52]

Noch einmal: Hat Joachim Ritter Aristoteles ‚richtig' interpretiert?

---

51 Hegel: Grundlinien der Philosophie des Rechts, § 209, a.a.O. [Anm. 6] S. 286.

52 Über die wissenschaftlichen Behandlungsarten des Naturrechts (1802/03). Sämtl. Werke, hg. von H. Glockner, Bd. 1 (Stuttgart-Bad Cannstatt 1958) S. 536.

Ich meine: Er hat die ethos-kritischen Aspekte und die Momente an Entzweiung, die sich auch in der Aristotelischen Ethik und Politik finden, unterbestimmt. Just wegen der nicht zu überschätzenden Wirkungen, die seine Aristoteles-Arbeiten in der deutschen Nachkriegsphilosophie hatten und immer noch haben, muß man auch feststellen, daß das Bild von einem primär oder gar ausschließlich ethos- und nomos-orientierten Aristoteles auch fatale Folgen für eine Aristoteles-Rezeption und eine erinnernde Vergegenwärtigung seiner Philosophie haben kann. Es ist an der Zeit, Korrekturen anzubringen.

Seine praktisch-politische Philosophie ist keineswegs eine sophokleisch-aischyleische Apotheose einer als streitfrei idealisierten Polis, seine politische Philosophie insbesondere hat starke thukydideische Züge, auf die man nur sein Augenmerk richten muß. Seine Ethik enthält mehr sophistische Momente, als die gängige Vorstellung von einer platonisch-aristotelischen Klassik wahrzunehmen imstande und bereit ist.

Man müßte also hinweisen auf die Tatsache, daß für Aristoteles Bürgersein und Menschsein nicht mehr unbefragt ineins gesetzt werden können; aus keinem anderen Grunde hat er ja die politische Einheitsphilosophie etwa der Platonischen *Politeia* aufgespalten in die thematisch wohl unterschiedenen zehn Bücher der ethischen und acht Bücher der politischen Untersuchung. An der bürgerlichen Tüchtigkeit wird sehr genau unterschieden zwischen der spezifisch sittlichen Seite, den Tugenden, und dem technisch-poietischen Machenkönnen; die sophokleisch-platonische Quadriga der vier Kardinaltugenden wird ausdrücklich als ungenügend angesichts der Differenzierungen der gesellschaftlich-politischen Wirklichkeit erklärt; neben der Ethosaneignung in Gestalt der ethischen Tugenden wird die rational-dianoetische Komponente als essentieller Bestandteil der „Tugend“ betont („Keiner der heute die Tugend definiert“, so wird den ausschließlichen Ethosstandpunkt korrigierend gesagt, „unterläßt es, das Vernunftmoment zu betonen“[53]); die universale Polis-Tugend der Gerechtigkeit als der vollendeten Tugend schlechthin wird ausdrücklich als unzureichend und nicht aktualisierbar verabschiedet und durch die sehr differenzierten Formen der partikularen Gerechtigkeiten ergänzt (wenn auch nicht abgelöst); es wird nachdrücklich betont, daß die bloße Orientierung an Ethos und Nomos zum richtigen Handeln nicht genügt, es müssen die subjektiven Momente, insbesondere die Einstellung, das Gute um des Gu-

53 Nikomachische Ethik VI, 13. 1141 b 21–24.

ten willen zu tun, hinzukommen; es wird betont, daß die jeweils geltenden Vorstellungen vom Recht, die Gesetze, die Gerechtigkeit, die Erziehung, die Bürgerqualität, die Freundschaftsformen, der Bürgerstatus und die Ämterbesetzungsmodi relativ sind zur jeweiligen Staats- und Herrschaftsform und jeweils von denen gesetzt und definiert werden, die die Macht innehaben. – Für die politischen Untersuchungen im engeren Sinne gilt insbesondere, daß sie von der ersten bis zur letzten Seite den politischen Streit explizit thematisieren, nämlich den Streit darüber, wer im Staate die Macht haben soll und auf welche Qualitäten sich die Herrschaft der Menschen über Menschen zu recht und nicht nur faktisch begründen soll – mit allen Konsequenzen für die Definitionsmacht über die ethische und private Lebensgestalt der Bürger; es wird genau differenziert, welche Qualitäten vonnöten sind für die verschiedenen öffentlichen Ämter: ob die ideologische Zuverlässigkeit reicht oder eine allgemeine menschliche Zuverlässigkeit und Redlichkeit oder aber der technische Sachverstand; Aristoteles jedenfalls scheint skeptisch zu sein gegenüber der Annahme einer in sich einheitlich gedachten ethisch-bürgerlich-politischen Redlichkeit und Gediegenheit; in subtiler Weise werden die komplizierten Mechanismen der Ämterbeauftragung bis in die letzten Alternativen hinein differenziert usf. – Grundsätzlich aber: die *Nikomachische Ethik* ist nicht nur eine Theorie des bürgerlichen Lebens; in ihrem Horizont steht auch die ganz neue Möglichkeit des theoretisch-philosophischen Lebens, von dem gesagt wird, daß, wer es lebt, ein xenikos sei, ein Staatsfremder. Aristoteles sieht sich vor die fundamentale Alternative gestellt, wem man in seiner Lebensorientierung folgen solle: dem Weisen und Intellektuellen oder den Vätern. Ich breche die Liste der noch vorzunehmenden Differenzierungen angesichts der Aristotelischen Ethik und Politik gegenüber dem Konzept und Bild eines nur affirmierenden Ethosphilosophen ab. Aristoteles war im staatsrechtlichen Sinne kein athenischer Bürger, sondern ein Fremdling, – das konnte nicht ohne Konsequenzen für seine politische und ethische Theorie sein. Seine Identifizierung mit der Stadt beruhte nicht auf Abkunft und Herkunft, sondern war Sache einer freien und begründeten und daher revozierbaren Wahl. Am Ende ist sie zerbrochen und zerbrochen worden.

Doch lassen wir diese Feinheiten einer Aristoteles-Interpretation beiseite, und fragen wir noch einmal: Hat Joachim Ritter Aristoteles ‚richtig‘ interpretiert, hat er punktgenau expliziert, was Aristoteles wirklich gesagt hat? Ich meine: Sollte er das auch nicht getan haben, so hat er doch gesagt, was er – Aristoteles – hätte sagen müssen bzw. was Aristoteles, würde er heute leben und sich heute mit Hegel verständigen können, sagen würde. Joachim Ritter hat dem – die ihn kannten, werden bemerken: ich zitiere ihn selbst – was ist und sein soll, dem vom Vergessen Bedrohten seine Stimme geliehen und gesagt, daß dieses Gegenwart bleiben soll.

Geschichtlichkeit. Ritters frühe Arbeiten zu Cassirer und Dilthey

Ulrich Dierse

1925 promovierte Joachim Ritter mit einer Arbeit über Cusanus bei Ernst Cassirer in Hamburg; 1932 habilitierte er sich dort mit einer Untersuchung über die Umwandlung der neuplatonischen Ontologie bei Augustinus. Zwischen diesen beiden Daten liegen vier Aufsätze bzw. Vorträge, die – mit Ausnahme des ersten – thematisch zusammengehören: 1. der unveröffentlichte Vortrag *Heideggers hermeneutische Phänomenologie und Existenzialanalyse*, datiert vom 2. März 1928 und gehalten vor der Hamburger Kant-Gesellschaft; 2. der ebenfalls unveröffentlicht gebliebene Vortrag *Die Geschichtlichkeit der Philosophie als philosophisches Problem*, datiert vom 29. Juni 1928; 3. der Aufsatz *Ernst Cassirers Philosophie der symbolischen Formen*,[1] und 4. der damals ebenfalls nicht publizierte Vortrag über *Die Erkenntnistheorie der gegenwärtigen deutschen Philosophie und ihr Verhältnis zum französischen Positivismus (Durkheim-Schule)* von 1932.[2] Schließlich gehört auch 5. in diesen Zusammenhang der Aufsatz *Über die Geschichtlichkeit wissenschaftlicher Erkenntnis*,[3] über den ich deshalb ebenfalls berichten möchte.

In den Jahren 1925 bis 1929 erschien Cassirers *Philosophie der symbolischen Formen,* und diesem Werk ist auch Ritters erster veröffentlichter Aufsatz gewidmet. Ritter bezieht sich jedoch nicht allein auf Cassirer, er stellt Cassirer in eine Reihe verschiedener Arbeiten, die bei aller Verschiedenheit darin übereinkommen, daß sie die Grenzen des Positivismus aufzeigen und zu einer Revision der szientistischen Erkenntnistheorie führen.

---

1 Erschienen in: Neue Jahrbücher für Wissenschaft und Jugendbildung Bd. 6 (1930) S. 593–605.

2 Inzwischen veröffentlicht in: Dilthey-Jahrbuch für Philosophie und Geschichte der Geisteswissenschaften Bd. 9 (1994–95) S. 207–232.

3 Veröffentlicht in: Blätter für deutsche Philosophie Bd. 12 (1938/39) S. 175–190.

Ritter nennt Schelers *Erkenntnis und Arbeit*, auch Dilthey, Windelband, Bergson und andere französische Werke um die Jahrhundertwende, wie etwa die von É. Boutroux. Sie haben auf je eigene Weise die vor allem am Ideal der Mathematik und der Naturwissenschaften orientierte Wissenschaftstheorie in Frage gestellt. Die vor der wissenschaftlichen Theoriebildung liegenden Momente der Erkenntnis und Kultur, die „lebensbezogene Bedeutsamkeit" (hier taucht ein Grundbegriff Diltheys auf) von Kategorien wie „Widerspruch, Einheit, Grund und Folge" können nicht ausgeblendet werden. Es hat sich gezeigt, „daß das Problem der Erkenntnis nur dann und nur so richtig gestellt ist, wenn die traditionelle Verengung des Logos aufgegeben und durch die Analyse der ganzen geistigen Welt des Menschen mitsamt allen ihren Erkenntnis- und Wissensformen wie ihren Gegenstandskorrelaten ersetzt wird".[4]

Hierzu trägt nun Cassirers Lehre vom „Primat der Reflexion und der symbolischen Repräsentation" in eminentem Sinn bei. Cassirer hat gezeigt, daß Sprache, Mythos, Religion, Kunst und Wissenschaft eigenständige und jeweils gültige und einheitliche Formen des „Weltverständnisses und gleichsam der ideellen Weltschöpfung" sind und nicht etwa, wie der Marburger Neukantianismus (Paul Natorp) meinte, nur durch einen geringeren Objektivitätsgehalt von der „reinen" Wissenschaft geschieden sind.[5] Andererseits verläßt Cassirer den Marburger Neukantianismus nicht, insofern auch für ihn „die exakten Wissenschaften [...] der ständige Beziehungspunkt seiner Analysen bleiben" und die Behandlung der wissenschaftlichen Erkenntnis ja den dritten und abschließenden Band der *Philosophie der symbolischen Formen* bilden. Anders also als bei Bergson und Scheler steht bei Cassirer nicht der Geist neben dem Leben; er erwächst nicht aus dem Leben und ist nicht eine seiner Funktionen; vielmehr beruht „das Phänomen des menschlichen Lebens [...] auf der Geistigkeit (der symbolischen Reflexion)."[6] Und die Fähigkeit und Leistung des Geistes ist es nach Cassirer, dem „wir hier folgen wollen", daß er symbolische Repräsentationen schafft, die vom anschaulich Gegebenen unabhängig und damit auf vieles Verschiedene übertragen werden können. So ist Erkenntnis auch

---

4 J. Ritter: Ernst Cassirers Philosophie der symbolischen Formen, a.a.O. [Anm. 1] S. 594f.

5 Ebd. S. 596.

6 Ebd. S. 597.

nicht Nachbildung, sondern ihr wohnt eine „ursprünglich-bildende Kraft inne.“[7]

In die szientistische Wissenschaftstheorie ist eben dies nicht eingegangen, daß die Wirklichkeit mir immer nur in „reflexiver Gestaltung“ und „Vermittlung“ zugänglich ist und daß ein Gegenstand (der Wahrnehmung, des Denkens, usw.) mir immer nur als „bedeutsamer“ als „Glied in einem Sinnganzen“ erscheint[8] und dadurch konstituiert wird. Was dem logisch-rationalen Denken etwa als objektiver Gegenstand erscheint, ist dem Primitiven ein Wesen, an das er sich, zum Beispiel im Tanz, bindet, an dem er ohne Unterscheidung von Subjekt und Objekt „partizipiert“ (um mit Durkheim und seiner Schule zu reden). In beiden Sinnwelten wirkt die symbolische Formung und Repräsentation des Geistes, und in ihm haben sie ihre Einheit.[9] Mit diesem Ergebnis hat sich Cassirer „weitgehend [...] vom alten Marburger Erkenntnis- und Gegenstandsbegriff“ gelöst; darin unterscheidet er sich aber auch von Max Scheler, für den – so Cassirer und Ritter – Geist ein dem Leben „fremdes und feindliches Prinzip“ wird.[10]

In dem zweiten hier zu besprechenden Text, dem Vortrag von 1932, zieht Ritter den Kreis über seinen Lehrer Cassirer hinaus: er wertet jetzt ausführlich die Forschungsergebnisse der Durkheim-Schule aus. Der Ausgangspunkt ist wie im Cassirer-Aufsatz die Krise der szientistischen Erkenntnis- und Wissenschaftstheorie. Zwei Richtungen stehen sich unvermittelt gegenüber: zum einen der Psychologismus, der allem Psychischen eine an der physischen Dingwelt gewonnene Gesetzmäßigkeit unterlegen wollte und dadurch die objektive Realität aller psychischen Akte glaubte aufgewiesen zu haben (Mill u.a.); zum anderen die Anhänger der exakten Wissenschaften, die von diesen her die „gesamte Erkenntnis- und Vorstellungswelt“ einheitlich zu konstruieren glaubten. Beiden gegenüber „ist zu betonen, daß in der Vielfalt der Vorstellungs- und Erkenntnismöglichkeiten der Menschen, in den verschiedenen Weltauffassungen, in den mannigfaltigen Unterschieden der Auffassungsformen und Einteilungstypen wie in den sozial und geistig qualitativ verschiedenen historischen Welten der Völker und Klassen die Form der exakten Wissenschaften, ihre Methode, ihre Begriffsbildung und ihre Gegenstandsauffassung nur als *eine*“ und zwar als

7 Ebd. S. 599.
8 Ebd.
9 Ebd. S. 603.
10 Ebd. S. 609.

ein räumlich bzw. zeitlich-historisch „durch bestimmte Grenzen beschränkter Typus zu gelten hat".[11]

Beide Positionen erweisen sich für Ritter als einseitig und können dem Problem nicht gerecht werden, das Cassirer, den Ritter auch hier zitiert, mit der Feststellung formuliert hatte, daß auch die sogenannte „natürliche Wahrnehmung" auf „symbolischer Gestaltung" beruht.[12] Es ginge schon zu weit, wollte man eine Abfolge genetisch-historischer Art, etwa Mythos – Religion – rationales Denken, konstituieren. Ist nicht auch historisch und biographisch eine umgekehrte Abfolge belegbar? Ritter zieht folgenden ersten Schluß: „Die Vielschichtigkeit und qualitative Verschiedenheit der geistigen Welt verbietet es, eine der möglichen Erkenntnisformen gleichsam als Urform herauszulösen und durch sie alle übrigen zu definieren. Ein solcher Versuch bedeutet notwendig die sachlich nicht begründete Verabsolutierung einer der Erkenntnisformen." Eine „konstante Einheit" aller Wissensformen erweist sich als „undurchführbar".[13]

Ritters zweiter Schritt ist es nun aufzuzeigen, daß diese vielen unterschiedlichen Wissensformen nicht nur als Vorstellungs- oder Wissensformen existieren, sondern in die gesamte historisch und sozial verschiedene, jeweils anders „bestimmte Lebenstotalität" „verflochten" sind: die neuzeitliche Rationalität ist nicht „auf dem Boden einer primitiven Gesellschaft möglich"; wenn wir z. B. „einen Gedanken haben", „hat der Primitive eine Eingebung"; ein Stück Holz, das „für uns grob geschnitzt" ist, ist ihm „ein Ahne, ein Geist, eine mythische Macht." Er wird von Kräften geleitet, die mit ihm selbst nicht identisch sind, und erst mit der Erkenntnis der Berechenbarkeit der Naturerscheinungen kann das rationale Bewußtsein entstehen, ändert sich die Gegenstandsauffassung und das „gesamte menschliche Leben": „Wissenschaft, Religion, Sprache, die begrifflichen Systeme und selbst die sinnliche Wahrnehmung sind [...] auch in ihren spezifischen Bedeutsamkeiten historisch und sozial bestimmbare Tatsachen."[14] Mit dem Begriff der sozialen Tatsache nimmt Ritter, wie er weiß, einen Terminus von Émile Durkheim auf; dieser bezeichnete damit jede soziale, das heißt überindividuelle Form des Tuns, Denkens und der Vorstellung, die ein vom

11 J. Ritter: Die Erkenntnistheorie der gegenwärtigen deutschen Philosophie und ihr Verhältnis zum französischen Positivismus (Durkheim-Schule), in: a.a.O. [Anm. 2] S. 211f.

12 Ebd. S. 212.

13 Ebd. S. 213f.

14 Ebd. S. 215, 214.

Individuum unabhängiges Eigenleben besitzt und auf dieses Zwang ausübt.[15]

Bevor Ritter aber zu Durkheim kommt, konstatiert er im zweiten Abschnitt des Vortrags die grundlegende „Geschichtlichkeit" und geschichtliche Bedingtheit der Weltsichten und Lebensformen, die nicht nur differente Bewußtseinsformen sind, sondern das gesamte soziale Sein des Menschen umfassen. Mit dem Begriff „Geschichtlichkeit" bezieht sich Ritter ausdrücklich auf Dilthey, den er dann im dritten Abschnitt behandelt: „Dilthey ist es gewesen, der in der neueren deutschen Philosophie das Problem der Geschichtlichkeit der geistigen Welt gestellt hat."[16] Das ist Diltheys Verdienst. Aber sein Manko bleibt, daß er die Verflechtung der geistigen Welt in das „Realgeschehen" nicht sah, sondern das Leben als den ewig dunklen und rätselhaft bleibenden Urgrund bezeichnete.[17] Es zeigt sich bereits hier ein Grundmotiv Ritterschen Denkens, das sich von der frühen Marx-Lektüre über die Antrittsvorlesung von 1933 bis in die spätere Münsteraner Zeit durchhält: Lebensphilosophie und Anthropologie sind, wenn sie nach dem Wesen des Menschen schlechthin fragen, in Gefahr, diesen nur abstrakt, u.U. nur metaphysisch zu begreifen, losgelöst von seinen vielfältigen sozialen und historischen Bedingtheiten. „Die ungeheure Komplexheit, die Geschichtlichkeit der Bedeutsamkeiten", so Ritter 1933 kritisch gegenüber Heidegger, „in die alle individuelle Lebensführung gewissermaßen eingehüllt ist und die durchaus der Gegenstand objektiver Untersuchungen sein kann, erscheint jetzt als die bloße Verdeckung der einen wahren Existenz: des Seins zum Tode."[18] Und bei Dilthey „verschwindet die geschichtliche Welt"; an ihre Stelle tritt „der die Geschichte verstehende und denkende Mensch."[19] So kommt auch Heidegger nicht zu einem adäquaten Begriff von Geschichtlichkeit. Dasein ist ihm In-der-Welt-Sein, und man hätte erwarten können, daß nun, wie in Schelers Wissenssoziologie, „bestimmte soziale Organisations- und Existenzformen" den „bestimmten Denkformen" zugeordnet würden. „Aber nichts von alledem. Das Dasein als In-der-Welt-Sein ist in seiner Eigentlichkeit als je mein Dasein ausleg-

15 Ebd. S. 223.

16 Ebd. S. 217.

17 Ebd. S. 217f.

18 Über den Sinn und die Grenze der Lehre vom Menschen, in: Subjektivität (Frankfurt a.M. 1974) S. 57f.

19 a.a.O. [Anm. 11] S. 219.

bar".[20] Das reicht aber nach Ritter nicht aus, da damit „ein bestimmter historisch gegebener Mensch zu *dem* Menschen" wird.

Nun hat aber die Durkheim-Schule, das ist Ritters vierter und abschließender Argumentationsschritt, eine „Perspektive" eröffnet, „in der die Lösung unseres Problems gesucht werden mag".[21] Deren Begriff der sozialen Tatsachen, der *représentations collectives* (*mentalités collectives*) gibt ein Mittel an die Hand, geistige Vorstellungen als abhängig von sozialen Gegebenheiten zu bestimmen. Ritter rekurriert auf die Forschungen von Durkheim, Lévy-Bruhl u.a. zum Denken der Primitiven.[22] Der Primitive und sein Denken können nur verstanden werden, wenn man sieht, daß er eingebunden ist in eine von unserer völlig verschiedenen Welt, in seine Gruppe, deren Mythos und Natursicht, an denen er *partizipiert* und mit denen er sich identifiziert. Für bestimmte Stämme ist der Hirsch wie der Vogel dasselbe wie eine Feder, die Gesundheit, Leben und Glück verheißen: Sie üben die gleiche Wirkung aus. Wenn primitive Völker mit Weißen in Kontakt kommen, verlieren sie diese Identifikation – der Weiße durchbricht ihren sozialen Zusammenhang. Ein Eingeborener wird isoliert und setzt nun an die Stelle seines Stammesverbandes den Weißen. Ritter zitiert hier einen Bericht über die Heilung eines Eingeborenen durch einen weißen Arzt, die zur Folge hat, daß der Eingeborene nun vom Weißen dessen Messer verlangt – Zeichen des Versuchs einer neuen Identifikation: „Dieses eine Beispiel zeigt mit aller Schärfe, wie die Denkungsart und die soziale Existenz der Primitiven unmittelbar zusammenfallen." Alles dies, „Vorstellungen, Denken, Empfinden, aber auch Dinge, Handlungen, Ereignisse", sind „in einem einheitlichen Zusammenhang eingebettet und vorbestimmt". Partizipatives Denken und „praktische Institutionen" wie auch die zu ihnen „gehörige Dingwelt" sind einheitlich „organisiert".[23]

Die Frage, die Durkheim nicht mehr stellte, ist nun, ob die an der Erforschung der Welt der Primitiven gewonnenen Ergebnisse auch für die „entwickelte rationale Vorstellungs- und Denkwelt" gelten. Ritter plädiert dafür, dies gründlich zu prüfen. Jedenfalls werde „eine gewisse Umstellung in der Erkenntnisfrage notwendig", die nämlich, daß wir uns „entschließen, auch in den tiefsten und höchsten Formen des Denkens [...] zunächst eine Tatsache unter andren Tatsachen des sozialen Lebens zu sehen, wie sie in

20 Ebd. S. 220.
21 Ebd. S. 222.
22 Ebd. S. 224ff.
23 Ebd. S. 229.

Sitte, in Rechtsbegriffen, in der Gesellschaftlichkeit unserer Praxis, in der öffentlichen Meinung […] usf. gegeben sind."[24] Die „genaue und gründliche Erforschung" solcher „Verflechtung von Bewußtsein und Gesellschaft" ist noch nicht geleistet, aber „erfordert". „Gibt sie damit aber nicht mehr, als es jede noch so tiefe metaphysische Spekulation vermag?"[25]

Der dritte hier zu besprechende Text handelt über die „Geschichtlichkeit der Philosophie als philosophisches Problem" und ist, wie anfangs erwähnt, ein Vortrag von 1928. Auf Cassirer bezieht sich Ritter erst ganz zum Schluß, um nämlich dessen Denken als angemessene Antwort auf das Problem der Geschichtlichkeit vorzustellen. Ansonsten verfährt dieser Vortrag ganz ohne Seitenblicke auf zeitgenössische Philosophien. Der Begriff „Geschichtlichkeit" wurde ja erst in den zwanziger Jahren zu einem weiter verbreiteten Begriff, und zwar durch die Ausgabe der Gesammelten Schriften Diltheys, durch Heideggers *Sein und Zeit*, aber auch durch H. Marcuses *Hegels Ontologie und die Grundlegung einer Theorie der Geschichtlichkeit* von1923.

Ritters Ausführungen bilden aber einen durchaus eigenständigen Beitrag zum Begriff der Geschichtlichkeit. „Geschichtlichkeit" heißt nämlich für Ritter in einer Verknüpfung von Dilthey, E. Rothacker[26] und der Wissenssoziologie, daß ein Denken, „immer in einer Zeit, in einem Lebensstand, in einer bestimmten Situation wirklich gegeben ist."[27] Bei den Einzelwissenschaften bildet aber diese Geschichtlichkeit kein Problem, insofern es in ihnen um den Gegenstand geht (auch in den historischen Wissenschaften geht es um den historischen Gegenstand, vom geschichtlich sich vollziehenden Erkennen wird abgesehen), nicht darum, wie er gefunden wurde. Die Philosophie hat es aber nicht mit Gegenständen zu tun, sondern mit der *Erfahrung*. Sie ist nicht Denken von etwas, sondern Erfahren als Prozeß, und zwar nicht eines Prozesses, der, wenn er an seinem Zielpunkt angelangt ist, die vorherigen Stufen als überholte hinter sich läßt und den Weg zu ihm vergißt, sondern dessen Entwicklung und Werden wesentlich zu dem erreichten Erkenntnisstand hinzugehören, ja noch mehr: dieser Erkenntnisstand erweist sich selbst als bedingt, zeitlich beschränkt, „nur" historisch. Es handelt sich also um zwei verschiedene Standpunkte oder

24 Ebd. S. 230f.

25 Ebd. S. 232.

26 Zu ihm ging Ritter 1929 für ein Jahr mit Unterstützung der Notgemeinschaft der deutschen Wissenschaft, um an dessen begriffsgeschichtlichen Arbeiten teilzunehmen.

27 Die folgenden Zitate aus dem Manuskript ohne Angabe der betreffenden Seiten.

Sehweisen: „Dieser Unterschied im Standpunkt der Betrachtung läßt sich formal als die Wendung vom Erkennen des Gegenstandes zur Erkenntnis dieses Erkennens selbst bezeichnen, eine Wendung, die sich aber durchaus von der erkenntnistheoretischen Frage darin unterscheidet, daß sie das Erkennen nicht in seinem logischen Aufbau, sondern in seiner gewesenen Wirklichkeit zum Gegenstand nimmt."

Historisches und Systematisches sind formal voneinander getrennt: „Die Frage nach [dem] geschichtlichen Sein [wissenschaftlicher Phänomene] ist eine andere, als die nach ihrem gegenständlichen Sinn." Die Wissenschaften sehen von ihrem Gewordensein ab zugunsten des gegenwärtig Aktuellen; der Vollzug des Erkennens bedeutet, daß alle bisherigen Fortschritte zwar reflektiert werden können, aber doch als veraltete vernachlässigt werden. Geschichtlich würden sie erst dadurch, wenn sie, wie etwa in einer Biographie, das Werk einer Persönlichkeit nicht mehr wie diese selbst in seinem Sinn fassen, sondern als Ausdruck seiner Persönlichkeit, seiner Zeit etc. begreifen würden.

Wird aber in den Wissenschaften die Wendung zum geschichtlichen Gewordensein der Gegenstände vollzogen, so werden diese erfahren, d.h. in ihrem Gegebensein verstanden, nicht nur als Gegenstände allein untersucht: „Erfahrung besagt Einheit von Gegenstand und Verstehen." Sie ist geschichtlich, weil jeder Moment in der Geschichte des wissenschaftlichen Erkennens, jeder „Stand der Dinge", nicht nur der letzte als der höchste, als notwendiger und richtiger, wahrer begriffen werden muß.

Während jedoch die Wissenschaften „normalerweise" oder in der Regel hiervon absehen, kann es die Philosophie nicht: In ihr wird die „Geschichtlichkeit nicht als Bestimmung für historische Gegenstände, sondern als Weise der Erfahrung selbst zum Problem". Hier kann es kein Nebeneinander von Historischem und Systematischem geben, in ihr bildet die „Einheit der Erfahrung" immer das Problem. In ihr ist nicht die stetige Erweiterung der Kenntnisse gegeben, sondern sie muß sich dem Problem ihrer fortdauernden Gegensätze und Antinomien stellen; spätestens als mit Kant „das Erfahren, das Verstehen, das Vorstellen selbst zum Gegenstand der Philosophie gemacht" wurde.

Was bei Kant aber zu einer neuen Theorie von der Gegenstandskonstitution und so zur „Überwindung" der Geschichtlichkeit führte, ist nach ihm wieder aufgebrochen. Das Problem der Einheit der Geschichte und des Zusammenhalts der erfahrenen „Welten" stellt sich nach ihm von neuem und ist am nachdrücklichsten von Hegel durchdacht worden. Indem Hegel den Gang der Geschichte als „dialektische Entfaltung des Geistes" interpretiert, gelingt es ihm in der Tat, „die Reiche der Philosophien geradezu als die Systematisierung der Philosophie selbst" zu begreifen; scheinbar gegensätzliche philosophische Meinungen haben ihre jeweilige Wahrheit im fortschreitenden Sich-Entfalten des Geistes, das sich in Hegels eigener Zeit vollendet. Allerdings geschieht dies um den Preis, daß die Geschichte „in den Dienst" dieser Hegelschen Philosophie gestellt und somit „vergewaltigt" wird.

Gerade dies aber ist im Fortgang der empirischen historischen Forschung „unmöglich" geworden. Für Hegel ging die Geschichte in der Philosophie, seiner Philosophie, auf. Ritter dagegen versteht „Geschichtlichkeit" als Erfahrungszusammenhang sui generis und nicht nur sie, sondern auch „die Weltanschauungen, Überzeugungen, die Religionen etc.", die alle eigenständige „empirische Gegebenheiten" sind und ihren Zusammenhalt im „Leben" und „Erlebnis der Individuen, der Nationen, der Klassen" haben. Sie sollen in ihrer „Mannigfaltigkeit belassen werden" und können doch zur Einheit zusammengefaßt werden, wenn man an die Stelle des kantischen Bewußtseins das *Verstehen* setzt. Die transzendentale Einheit des Bewußtseins wird damit erweitert zu einem Begriff des Verstehens, das „jeweils gegenwärtig in einer Welt" ist und für den „Geschichtlichkeit der Erfahrung" bedeutet, „daß die Bestimmungen, in denen diese Momente als Erfahrung jeweils auftreten, gerade die zeitliche Unterschiedenheit der Welten und der Situationen [...] ausmachen".

Auch der vierte Aufsatz Ritters behandelt die Frage der Geschichtlichkeit. Ritter hat ihn 1938 unter dem Titel *Über die Geschichtlichkeit wissenschaftlicher Erkenntnis* veröffentlicht. Wie stellt sich für ihn jetzt das Problem dar? Ausgegangen wird auch hier von der Krise des positivistischen Wissenschaftsbegriffs und des Ideals der „Voraussetzungslosigkeit des logischen Bewußtseins". Die Geschichtlichkeit des Erkennens zu begreifen, heißt demgegenüber, die vitalen Grundlagen des Erkennens zu berücksichtigen, die „Abhängigkeit der Wissensform von Lebenszielen" und seine „weltanschauliche Gebundenheit".[28] Damit geraten die sachliche Gegenstandsbezogenheit und die Geistesgeschichte, die vom Gegenstand absieht und auf das Subjekt des wissenschaftlichen Erkennens sieht, in einen Gegensatz, der aber nicht „alternativisch" in der Entscheidung für

28 J. Ritter: Über die Geschichtlichkeit wissenschaftlicher Erkenntnis, a.a.O. [Anm. 3] S. 176.

die eine oder andere Haltung gelöst werden kann.[29] Die Wissenschaftstheorie nimmt nur die Wahrheit oder Falschheit einer Theorie in den Blick, die Geistesgeschichte faßt sie nur als Ausdruck einer jeweiligen Zeit. Ja, in der Wissenschaftsgeschichte selbst erscheinen diese beiden Formen als getrennte, insofern die eine nur Fortschritt, Widerlegung, auch Wiederholung von Früherem kennt, die andere aber nach den (auch außerhalb der Theorie liegenden) Gründen für das Neue und bisher nicht Gekannte in der Wissenschaft fragt: „Das Nebeneinander der beiden Formen der Wissenschaftsgeschichte bestätigt, daß mit der durch das Geschichtlichkeitsprinzip vollzogenen Überwindung des Positivismus [...] die Frage offen geblieben ist, was Wahrheit und Irrtum als geschichtliche Kategorien [...] bedeuten."[30]

Ritter will aber bei diesem Nebeneinander nicht stehenbleiben; er will statt dessen die Geschichtlichkeit des Geistes ernstnehmen, ohne auf der anderen Seite die Frage nach der Wahrheit eben dieses Geistes aufzugeben. Er will also nicht bei einer völligen Beliebigkeit der historischen „Paradigmen", wie man heute sagen würde, ankommen. Er sucht nach einem Muster, mit dem man die geistig-seelischen Ausprägungen, die in der Geschichte auftreten, nicht nur als ihre verschiedenen *Möglichkeiten* begreifen kann, sondern das eine Antwort auf die Frage gibt, wie und warum diese auch *verwirklicht* wurden (vielleicht: geschichtlich notwendig wurden). Das hermeneutische Verstehen, so Ritter hier, kann das nicht leisten; es sieht in den Ausbildungen der Geschichte nur ihre jeweilige Einmaligkeit, die jeweils anderen historischen „Möglichkeiten und Chancen" des Geistes, ohne ihre Verwirklichung, die ihm „bloß äußerlich" ist, erklären zu können.[31]

Ritters Vorschlag einer neuen Geschichtsdeutung ist an verschiedenen Beispielen aus der Geistesgeschichte gewonnen: Die Lehre Meister Eckharts zum Beispiel entspringt aus einer „lange unter der Oberfläche des historisch sichtbaren geistigen Lebens bestehenden und wirksamen Frömmigkeitsbewegung volklichen Ursrpungs".[32] Analoges gilt für „die Entwicklung der Naturwissenschaft im 17. Jahrhundert, für die Entstehung des

29 Ebd. S. 178.

30 Ebd. S. 182.

31 Ebd. S. 183f.

32 Ritter bezieht sich auf H. Grundmann, bei dem ich das Zitat aber nicht genau nachweisen konnte, vielleicht hat Ritter Grundmanns Vortrag von 1933 vor der Religionswissenschaftlichen Gesellschaft in Hamburg im Ohr; vgl. aber auch seinen Aufsatz: Die geschichtlichen Grundlagen der Deutschen Mystik. DVjS Bd. 12 (1934) bes. S. 423.

deutschen Geschichtsdenkens usf.".[33] Es ist aber nicht so, daß Eckhart, die Naturwissenschaftler des 17. oder die Geschichtsdenker des 18. und 19. Jahrhunderts einfach Tendenzen ihrer Zeit ausdrücken, sondern sie setzen sich mit der vorgegebenen Welt auseinander, müssen eine neue Antwort auf sie finden, indem sie eine neue Theorie formulieren. Etwa: „die von der Aufklärung geleugnete und in der Naturmechanik aufgehobene Wirklichkeit des Schönen und Heiligen" droht verloren zu gehen und muß demnach (so Ritter hier noch nicht, aber so kann sicher wohl ergänzt werden) die Ästhetik hervorrufen, die dieses Schöne und Heilige (in transformierter Form) rettet und bewahrt. Oder: das mit Eckhart zum Durchbruch kommende Unendlichkeitsdenken tritt der „aristotelisch-thomistischen Endlichkeitswelt" entgegen, die so nicht mehr ihre alleinige Gültigkeit behaupten konnte.[34]

Erkenntnis und Theorie treten in Kontakt mit (neuen) Welt- und Lebensbereichen. Sie sind aber nicht nur, etwa im Sinn einer platten Wissenssoziologie, Entsprechung (oder gar Widerspiegelung) dieser ihrer gleichzeitigen Welt, sondern *Auseinandersetzung* mit dieser und höchstens insofern „Ausdruck" ihrer Zeit. Jetzt wird deutlich, wie die beiden „Prinzipien, die gegenwärtig in die beiden Verfahren der Wissenschaftsgeschichte auseinandergetreten sind, im geschichtlichen Leben zusammengehören", also Sachbezogenheit und Geschichtlichkeit: „Die Form, in der alles Erkennen in seinem aktualen Vollzug zugleich die Fortgestaltung oder Aufhebung des Vergangenen ist, ist die Form, in der der Geist geschichtlich ist und Geschichte hat."[35] Weitere Beispiele für diese Deutung: Das physikalische Weltbild Newtons hat im 18. Jahrhundert zur Folge, daß man nun nach dem fragt, was dieses außer sich haben und lassen mußte, nämlich nach den „Ausdrucksgestalten" der Innerlichkeit und des Gefühls (Jacobi, Schiller). Und die *Entzweiung* als Lebensproblem wiederholt dies im 19. Jahrhundert, nämlich mit der „existentiellen Antwort" der Geisteswissenschaften auf das, was in die exakte Erkenntnis nicht mehr eingehen kann: Die Geisteswissenschaften müssen notwendig später als die Naturwissenschaften auftreten. Es ist bekannt, daß diese Entwicklung für Ritter und seine Hörer bzw. Leser wichtig werden sollte.

33 Ritter: Über die Geschichtlichkeit ..., a.a.O. [Anm. 3] S. 185.
34 Ebd. S. 185f.
35 Ebd.

Die Wahrheit einer Erkenntnis liegt also darin, daß sie in einem bestimmten geschichtlichen Augenblick neue Antworten gibt und sich so neue Seinsordnungen ausbilden. Das bedeutet aber, daß sie erst auf eine Entwicklung *reagieren* kann, demnach nur „rückwirkend" wirksam wird, das heißt in dieser neuen Epoche, die die alten Anschauungen aufhebt und neue erfordert, die das „vordem Gültige [...] falsch werden lassen". „Im Medium der menschlichen Erkenntnis hat das Seiende selbst Geschichte."[36] Fragt man schließlich nach der Einheit hinter aller geschichtlichen Differenz, nach jener Einheit, in der alle Weltordnungen und Lebensbereiche, Weltanschauungen und Theorien zusammen bestehen, so liegt diese allein in der Kontinuität der Geschichte als fortdauernder Umwandlung und Veränderung „der Anliegen und Motive des fragenden und erkennenden Lebens"; einer Kontinuität, die Ritter freilich nur der abendländischen Geschichte seit dem frühen Griechentum zuspricht: „Vorausgesetzt ist allein der Zusammenhang der Epochen". Wollte man aber eine außergeschichtliche „Begegnung mit dem Seienden",[37] eine „absolute Erkenntnis des Seins an sich und überhaupt" anstreben (so Ritter wohl wieder gegen Heidegger), so würde man „die Erkenntnis von bestimmtem Seienden" verfehlen.[38] Es wäre „ein ebenso leerer Gedanke wie die Vorstellung einer Erkenntnis, die voraussetzungslos und ohne die Notwendigkeit der Auseinandersetzung und Anknüpfung ist".[39]

Hier kann der frühe (schon kurz nach dem Erscheinen von *Sein und Zeit* gehaltene) Vortrag über Heidegger angeschlossen werden. Er steht zwar nicht im inhaltlichen Zusammenhang mit den bisher behandelten, berührt sich aber mit ihnen insofern, als sich auch die Existenzialontologie den Vorwurf gefallen lassen muß, den Menschen außerhalb seiner geschichtlichen Konkretionen und Seinsweisen zu sehen. Heidegger wird von Ritter zunächst in einen größeren Zusammenhang gerückt: Kant hat zuerst das Problem des Bewußtseins und seiner Leistung als Grund aller Erfahrung gesehen. Dann hat Natorp erkannt, daß der Subjektivität ein Vorrang zukommt, da es dem Denken nie Gegenstand unter anderen sein, das Denken nur „rekonstruktiv" verfahren kann. Es erreicht hier eine „sachliche Verwandtschaft in der Fragestellung, die Natorp mit Husserl verbindet".[40]

36 Ebd. S. 189.
37 Ebd. S. 189f.
38 Ebd. S. 183.
39 Ebd. S. 190.
40 Zitate wiederum aus dem Manuskript ohne Angabe der Seitenzahlen.

Aber „weder bei Natorp noch bei Husserl steht die Subjektivität als Existenz zur Frage“, und es ist das Verdienst Heideggers, in seiner Existenzialanalyse die konkrete Subjektivität problematisiert zu haben, wenn auch in „unzureichender“ Weise. Heidegger geht zwar von der objektivierenden Betrachtung der Subjektivität ab, aber seine „Verschmelzung von Seinsweise und Seinssinn“ übergeht „das entscheidende Problem der faktischen Erlebniswelt, das gerade in der Spannung zwischen Sinn und Sein liegt“. Ritters wesentlicher Einwand gegen Heidegger lautet, daß dieser das „existenzial Ursprüngliche“ als „die eigentliche Existenz“ und „die natürliche Existenz“ als „die uneigentliche“ begreife. Die „gesuchte subjektive Bedeutung der Existenz“ wird „wieder verfälscht“, da die „Objektivität zu einer uneigentlichen Derivation der Existenz wird“. Alle Geschichte aber produziert objektive Gehalte, „die in oder neben dem subjektiven Sinn transhistorische Geltung beanspruchen müssen“, und diese wertet Heidegger gerade ab, da sie dem Subjekt als äußere gegenübertreten, die von ihm nicht ausgehen oder ohne weiteres als seine eigenen angenommen sind. Heidegger vermag nicht „die Subjektivität und zugleich die Objektivität des Historischen in ihrer notwendigen und wesensmässigen Spannung“ auszuhalten.

Ritter hat in späteren Vorlesungen (wie sich Zuhörer erinnern) auch wesentlich wohlwollender über Heidegger geurteilt, um sich dann wieder deutlich von ihm zu distanzieren. Viele Motive, die so nach 1945 entwikkelt wurden, zeigen sich bereits vor dem Zweiten Weltkrieg; sie erscheinen aber immer in transformierter Form. Niemals wird eine Frage und ihre Sache von früher bloß übernommen und wiederholt. Ritter selbst war sich seit seinen philosophiehistorischen Forschungen, d.h. schon seit seiner Dissertation über Nicolaus von Cues, der Geschichtlichkeit von Problemen und Begriffen bewußt. Wenn z. B. Augustin etwas von Aristoteles übernimmt, so bedeutet es, so Ritter, „ihm etwas anderes als Aristoteles.“[41] „Die Wiederholung einer alten überlieferten Frage führt zugleich über das Überlieferte hinaus.“[42] Das mag auch jetzt noch Geltung für das geschichtliche Philosophieren beanspruchen.

41 Rezension zu R. Schneider: Das wandelbare Sein. Blätter für Deutsche Philosophie Bd. 14 (1940/41) S. 180.

42 Rezension zu M. Wundt: Ewigkeit und Endlichkeit. Blätter für Deutsche Philosophie Bd. 12 (1938/39) S. 110.

Joachim Ritter und *Prawda*

Wilhelm Goerdt

Ich muß eine Vorbemerkung machen: Joachim Ritter hat natürlich nirgendwo über *Prawda* geschrieben, und das ist eine gewisse Schwierigkeit dieses Themas. Ich werde also Umwege machen, und bei diesen Umwegen kann ich mich auf das Vorbild von Odo Marquard berufen. Ich muß also von mir selber sprechen und muß mich auch selbst zitieren, aber ich glaube, daß nur auf diese Art und Weise zum Ausdruck kommen kann, was Joachim Ritter mit den Problemen der russischen Philosophie verbindet.

Beginnen möchte ich mit einer persönlichen Reminiszenz. Als ich nach der Wiederaufnahme diplomatischer Beziehungen zwischen der Bundesrepublik Deutschland und der Sowjetunion im Oktober 1955 durch Adenauer Anfang 1956 nach Hause kam, einerseits als ‚gewesener Offizier der gewesenen deutschen Armee', der ich für die sowjetische Gewahrsamsmacht war, und andererseits meinem bürgerlichen Status nach als ‚Abiturient mit Osterfahrung', wie es damals hier hieß –, hatte ich meine Auseinandersetzung mit dem Dritten Reich, weswegen ich 1940 beinahe das Abitur nicht bestanden hätte, grundsätzlich hinter mir.

Was mich nun antrieb, nach 15 Jahren Erfahrung in Sowjetrußland, einerseits mit ‚den roten Ecken' und roten Plätzen, den Lenin- und Stalin-Denkmälern allenthalben, mit den sowjetischen Arbeiterinnen und Arbeitern auf den ‚Großbauten des Kommunismus' der Stalin-Zeit, mit der im Polarkreis und am Ural aus dem Boden gestampften Schwerindustrie, mit der aus der Oktoberrevolution hervorgegangenen Sowjetunion, aber ebensosehr auch mit Kirchen und Klöstern, mit dem alten russischen Dorf und seinen Holzhäusern, den Bauernkaten mit ihren ‚roten', das heißt schönen, mit einer Ikone geschmückten Ecken, mit bäuerlichen Menschen, mit Popen und Nonnen, mit dem alten, noch erlebbaren, weil fest gegen schreckliche Widerstände bewahrten vorrevolutionären Rußland also –, was mich, der ich nach festem Stand suchte, nun antrieb, war: nach diesen Erfahrungen Erkenntnis zu gewinnen über Geist und Kultur eines, wie mir schien, nicht nur räumlich so gewaltigen Landes, dessen moderne Geschichte seit Peter dem Großen durch einen tiefen Bruch gekennzeichnet war, der das Alte und das Neue auseinanderzureißen drohte. Was war das alte und was war das neue Rußland? Beides wollte ich wissen, und auch, was waren die Fäden, die sie verbanden?

Ich betrachte es bis heute nicht nur als ein großes Glück, sondern als providentiell, daß ich mit diesen Absichten mein Studium in Münster im Sommer 1956 aufnahm und sogleich durch die wohlgeneigte Vermittlung von Karlfried Gründer an Joachim Ritter ‚geriet'.

Es geht mir nun nicht um die Schilderung von Erlebnissen und Begegnungen mit diesem beeindruckenden Menschen und Denker, auch nicht um eine Darstellung seiner philosophischen Konzeptionen, die ja bekannt sind. Mir schien, nachdem ich ein wenig in das Denken von Joachim Ritter eingedrungen war und ich selbst mein Forschungsgebiet einigermaßen zu übersehen glaubte, im Begriff der *Prawda* als „Wahrheit und Gerechtigkeit" von alters her im Russischen verstanden, ein Ansatzpunkt zu liegen, von dem aus russisches Denken in Vergangenheit und Gegenwart in seinen traditionellen und progressiven oder revolutionären und konservativen Strömungen als ein der formellen Intention nach Zusammengehöriges, also bei allen tiefen und einschneidenden inhaltlichen Unterschieden als *eines* interpretierbar sein könnte.

Ich muß dankbar vermerken, daß Ritter mich auf dem von mir gewählten Gebiet philosophischer Forschung von Anfang an selbständig arbeiten ließ. Einsichtig war ihm wohl, daß die moderne, nach 1945 aus aktuellen Gründen groß herausgekommene Sowjetologie mit ihrem Gegenstand – der Sowjetunion seit 1917 – nicht das letzte Wort über Rußland würde sprechen können, da sie 1000 Jahre russischer Geschichte außer sich ließ und somit Entfremdung produzierte. Er akzeptierte, daß ich beim bolschewistischen, modernen und revolutionären Sowjetrußland mit meinen Forschungen beginnen wollte, um mich dann im Ausgang von der Frage, was denn nun an der marxistisch-leninistischen Sowjetunion ‚genuin russisch' sei – dem russischen Imperium vor 1917 und dem noch früheren Zartum und Großfürstentum vor 1689 zuzuwenden.

Der Grundbegriff *Prawda*, Wahrheit und Gerechtigkeit, zielt zunächst auf die Verwirklichung der Einheit von Theorie und Praxis hin. Er kann, wenn Erkennen und Handeln Konstitutiva menschlichen Daseins überhaupt sind, auch als Kategorie gefaßt werden, durch welche der Zusammenhang von Geschichte, Gegenwart und Zukunft menschlicher Existenz auslegbar ist, insofern es für sie und in ihr eben um *Prawda* geht. *Prawda* kann schließlich als Grund- und Kennwort für den Versuch des russischen Denkens dienen, Subjektivität, Person sowie Gesellschaft und/oder Staat – so oft in allen Jahrhunderten politischen, gesellschaftlichen und kulturellen Lebens in Rußland entzweit, ja entfremdet – miteinander ins Einvernehmen zu setzen, zu ‚versöhnen‘: *Prawda* also auch als Ideal der Einheit von universeller moderner Wissenschaft und Weisheit der Person, vom Zwangscharakter sozialen Handelns und von der Freiheit individuellen Tuns, des Ausgleichs mithin von Abstraktum und Konkretum.

Ich sah und sehe darin den Kern aller Bemühungen des russischen Denkens. Davon zeugt die russische Vergangenheit und die russische Aktualität, auch und gerade in den Perversionen des Ideals und den Verabsolutierungen des einen oder anderen seiner Momente. Und ich denke, daß jedermann, der Joachim Ritter auch nur ein wenig kennengelernt hat und von ihm geistig angeregt worden ist, in den hier aufgezeigten *Prawda*-Konnotationen wesentliche Gehalte seines Denkens wiedererkennen kann.

Ich vermute sehr, daß diese Kongenialität von Ritter und *Prawda*, diese vielleicht mehr gespürte und erahnte als begriffene innere Übereinstimmung der wesentliche Grund – neben manchen anderen äußeren Überlegungen und Motiven – dafür waren, daß Ritter mich – die wir persönlich und offen kaum über diese Zusammenhänge sprachen, dafür war auch der lebensmäßige, erfahrungsmäßige und der wissenschaftliche Abstand doch wohl zu groß zwischen uns – nicht nur unbehelligt forschen und arbeiten ließ, sondern mir auch manche Unterstützung finanzieller Art, in Form von Forschungsaufträgen, Reisegeldern und Druckkostenzuschüssen, zuteil werden ließ. Ich habe dies immer als großartig empfunden und als magnanimitas gesehen, vor allem weil Ritter jede Möglichkeit einer originären Einsicht in meine Materialien und meine Arbeit an diesen verwehrt war.

Doch mochte ja Ritter die Wichtigkeit und Bedeutung der Sache, um die es mir philosophisch ging, vielleicht an den Früchten ‚erkennen‘, die bald vom Baume fielen. Die erste Frucht war meine Bibliographie zur Sowjetphilosophie, die 1960 erschien. In ihr habe ich darauf hingewiesen, daß man sich an der damals offenkundigen „Dürftigkeit“ der Sowjetphilosophie nicht reiben solle. Das zerschlage „das Phänomen, bevor man an es herangekommen“ sei, während es sich zunächst darum handele, „der Sowjetphilosophie als Ganzem in sich nahezukommen und ihr im russischen Denken wie in der Philosophie überhaupt ihren Ort zuzuweisen."[1]

Ich war davon überzeugt, daß „die Entfaltung des dialektischen Verhältnisses der Wahrheit und Gerechtigkeit in Rußland vor und nach 1917 [...] die Möglichkeit" gebe, „das sowjetphilosophische Denken in die Bewegung des russischen Denkens überhaupt einzubeziehen".[2] Ich deutete darin an, daß die binnenpluralistischen Auseinandersetzungen in der Sowjetphilosophie bis Anfang 1931 als Entfaltung der „zweieinen prawda" in ihren wesentlichen Momenten von theoretischer Wahrheit als *pravda-istina* und sozialer Wahrheit, das heißt Gerechtigkeit als *pravda-spravedlivost'* zu sehen sind.

Wenn zum Beispiel die Empiriomonisten und mechanischen Materialisten fordern, daß „die pravda-istina des Marxismus, der dialektische Materialismus [...] nach den Ergebnissen der modernen exakten Wissenschaft und ihrer Wissenschaftstheorie umgebildet werden" müsse, so zeige sich, daß dies „Störungen im Gesamtsystem des Marxismus" hervorrufe „und die Grundlagen auch des historischen Materialismus", der sozialen Wahrheit, der *pravda-spravedlivost'* „anzugreifen" drohe.[3]

Ich erinnere nur an die mechanisch-materialistische Annahme vom „Selbstlauf" der Prozesse in Natur und Gesellschaft, ihrer Selbstregulierung, die somit nicht der „Dialektik von Einheit und Kampf der Gegensätze" folgen und keineswegs revolutionär sind, so daß dann, wenn die sozialistischen Rahmenbedingungen gegeben sind, etwa von einem Hineinwachsen der Bauernschaft in den Sozialismus ausgegangen werden kann und sich also eine revolutionäre Kollektivierung erübrigt.[4] – Ich erinnere weiter an die menschewisierenden Idealisten, deren „Menschewismus" darin bestand, daß sie gegen Stalin an der „sozialdemokratischen Theorie von der Unmöglichkeit des Aufbaus des Sozialismus in einem Lande" festhielten.[5] – Aber diesen, wie ich es genannt habe, sowjetphilosophischen „Kümmer-

1 W. Goerdt: „Fragen der Philosophie". Ein Materialbeitrag zur Erforschung der Sowjetphilosophie im Spiegel der Zeitschrift „Voprosy Filosofii" 1947–1956 (Köln u. Opladen 1960) S. 14f.

2 Ebd. S. 16.

3 Ebd. S. 16f.

4 W. Goerdt: Art. ‚Materialismus, mechanischer', in: Histor. Wörterb. der Philos. Bd. 5 (Basel, Stuttgart 1980) Sp. 868.

5 W. Goerdt: Art. ‚Idealismus, menschewisierender', in: ebd. Bd. 4 (Basel, Stuttgart 1976) Sp. 40.

formen" der Prawda-Diskussion ist die tausendjährige, außerordentliche Geschichte von *Prawda* entgegenzuhalten, wie sie sich seit der Taufe Rußlands 988 als erster „Aufklärung" entwickelt hat.

Im 18., vor allem aber im 19. und 20. Jahrhundert sind in Rußland progressive und traditionelle Theorien der *zweieinen Prawda* entwickelt worden, sei es bei Wladimir Solowjow, bei dem ‚Volkstümler' Michailowski, bei den Marxisten, bei Empiristen und Metaphysikern. Es gab scharfe Kämpfe und Entzweiungen, Mißverständnisse und Unversöhnlichkeiten, aber auch schon Ansätze von Einsicht in die Möglichkeit der Aufhebung der „abstrakten Partialität der progressiven Theorien [...] in einem auch Tradition bewahrenden konkreten Ganzen".[6]

Hatte nicht Ritter 1956 im Anschluß an seinen Türkei-Aufenthalt über *Europäisierung als europäisches Problem* geschrieben und diese an den Verhältnissen in der Türkei im Zwischenfeld zwischen weltzivilisatorischer Zukunft und geschichtlicher Tradition beispielhaft expliziert? Er hatte mit Panikkar gemahnt, „Orient und Okzident sind nicht mehr zu trennen", und gehofft, daß diese Mahnung gehört und verstanden werde. Ritter hatte damals den Nahen und Fernen Osten im Verhältnis zu Europa gemeint –, was fehlte, war ein genauer Blick auf Rußland, diese gewaltige europäisch-asiatische Landmasse, deren durch seine Geschichte zu Osteuropa gehörender Teil das Gebiet meines wissenschaftlichen Interesses war. „*Wo es keine Macht der Versöhnung und Vermittlung gibt, da gehören die revolutionäre Verneinung der Herkunft und die reaktionäre Verneinung der Zukunft unlösbar zusammen;* die innere Zerrissenheit nimmt zu und treibt die Versuchung hervor, den unversöhnten Gegensatz durch Gewalt zu lösen."[7] Dieses Problem ist im russischen Denken unter dem Titel *Rußland und Europa* ausgiebig diskutiert, aber bis heute nicht in vernünftige Praxis umgesetzt worden. Es gab schließlich eine fundamentalistisch-revolutionäre, marxistisch-leninistische Staatsstreich-Lösung, deren Unangemessenheit heute nur allzu sichtbar ist.

Die mich bewegende Frage war, ob das „Endergebnis" 1917, „die Hegemonie der Gesellschaft, aus der Verfassung des russischen Denkens selbst ableitbar" erscheine. „Man meint gewöhnlich, das russische Denken habe sich im 19. Jahrhundert radikal in zwei Ströme geteilt, deren einer ganz in

6 W. Goerdt: „Fragen der Philosophie", a.a.O. [Anm. 1] S. 19.

7 J. Ritter: Metaphysik und Politik. Studien zu Aristoteles und Hegel (Frankfurt a.M. 1969) S. 335.

Mystik und Religionsphilosophie versunken sei – deren anderer dagegen Sozialphilosophie und Politik machtvoll gefördert habe. Rußland habe schließlich für die zweite Form des Denkens optiert, ja optieren müssen, denn in einer Zeit radikaler Vergesellschaftung des Lebens, die auch in Rußland mächtig voranschritt, sei mit Mystik und Religion allein nicht voranzukommen. So sei der rote Oktober auch durch den Gang des russischen Geistes gerechtfertigt worden.[...] Das jedoch ist falsch gesehen. Die russische Tradition, um es so abgekürzt zu sagen, ist auf die moderne Welt zugegangen. Sie hat gezeigt, daß sie nicht notwendig weltlichschlecht, starr-konservativ und gesellschafts-flüchtig ist, daß sie aus sich – wenn auch sicher nicht auf leichtem Wege und nicht unangefochten durch ‚Ultra-Tradition‘ – der Weltbewältigung fähig war“.[8]

Immer noch spukt das Schema von russischer Denktradition als geprägt von der Dissoziation der ‚Westler‘ und der ‚Slawophilen‘, revolutionären und reaktionären Radikalinskis, zwischen denen es keine Verständigung habe geben können, in den Köpfen herum.[9] Ich wollte Mitte der sechziger Jahre gerade am Beispiel von Iwan Kirejewski, dem philosophischen ‚Vordenker‘ der Slawophilen, die Unhaltbarkeit solcher Meinung aufweisen, eben der Einteilung russischer Denker in ein ‚Entweder-Oder‘ dieser Art.

Die Wirklichkeit war wesentlich differenzierter, und ich suchte sie unter dem Titel *Vergöttlichung und Gesellschaft* zu fassen: *Vergöttlichung* als die äußerste Position, die der von der altrussisch-byzantinischen Tradition herkommende Russe als Christ anzustreben vermag, und andererseits die mit der europäischen Aufklärung in Rußland eindringende „weltzivilisatorische“ Gesellschaft, die anzunehmen sei und innerhalb derer sich die Person als sie selbst zu behaupten habe.

Kirejewski hat dies zum Beispiel in seinem Essay von 1852 *Über den Charakter der Aufklärung Europas und ihr Verhältnis zur Aufklärung Rußlands* und schon Jahre vorher deutlich ausgesprochen. Er hat „das Mißverhältnis, das seine Auflösung fordert“, jenen „Widerspruch der grundlegenden Prinzipien zweier miteinander kämpfender Kulturen“ als „haupt-

8 W. Goerdt: Vergöttlichung und Gesellschaft. Studien zur Philosophie von Ivan V. Kireevskij (Wiesbaden 1968) S. XII.

9 wie auch jetzt wieder die Überschrift einer Rezension meiner *Russischen Philosophie* (Bd. 2) nahelegt: A. Schmidt: Westler, Slawophile und Marxisten, in: Frankfurter Allgemeine Zeitung Nr. 226 vom 29. 9. 1989, S. 15.

sächlichste, wenn nicht einzige Ursache aller Übel und Mängel, die man auf russischem Boden bemerken kann",[10] scharf und hellsichtig gesehen und die als radikales Allheilmittel angepriesene „totale Europäisierung" ebenso abgelehnt wie die „totale Russifizierung": Altrussische Lebensformen „wiederherzustellen ist dasselbe wie einen Toten zum Leben zu erwecken", wie andererseits die totale Europäisierung „Vernichtung der Besonderheit des geistigen Lebens des Volkes" sei, Vernichtung der ganzen traditionellen „Fülle seines Lebens".[11]

Iwan Kirejewski sieht das Wesen der russischen „Aufklärung" in der „Vorzugstendenz zur Totalität des Seins", das der westlichen „Aufklärung" in der „Vorzugstendenz zu subjektiver und autonomer Vernünftigkeit". Ihr erforderlicher Ausgleich sei „die eine wesentlich große Lebensfrage der Beziehung des Westens zu jenem bisher unbeachteten Prinzip des Lebens, Denkens und der Kultur, das der rechtgläubig-slawischen Welt zugrundeliegt."[12] Präziser und klarer konnten damals im Rußland des 19. Jahrhunderts „die Probleme der Diskontinuität zwischen Herkunft und Zukunft", wie sie Ritter formuliert,[13] zwischen europäischer und russischer Aufklärung wohl kaum ausgesprochen werden, wenn deren Lösung – wie Kirejewski wollte und wie viele nach ihm versucht haben – angegangen werden sollte. Kirejewski sah deutlich, daß der Kampf zweier Kulturen in Rußland, wie er sagte, „allmenschlich" ist, universalgeschichtlich. Die Auseinandersetzung der „inneren Struktur des Geistes kraft der in ihr erfahrenen Wahrheit" mit der „formalen Entwicklung der Vernunft und der äußeren Erkenntnisse",[14] diese Auseinandersetzung muß, wie er sagt, zur „Ausarbeitung eines gesellschaftlichen Selbstbewußtseins" führen, das beide Seiten akzeptiert, denn „die erste gibt der zweiten Sinn und Bedeutung, aber die zweite gibt ihr Inhalt und Fülle".[15]

„Die Vernunft der Philosophie", sagt Ritter, „gehört von Anbeginn an weder den Griechen noch den Römern für sich; wo sie in die Geschichte eingetreten ist, da wird das *Menschsein des Menschen zum Subjekt und zur Substanz aller politischen Ordnung und aller Geschichte*."[16] Dies ist für

10 W. Goerdt: Vergöttlichung und Gesellschaft, a.a.O. [Anm. 8] S. 112.
11 Ebd. S. 113f.
12 Ebd. S. 86.
13 J. Ritter: Metaphysik und Politik, a.a.O. [Anm. 7] S. 338.
14 W. Goerdt: Vergöttlichung und Gesellschaft, a.a.O. [Anm. 8] S. 116.
15 Ebd. S. 98, 116.
16 J. Ritter: Metaphysik und Politik, a.a.O. [Anm. 7] S. 338.

Rußland als Osteuropa, als osteuropäisches Morgenland ebenso gültig wie für das westeuropäische Abendland.

Russische Philosophie hat von ihrem bewußten Beginn, von ihrer Gründung um 1750 an den Kampf um das Menschsein des Menschen im Ausgang von bittersten Erfahrungen der Unmenschlichkeit, seines politischen und gesellschaftlichen und eben damit auch persönlichen Leidens, um die Rechte der Person energisch geführt und gegen die Ansprüche der weltzivilisatorischen Gesellschaft, in welcher Form auch immer sich diese in Rußland ausbreiteten, verteidigt. Man kann dazu eine Menge sogenannter progressiver und konservativer Denker, von ‚Westlern' wie ‚Slawophilen' anführen. Der Kampf wurde in und zwischen den ‚Lagern' ausgetragen, ging aber 1917 zunächst an die Bolschewiken verloren.

Diese von mir an Iwan Kirejewski exemplifizierte Grundbewegung des russischen Geistes mit ihren Problemen, Schwierigkeiten und Verheißungen war – wenn auch in ‚Kümmerformen' – in der Dialektiktheorie Lenins zu entdecken. Deren Analyse durch mich ist bei ihrem Erscheinen 1962 weder von den auf Marx fixierten Marxologen noch von den Sowjetologen, die eine Kategorialanalyse der marxistisch-leninistischen Dialektik als Ontologie geben wollten, noch von marxisierenden Intellektuellen mit ihren Illusionen über die Sowjetunion und das ihr zugrundeliegende Gedankensystem gewürdigt worden. Sie hat sich hier als Theorie mit Realitätsgehalt nicht ‚durchgesetzt'. In der Sowjetunion allerdings hat sie sich verifiziert und ihre Richtigkeit voll erwiesen, insofern die politisch gegen die bürgerlichen ‚Revisionisten' aller Art gerichtete Dialektiktheorie Lenins mit ihrem begrifflichen Instrumentarium seit 1985 von Sowjetphilosophen höchstselbst auf den Marxismus-Leninismus und seine Folgen, die staatlichen, gesellschaftlichen, wirtschaftlichen und kulturellen Verhältnisse, öffentlich-kritisch angewendet und damit auch überholt wurde. Denn wenn die Funktionäre, die Kader, die Nomenklatura nunmehr die Revisionisten, die Eklektiker und die Sophisten sind – dagegen aber die kritischen Sowjetphilosophen, die Perestroika-Politiker, die Andersdenkenden und Dissidenten diejenigen, die die ‚wahre Dialektik' für sich beanspruchen, – so ist dem Absolutheitsanspruch der Leninschen Dialektik und ihren Fundamenten der Boden entzogen.

Diese Entwicklung war von der Mitte der fünfziger Jahre, vom ersten ‚Tauwetter' an, dessen Ereignisse und Publikationen das Material zu meiner damaligen Analyse hergaben, ansatzweise schon sichtbar. Sie hat sich seitdem – nicht zuletzt durch die Dissidentenbewegung und ihre weltweite

Wirksamkeit – erheblich verstärkt: Das Schlagen der Nomenklatura mit ihren eigenen Waffen, etwa mit juristischen in der Menschenrechtsbewegung seit langem geübt, wurde nun auch in der Sowjetphilosophie exakt angewendet.

Ich meine folgendes: Gesellschaftlich-praktisch geht die von der sowjetischen Führung seit 1985 befürwortete *Offenheit* (*glasnost'*) auf Wahrheit aus; sie intendiert eine allseitige Kenntnisnahme der Wirklichkeit oder der Zustände im Lande überhaupt, die dann entsprechend zur Aussage gebracht, *kundgegeben* (*glasnost* = *Kundgabe*!) und klar werden können. Wenn andererseits bis 1985 *Offenheit* in diesem zweifachen Sinn als Erkenntnis-Einstellung und als Aussageweise fehlte, so war bis dahin – sicher von Stalins Herrschaft an – deren Gegenteil vorherrschend und verbreitet, nämlich Verschlossenheit der Wahrnehmung der Wirklichkeit gegenüber – und, wo man ihr nicht entgehen konnte, ihre Verhüllung, das heißt ihre ‚Maskierung'. Was es ‚praktisch', lebensmäßig etwa gibt, wird hinter der Maske der Theorie verhüllt, weil es nach letzterer nicht sein darf. Das ist das Rezept der ‚Sophistik'. Es ist nun geradezu der Vorwurf sophistischen Verhaltens, der von allen möglichen Ansätzen her den vergangenen ‚orthodoxen' Vertretern von Partei und Staat in theoretischen und praktischen Angelegenheiten gemacht wird.

Dazu einige Zitate von Sowjetphilosophen über Partei, Staat und Gesellschaft aus Artikeln, erschienen 1989 in der Zeitschrift *Fragen der Philosophie* (*Voprosy filosofii,* VF). Ihre Themen: *Der Rechtsstaat: Geschichte und Gegenwart;*[17] *Die Perestroika: Philosophischer Sinn und menschliche Bestimmung*;[18] *Perestroika des Bewußtseins oder bewußte Perestroika*[19] und *Für ein neues Herangehen an das Problem des Individualismus,*[20] Themen, die die Brisanz der sowjetphilosophischen Erörterungen in der Gorbatschow-Ära zum Ausdruck bringen.

So heißt es zum Beispiel: „Die historische Erfahrung, die überzeugend die Mängel des administrativen Kommandosystems und der Befehlsnormen vordemonstrierte, zeugt nicht vom Prozeß des Absterbens des Sowjetstaates und -rechts (und um so mehr nicht von ihrem ‚Absterben' durch ‚Verstärkung'). Diese in der Vergangenheit weitverbreitete *pseudodialektische*

17 W. S. Nersesjanz, VF 1989, H. 2, S. 3–16.
18 I. T. Frolow, VF 1989, H. 2, S. 19–23.
19 N. W. Ljubomirowa u.a., VF 1989, H. 4, S. 28–48.
20 J. A. Samoschkin, VF 1989, H. 6, S. 3–16.

These [Stalins] war ihrem Wesen entsprechend, direkt, so sagt der Autor, dem Übergang zu einer normalen staatsrechtlichen Form der Organisation des politischen Lebens, die den *objektiven Bedürfnissen* der Sowjetgesellschaft, den Prinzipien und Forderungen der sozialistischen Demokratie und Volksmacht entsprach, entgegengesetzt. Die Ersetzung der Dialektik durch eine *zweideutige Sophistik* verstärkte faktisch den *bewußten* Kurs der Wegschwemmung jeglicher Vorstellungen in Theorie und Praxis von Unterschieden zwischen der Form der Staatlichkeit und anderen außerordentlichen Formen der Organisation und Tätigkeit der öffentlich-politischen Macht, der Rechtfertigung von Strafaktionen verschiedener Glieder des politischen Systems, der Ersetzung der sozialistischen Staatlichkeit und des Rechtes durch den auf Gehorsam verpflichteten Apparat der politischen Macht und der Kommando-Befehlsnormen."[21] Ein anderes Zitat: „Wir bemühen uns auch, jenen Bruch zu überwinden, der in unserem Leben zwischen Wort und Tat gegeben war, weil gute Worte, darunter auch über den Humanismus, früher sehr oft und vielleicht am häufigsten gerade dann ausgesprochen worden sind, wenn in der Praxis eine Abweichung von diesen Worten vor sich ging."[22] Und so weiter. „Unter diesen Bedingungen entbehrten die demokratischen Thesen, die in der Verfassungs- und laufenden Gesetzgebung deklariert wurden, ihres realen und adäquaten staatsrechtlichen Sinnes. Sie verwandelten sich in Fiktion und Fassade, die Willkür und Gesetzlosigkeit verdeckten, die in der Wirklichkeit herrschten. Die stalinistische These von der Verschärfung des Klassenkampfes im Prozeß des Aufbaues des Sozialismus wurde von dem Ziel diktiert, künstlich die Situation der außerordentlichen kriegs-revolutionären Zeit zu erhalten, [...] das ‚Mandat' auf die außerordentliche Macht des von ihm angeführten politischen Kommandosystems zu verlängern, die Notwendigkeit von Massenrepressionen, die Verstärkung außerordentlicher, illegaler Strukturen und Aktionen zu begründen."[23]

Es ist nicht schwer, in diesen Ausführungen moderner Sowjetphilosophen über die pervertierten politischen und gesellschaftlichen Zustände in der UdSSR, über die Partei, den Sowjetstaat und seine Institutionen, gerade die Kritik wiederzuerkennen, wie sie am Anfang des Jahrhunderts Lenin den sog. Revisionisten und Reformisten der sozialdemokratischen Arbeiterbewegung gegenüber angebracht hat: Sie seien der subjektiv angewendeten

21 W. S. Nersesjanz, a.a.O. [Anm. 17] S. 11.
22 I. T. Frolow, a.a.O. [Anm. 18] S. 21.
23 W. S. Nersesjanz, a.a.O. [Anm. 17] S. 10.

Wendigkeit der Begriffe schuldig, der Eklektik und Sophistik. Sie maskierten durch Worte, Losungen und Phrasen, durch theoretische Fassade und Fiktion, durch Wortfetischismus die Wirklichkeit, sie mythologisierten die Realität, um künstlich ihren Führungsanspruch aufrechtzuerhalten und ihre Macht zu verlängern, wobei sie Stagnation als Dynamik, Metaphysik als Dialektik ausgeben müßten.

Das heißt doch: In der Kritik des Sowjetstaates und der Sowjetgesellschaft wurden die Inhaber der Macht von Stalin bis Tschernenko als Eklektiker und Sophisten entlarvt – gegen ihr eigenes Vorgeben, treue Marxisten-Leninisten zu sein –, und wurden die Befürworter und Exekutoren der *perestroika* als diejenigen angesehen, die die „Wendigkeit der Begriffe [...] objektiv" anwenden, die die „Allseitigkeit des materiellen Prozesses und seine Einheit" sehen und damit „Dialektik" praktizieren, „richtige Widerspiegelung der ewigen Entwicklung der Welt." Das sind Zitate aus Lenins berühmter Dialektikpassage in seinen *Philosophischen Heften.*[24] Ein anderes Zitat:

„Die Menschen, die sich der Ziele und Aufgaben der Perestroika wirklich bewußt sind, nehmen objektiv die Position eines revolutionär-kritischen Verhältnisses zur heutigen ökonomischen Struktur und zum System des bürokratischen Zentralismus ein [...]. Wir reden nicht von der Absage an den Sozialismus, an die Ziele und Aufgaben der Revolution, sondern nur von einem realistischeren Herangehen an die Wirklichkeit."[25]

Da ist genau die positive Intention der Dialektiktheorie Lenins aufgenommen: Es wird am Sozialismus Leninscher Prägung festgehalten, für die Vertreter der Perestroika die objektiv-wendige, revolutionär-fortschrittliche Einstellung in Anspruch genommen, sowie die Sicht auf die „Allseitigkeit des materiellen Prozesses und seine Einheit", etwa in der Feststellung der Antinomie von Gesellschaft und Individuum als widersprüchlicher, aber gleichberechtigter Seiten der Einheit des Weltprozesses, empfohlen.

Meine Absicht war, zu zeigen, wie sehr die Dialektiktheorie Lenins für die Befürworter der Perestroika eine hilfreiche Argumentationsfigur zum Erweis ihrer legitimen marxistisch-leninistischen Grundeinstellung war, während sie zugleich das Instrumentarium dafür bot, die alten stagnierenden Verhältnisse im Sowjetstaat, dessen Machthaber immer unter ‚dialektisch-

24 W. I. Lenin: Philosophische Hefte [1914]. Werke Bd. 38 (Berlin 1964) S. 100 (dort russ. gibkost' mit ‚Elastizität' übersetzt).

25 Ljubomirowa u.a., a.a.O. [Anm. 19] S. 42, 32.

wendigen Rechtfertigungszwängen' – genauer: unter der Notwendigkeit sophistischer Begründungen für ihr Handeln –, standen, als illegitim abzuweisen.

Aber zwei Probleme der Dialektiktheorie Lenins bleiben zumindest: die Fragwürdigkeit ihrer grundlegenden Voraussetzungen, also des dialektischen Materialismus; und als zweites die Tatsache, ihrer immer möglichen Manipulierung: Gorbatschow, einmal als ‚objektiv-wendiger' Interpret und Akteur des Weltprozesses apostrophiert, kann ein andres Mal als ‚subjektiv-wendiger' Eklektiker und Sophist perhorresziert werden. Das heißt, die Dialektiktheorie Lenins ‚erklärt' nur die andauernde Zirkelbewegung von politischer Praxis der Sowjetstruktur, insofern dieser eine in ihren Grundlagen verpflichtende, aber gerade darum auch manipulierbare Theorie zugrundeliegt.

Gäbe es eine Möglichkeit, diesen circulus vitiosus aufzubrechen? Das ist auch die Frage, die die Sowjetphilosophie 1989 bewegt. Vielleicht, wenn man die ‚subjektive Wendigkeit' nicht mehr negativ als ‚Eklektik und Sophistik' interpretierte, sondern als Ausgriff des seiner selbst bewußten Subjekts auf die Wirklichkeit. Das ist die Frage nach dem Recht des von kommunistischer Partei und Sowjetstaat immer brüsk abgelehnten Individualismus.

Eine Wende vollzieht sich hier, „neues Denken" zeigt sich, wenn etwa von der „Antinomie" von Gesellschaft und Individuum gesprochen wird, welch letztere „widersprüchlich", aber doch „gleich wichtig" seien, während man früher nur habe gelten lassen, daß der Individualismus „immer schlecht" und der Kollektivismus „immer gut" sei, oder, wenn es an anderer Stelle heißt, man müsse „in vollem Maße die Selbständigkeit der Person wiederherstellen sowie die Rechte der Individuen und der Gesellschaft in allen Lebenssphären anerkennen und garantieren"; oder „Bewußtsein" sei „die Freiheit des Menschen, über [...] seine geistigen Fähigkeiten, die erhaltene Information und Mittel intellektueller Tätigkeit zu verfügen [...]. Nimmt man dem Menschen die Freiheit, noch mehr die Freiheit zu denken, dann nimmt man ihm sein Bewußtsein."[26]

Was Sowjetphilosophen also wollen, ist die Herstellung und Praktizierung des Theorems der Einheit von Theorie und Praxis als *zweieinerPrawda*; sie wollen grundsätzlich nicht und nicht mehr die Unterordnung des Denkens unter die Parteiideologie und Parteidirektiven – das gerade hat sich ja als

26 Ljubomirowa u.a., a.a.O. [Anm. 19] S. 12, 32; Nersesjanz, a.a.O. [Anm. 17] S. 12.

verhängnisvolle Trennung von Theorie und Praxis erwiesen –, sie wollen gegenseitige Befruchtung, gleichberechtigte Wechselwirkung von Parteikadern und Philosophen. Das sind die ausgesprochenen Ziele für gesellschaftliche Institutionen und denkende Individuen ...

Die Entwicklungsfähigkeit der während des ‚Tauwetters' 1956 aufgebrochenen, existentiell damals noch sehr gefährlichen ‚Kundgebungen' zur geistigen, politischen und psychosozialen Lage im Sowjetstaat habe ich damals trotz aller möglichen und voraussehbaren Bedrängnisse für gegeben angesehen. Es bereitet Genugtuung zu sehen, wie sich die Ereignisse von 1985 bis 1989 und die sowjetphilosophischen Stellungnahmen zu ihnen in meine Analyse der leninschen Dialektik und ihrer Momente einordnen lassen, wenn die Momente – wie ich gezeigt habe – von Denkern selbst auf offiziellen Foren in der Diskussion kritisch gegen die Verhältnisse in der Sowjetunion gewendet und gebracht werden. –

Aber auch die Möglichkeit eines Auswegs aus der fundamentalen Aporie der leninschen Dialektik, nämlich die Subjektivität des Menschen mit ihrem Anspruch eigenmächtigen Ausgriffs auf die Welt im Erfahren, Erkennen und Handeln als sophistische und eklektische, opportunistische ‚subjektive Wendigkeit' zu kennzeichnen und dadurch mit allen praktischen Folgen zu negieren, war damals schon skizziert worden: „Wenn die subjektive Wendigkeit einerseits als Ausdruck äußerster Subjektivität gefaßt wird, deren Grund eine gespenstische Unwirklichkeit sein soll, so ist andererseits nachdrücklich festzustellen, daß *die* äußerste Subjektivität einer individuellen Bezugnahme auf das Experiment einer Realisierung der materialistischen Dialektik, die aus der Betrachtung des Ganzen der sozialistischen Wirklichkeit entspringt [...] weder formal noch material in den Distinktionen der subjektiven Wendigkeit zu fassen ist"[27] –: Haben doch die Dissidenten in der Sowjetunion nachdrücklich gezeigt, daß sie sich nur unter Risiko, unter Einsatz ihrer körperlichen und geistigen Existenz öffentlich äußern konnten. Somit geht ihre Perhorreszierung als opportunistische Exemplare schlechter wendiger Subjektivität à la Lenin überhaupt ins Leere. Hier findet also „im sozialistischen Lager ein von der materialistischen Theorie der Dialektik selbst nicht mehr deutbarer Transcensus eben derselben Theorie statt, [...] aber auch ein Transcensus aus der versuchten Realisierung der Theorie auf das Ganze der Wirklichkeit hin. [...] Hier

27 W. Goerdt: Die „allseitige universale Wendigkeit" (gibkost') in der Dialektik V. I. Lenins (Wiesbaden 1962) S. 96.

zeigt sich, daß der Sinn für Wirklichkeit auch im sozialistischen Lager sich bemerkbar macht. [...] Es zeigt die geistige und psychische Situation des Menschen im sozialistischen Lager an, mit der wir zu rechnen haben. Es wäre eine des europäischen Logos würdige Aufgabe, sich für die Begegnung mit dieser Situation offenzuhalten".[28]

Joachim Ritter war nach meiner Erinnerung von dieser Analyse beeindruckt, hat er doch in diesen Jahren mir gegenüber vielfach – auch durch Diskussionen im Collegium Philosophicum dazu angeregt – diese Termini *subjektive Wendigkeit der Begriffe*, *Maskierung* (*maskiróvka*) und *Prawda* gebraucht. Vielleicht sah er darin Möglichkeiten eines Aufbruches aus einem stagnierenden, die Person und das Menschsein des Menschen unterdrückenden gesellschaftlichen und politischen System angezeigt – hin zur *zweieinen Prawda* in ihren vielfältigen Auslegungs- und Realisierungsmöglichkeiten, hin zu einem wiederholten oder wiedergeholten alt-neuen Denken über Einheit von Theorie und Praxis, Herkunft und Zukunft, Person/Individuum und Gesellschaft.

Wir sehen, daß dieser Weg beschritten worden ist. Im Prawda-Artikel meiner *Russischen Philosophie* heißt es, daß man „unter dem Leitmotiv der ‚Prawda' über die Geschichte der russischen Philosophie zu reflektieren" versucht sein könnte.[29] Wir können die Philosophie zum Beispiel Alexander Radischtschews, des Aufklärers, Kirejewskis, des sogenannten Slawophilen, Wladimir Solowjows und vieler anderer Denker vor 1917 und in der Emigration ebenso als Suche nach *Prawda* bestimmen, wie die sowjetphilosophischen Diskussionen der zwanziger Jahre und noch mehr die jüngsten Diskussionen dort, die zwischen Kommunisten, Nationalisten, Philosophen sowjetischer Herkunft, frei gewordenen Dissidenten und ‚Intelligenzlern' hin und her geführt werden. Sie alle „beziehen ihre Anstöße vor allem aus der eigenen ‚emanzipativen' wie ‚traditionellen' Tradition. Die Frage nach der ‚Prawda' ist also auch hier ‚im Spiel'. Die Frage ist frei." Und: „Russische Philosophie ist somit offensichtlich keineswegs am Ende der Suche nach Wahrheit. Die Horizonte sind offen, die Frage nach der ‚zwei-einen Prawda' ist frei und ihre Beantwortung ungebunden."[30]

---

28 Ebd. S. 96f.

29 W. Goerdt: Russische Philosophie. Zugänge und Druchblicke (Freiburg, München 1984, 21995) S. 467.

30 Ebd. S. 469f.

1989 wurde in Leningrad ein Gespräch am ‚Runden Tisch' gehalten, bei dem Sowjetphilosophen sich zur „Geschichte der russischen Philosophie: Gegenwärtiger Stand und Forschungsaktivitäten" – äußerten. Da sprach M. A. Maslin von der Moskauer Staatsuniversität zum Thema *Von der Konfrontation zum Dialog*. Er stellte fest, daß eine „wertvolle Eigenschaft der westlichen Historiographie zur russischen Philosophie die aufmerksame Beziehung auf den Aufweis der individuellen Eigenart der russischen Denker" sei, während „im Gegensatz dazu in den sowjetischen Untersuchungen die Beschreibung von Strömungen, Schulen oder Perioden" vorherrsche. – Das ist gewiß eine schöne Umschreibung der allgemeinen Einteilung der Philosophen in Materialisten und Individualisten! – Dabei sei „oftmals die Mißachtung des individuellen Beitrags einzelner Denker" gegeben. Die westliche Historiographie und der Dialog mit ihr könne sich „als nützlich auch für die Gelehrten des modernen Rußland erweisen". Dies sei um so wichtiger, „als in der Sphäre der Historiographie des religiösen Idealismus unsere Wissenschaft heute noch kein hinreichend quellenkundliches und Forschungs-Potential" besitze, „verglichen mit der entsprechenden Arbeit, die im Westen geleistet wird". – Man müsse zum „Austausch" von Interpretationsmethoden und Forschungsergebnissen kommen, um „einen adäquaten Begriff vom intellektuellen russischen Schöpfertum im Gebiet der Philosophie" zu erhalten und zu einem „produktiveren kulturwissenschaftlichen Dialog und gegenseitigen Verständnis zwischen Ost und West" zu kommen. Das ist also ein klares Eingeständnis der Intention, die eigene Vergangenheit nun mit Hilfe der westlichen Forschung, sagen wir, ‚einzuholen'. In den Erörterungen Maslins ist somit auch das *Prawda*-Thema präsent. Maslin nennt unter den von der Sowjetphilosophie zu berücksichtigenden Gelehrten in England, in den USA, in Frankreich, Italien und der Bundesrepublik Deutschland, „deren Arbeiten", wie er sagt, „voll und ganz die Übertragung in die russische Sprache verdienen",[31] – auch mich. Sprachliche Übertragung ist geistige Ansteckung.

Wenn es nun wirklich eine Kongenialität von Joachim Ritter und *Prawda* gibt, wie ich meine, wenn es da Berührungen gibt, Konfinien, trägt gerade jetzt ein dankbarer Schüler auf seinem Rücken – a tergo – Joachim Ritter in ein west-östliches, besser: west-ost-europäisches und deutsch-russisches Gespräch hinein.

31 M. A. Maslin: Von der Konfrontation zum Dialog [russ.], in: Filosofskie nauki [Die philosophischen Wissenschaften] (1989) H. 8, S. 79–81.

Ritters hermeneutische Philosophie

Karlfried Gründer

Es gibt kein Buch mit dem Titel *Hermeneutik* von Joachim Ritter, und wenn ich mich recht erinnere, hat er auch nie eine Vorlesung oder ein Seminar mit diesem Titel gehalten. Allenfalls adjektivisch mag das Wort mal vorgekommen sein, daneben die Verben ‚interpretieren', ‚auslegen' und, als einen Ritterschen Sonderbegriff, vielleicht auch die Variante zu ‚hermeneutisch': *hypoleptisch*, was in keinem Fremdwörterbuch zu finden, vielmehr von Ritter erfaßt und aus dem Aristoteles unmittelbar gezogen worden ist. Es heißt ‚aufnehmen', ‚anknüpfen', und ich glaube, es war Odo Marquard, der in einem Wörterbuch ausfindig gemacht hat, daß es auch ‚ins Wort fallen' heißen kann. Viel Persönliches wollen wir nicht sagen, aber: Das tat Joachim Ritter viel, und ein zweites muß man zu seinem Stil sagen: er ließ es sich auch selbst ohne weiteres gefallen.

Wer in dem, was Ritter geschrieben hat, in den oft druckreifen Vortragsmanuskripten und Vorlesungsnachschriften oder auch Vorlesungsdiktaten nachsucht, wird feststellen, daß das Wort ‚hermeneutisch' auch dort nicht häufig ist, und das war in der Tat eine Überraschung. Selbstverständlich habe ich nicht jedes Blatt gelesen, aber das Wort ist sehr selten.

Erste Frage: Wie kommen wir darauf, das Thema Hermeneutik so selbstverständlich zu stellen? Wir haben es doch gehört, oft gehört, war das vielleicht Seminarsprache und von anderen Zweckbestimmungen ferngehalten? Im Druck war es wirklich selten, und es würde wohl auch einer Terminologisierung nicht standhalten. Erster Schluß also: eigentlich Fehlanzeige. Zweiter Schluß: Ist das *Thema* Hermeneutik vielleicht das Integral aller übrigen?

Die Berührung mit dem Wort wird sicherlich zuerst in seinem Theologiestudium aufgekommen sein, vielleicht beim Lesen von *Sein und Zeit*, vermutlich beim Studium von Dilthey schon vor *Sein und Zeit*. Es gibt einen Heidegger-Vortrag von 1928 bei der Kant-Gesellschaft in Hamburg mit dem Titel *Heideggers hermeneutische Phänomenologie und Existentialanalyse*. Der Titel wird aber hinsichtlich des Wortes ‚hermeneutisch' nicht eingelöst. Es handelt sich um eine Vorstellung von *Sein und Zeit*, die von vornherein sogleich verwoben ist mit einer Kritik an Heidegger und Natorp und Husserl. Die Wendung bei Heidegger, daß mit dem In-der-Welt-Sein und dem Aufgreifen der Aristotelischen Elemente in diesen ontologischen Zugriff ein Bruch mit der Bewußtseinsphilosophie stattfindet – womit er ja auch Heideggers Selbstverständnis sicher traf –, ist hier von ihm noch nicht aufgenommen worden. Es ist eine Kritik, die an der transzendentalen Subjektivität festhält und ihre Ablösung gleichsam durch das In-der-Welt-Sein, das Dasein, nicht aufnimmt.

Aber gleichzeitig mit diesem Heidegger-Vortrag beginnt das Ritter nun geradezu obsedierende Thema für mindestens zehn Jahre: Geschichtlichkeit der Philosophie, Geschichtlichkeit der Wissenschaft, ein Vortrag 1928 vor der Philosophischen Gesellschaft in Hamburg und gleichzeitig vor der Kant-Gesellschaft gehalten: *Die Geschichtlichkeit der Philosophie als philosophisches Problem*; 1931: *Über die antinomische Struktur der geisteswissenschaftlichen Geschichtsauffassung bei Dilthey*.[1] Dazu gehört dann auch der Dilthey/Durkheim-Vortrag.[2] Die Antrittsvorlesung von 1933 enthält auch Elemente hierzu, wenn auch die zentrale Thematisierung anders liegt. 1937 folgt ein Vortrag *Über die Geschichtlichkeit der Wissenschaften und die Aufgabe der Wissenschaftsgeschichte*. Dazwischen hält er Vorlesungen. 1938 erscheint *Über die Geschichtlichkeit wissenschaftlicher Erkenntnis*.[3]

Über ein Jahrzehnt bleibt Ritter bei diesem Thema. Meine These, sehr grob formuliert, so grob, wie man es der diffizilen und subtilen Gedankenführung gegenüber eigentlich nicht formulieren sollte, lautet: Wissenschaftliche Erkenntnis als Ausdrucksfunktion auf der einen Seite – und da hat er Spengler und ziemlich unvermittelt Dilthey dahinter – gegen wissenschaftliche Erkenntnis als Sacheinsicht. Beim Ausdruck sitzt dann sowohl die Weltanschauung wie auch das Wort ‚hermeneutisch', das er also hier ganz ausgesprochen Diltheyisch versteht. Es sitzt also das Wort ‚hermeneutisch'

---

1 Jetzt gedruckt in: Dilthey-Jahrbuch für Philosophie und Geschichte der Geisteswissenschaften, Bd. 9 (1994–95) S. 183–206.

2 Die Erkenntnistheorie der gegenwärtigen deutschen Philosophie und ihr Verhältnis zum französischen Positivismus (Durkheim-Schule); ebenfalls veröffentlicht in: a.a.O. [Anm. 1] S. 207–232.

3 Blätter für deutsche Philosophie, Bd. 12 (1938/39) S. 175–190.

auf der Gegenseite zur sachlichen Einsicht. Diese Entgegensetzung macht die Frage dann sogar zur Subversion tauglich, denn den Vortrag von 1937 hat er auch in der politischen Fachgemeinschaft der Fakultät gehalten, wo man eine Relativierung von Weltanschauung gewiß nicht erwartet hätte.

Ich zitiere den änigmatischen Schlußsatz dieser Abhandlung, der das mindestens ex post verständlich macht: „Wenn man" – man beachte den Konditionalis – „dem geschichtlichen Sinn dieser Erkenntnisvernunft nachdenkt, dann mag man die der Tat gleichwertige Macht der Erkenntnis wohl begreifen, die den gegen das ihrer Zeit Wesentliche blinden Geist zwingt, sich in einer Welt zu bewegen, die er nicht mehr fassen kann und die ihn dazu verurteilt, an ihr unwahr zu werden und zu vergehen."[4]

Vor allem aber muß man sehen, ob das Thema sogleich nach dem Krieg weitergeht, bis zu dem weiteren so wirksam gewordenen Vortrag in dem Bändchen *Die Aufgabe der Geisteswissenschaft in der modernen Gesellschaft*. Die Platon-Vorlesung vom Sommer 1947, die in einer Nachschrift – mit großer Wahrscheinlichkeit von Josef Alt – vorliegt, hieß *Wissen und Tugend. Interpretationen aus den platonischen Frühdialogen, nebst einer Einleitung über den Platon der Tradition und den Platon der Forschung*. Damit ist zugleich die Frage nach der Geschichtlichkeit des Philosophierens aufgerissen.

Es ist die Rede vom Verlust des Klassischen im Historischen. Zwei Tatbestände: „Das Wissen um die Tradition des Philosophierens; Platon als Element des abendländischen Geistes und der abendländischen Philosophie gegen das Wissen um die Geschichtlichkeit. Natorps Wiederentdeckung Platons von der Erkenntnistheorie aus. Dahinter steht erstens die Überzeugung vom Fortschreiten in der Geschichte des Geistes und zweitens die wiederum selbstverständlich gemachte Voraussetzung, daß in diesem Prozeß des Fortschreitens nichts Positives verloren sein kann. Demgegenüber besteht Anlaß, die Möglichkeit in Erwägung zu ziehen, daß mit dem Abbau der Tradition auch wesentliche Bestände der Erkenntnis, daß wahre Erkenntnisse vergessen sind. Der Prozeß des Fortschreitens der geistigen Geschichte ist nicht nur der Prozeß der fortschreitenden Anreicherung des Positiven, er enthält mit dem Element der Entgegensetzung und der Abkehr auch die Tendenz zur Negierung und die Tendenz des Ausschlusses."

4 Ebd. S. 190. Der Verf. dankt Herrn H. Ritter für die Erlaubnis zur Einsichtnahme der im folgenden zitierten Nachlaßbestände.

„Diese Zweiheit ist das Thema dessen, worum es hier geht. Platons Philosophie ist als das sich wandelnde Element der allgemeinen Philosophiegeschichte nicht durch das definiert, was als das Resultat dieser Geschichte hervortritt. Das besagt: In dem historischen Bestand, in dem Platons Philosophie erhalten und gegenwärtig ist, können Zusammenhänge des Philosophierens enthalten sein, die weder in der unmittelbar gegenwärtigen Philosophie noch in ihrer Geschichte als Vorgeschichte der Gegenwart manifest sind. Ist dies so, dann bietet die Interpretation der Philosophie Platons die Möglichkeit, sachliche Zusammenhänge philosophischer Bedeutung in Wahrheit aufzuschließen, die ohne die historische Bewahrung der platonischen Philosophie in der Gegenwart vergessen und nicht zugänglich wären. Unter dem Gesichtspunkt dieser Möglichkeit bietet sich als philosophisches Verfahren die mitgehende Interpretation der Texte und die Bereitschaft, diesen Texten mitdenken zu wollen, an." Dann kommt ein Hinweis auf das gerade erschienene Buch von Heidegger, *Platons Lehre von der Wahrheit* (^{2}1947), in dem das auch so gemacht sei.

1949 gibt es einen ungedruckten Vortrag *Tradition und Geschichte*, aus dem ich zitiere: „Die Krise der klassischen Bildung und des Klassischen ist das Anzeichen, in welchem Grade diese Identität des Herkommens aus abendländischer Substanz und der Bildung aufgelöst und verdampft ist. Die klassische Bildung als humanistische Bildung hat ihren Sinn und ihr Wesen darin (und dies gilt seit Cicero), daß die ‚Alten' und ihre Sprache darum Inhalt der Bildung sind, weil der Mensch in der Begegnung mit den Alten als Meistern und Lehrern und in ihrem Unterricht zum Menschsein gebildet und erzogen wird. Diese Bestimmung der klassischen Bildung steht ihrem Wesen nach *vor* jeder Frage der Verwendbarkeit. Wo nach dieser gefragt wird, ist der Sinn schon verlassen." Das war in einem Vortrag von 1949, dazwischen liegt die *Philosophische Ästhetik* vom Wintersemester 1947/48.

An dieser Stelle möchte ich auf ein anderes Apokryphum zurückgreifen – ein kleiner Einschub, der aber gleich zur Sache führt –, die *Fundamentalkantate für Solostimme und Chor mit gemischten Gefühlen. Zum zehnjährigen Bestehen des Collegium Philosophicum* (Aufführung am 9. März 1957). Es sang Robert Spaemann nach der Melodie des Mackie-Messer-Song: „Liebe Freunde! Nach zehn Jahren / ziemt es sich, daß ein Chronist, / der im ganzen mit dabei war, sagt, wie es gewesen ist, / und uns alle im Gedichte / in die alte Zeit versetzt" usw. Und jetzt möchte ich zur Hermeneutik zurück, über die hier folgendes steht: „Damals sah die Weltgeschichte / ziemlich anders aus als jetzt. / Denn das Alte war das Wahre, und die Neuzeit, die war schlecht; / sie betrog sich durch das Schöne, / durch die Kunst. Das war nicht recht. / Und so wurde die ‚Ästhetik' / Logbuch ihrer Agonie. / Sie bewies, daß es so nicht geht; / doch wie's geht, verschwieg auch sie." Und dann setzt der Chor an mit dem Lied der Geschichte, jetzt auf die Melodie der Mutter Courage: „Doch die Geschichte, die geht weiter, / und ihre Basis wälzt sich um. / Philosophie als ihr Begleiter, sieht sich auch nach Neuem um, / sieht an der Zukunft bessre Seiten, / der Herkunft bleibt sie weiter treu. / Doch mit den guten alten Zeiten / ist's ein für allemal vorbei."

Wenn man die Ästhetik von 1947/48 mit der zwei oder zweieinhalb Jahre späteren Vorlesung vergleicht und mit der dazwischenliegenden Gesellschaftsphilosophie in einem Zug liest, unmittelbar hintereinander, dann erscheint der Gegensatz doch nicht so kraß. Das Positive der neuzeitlichen Subjektivität steckt auch schon im Ästhetik-Kapitel, wie es hier formuliert ist, und nicht erst in der Gesellschaftsphilosophie und in der weiteren Ästhetik. Es ist eher eine Akzentverschiebung, keine Basisumwälzung.

Und rückwärts bezogen, auf das – wie ich sagen möchte – ungeschriebene Buch von 1928 bis 1938: ‚Sachkenntnis' – jetzt heißt es ‚Seinserkenntnis' – hat sich gegen die ‚Ausdrucksfunktion' durchgesetzt. Das wird jetzt an der Kunst gezeigt, nicht mehr an der wissenschaftlichen Erkenntnis, also an einer Stelle, wo es im Verhältnis zum Ausdruck noch schwieriger scheint als im Verhältnis zur wissenschaftlichen Erkenntnis. Das Sein bringt sich zur Sprache, hat sich schon immer zur Sprache gebracht, das droht mit der Heraufkunft der Moderne vergessen zu werden; Philosophie hat die Tradition einzubringen. Dies ist konstitutiv für die Gegenwart, aber nicht wie im ausdrücklichen Selbstverständnis ohne weiteres enthalten, sondern eben erst nach der Bemühung der Philosophie und der Geisteswissenschaften.

In Istanbul hat Ritter 1954/55 auch eine Ästhetik gelesen: „Die Künste sind Organe der Wahrheit. Zu ihnen gehört daher sowohl in der Form der reflexiven Selbstauslegung wie der philosophischen Theorie die Deutung dessen, was durch Dichtung und Kunst im Dasein des Menschen innerlich und gesellschaftlich geschieht. Das bedeutet nicht, daß neben der Geschichte der Künste eine zu ihr an sich beziehungslose Geschichte der Kunst- und Dichtungstheorie nebenherläuft. Die nachromantische und nachhegelsche Schulästhetik ist wesentlich daran gescheitert, daß sie das Kunstwerk auf die ästhetische Kategorie isoliert und nicht als Geschehnis oder Ereignis der geschichtlichen Welt selbst verstanden hat. Erst Dilthey hat diese Isolierung durchbrochen und die Dichtung in der hermeneutischen Auslegung durch die Begriffe Erlebnis, Ausdruck und Bedeutung in das geschichtliche Dasein zurückgerufen. Das verleiht seinem Buch *Das Erlebnis und die Dichtung* epochale Bedeutung. Die Auslegung gehört essentiell zum Werk und zum Werkschaffen selbst, weil alles, was im Kunstwerk zur Darstellung kommt, als dieses nicht schon ästhetisch ist, sondern das urästhetisch nach der es bewältigenden Aussage oder Darstellung verlangende Seiende und Sein des allgemeinen Lebens." Das vorästhetisch Seiende und das Sein des allgemeinen Lebenswelt *verlangt* danach, in einer künstlerischen Aussage oder Darstellung bewältigt zu werden. Die Brücke von Arles macht sie zum Organ ihres Erscheinens.

Was Abkehr und Einholen im Verhältnis zum Poetischen meint, macht die Ruine sichtbar. Sie zeigt einmal, was in der Gegenwart ist, aber zugleich, daß es eine übriggebliebene Reliquie ist. Es ist „werth, daß man sich recht ernstlich darum kümmert, und das was vom alten Geiste noch hie und da wie ein erlöschender Schein durchglimmt," wird aufgefaßt und bewahrt, „damit es sich in Zukunft [...] von neuem entzünden könne." Das stand in einem Brief Tiecks von 1803.[5]

Im Januar 1957 hielt Ritter einen Vortrag vor der Kant-Gesellschaft in Düsseldorf. Er steht unter dem Titel *Der Übergang von der Naturphilosophie zur Metaphysik des Seins* (ihm voraus ging die 1954 in Istanbul gedruckte Arbeit *Aristoteles und die Vorsokratiker*[6]*)*. Darin findet sich der Schlußsatz: „Hinter der aristotelischen Erneuerung der Philosophie der Alten steht das mit dem Geschick der politischen Ordnung und ihrer Begründung verbundene Bedürfnis des Bewahrens, des Rettens und des überlieferten Fortpflanzens. Die attische Philosophie ist klassisch geworden, weil für sie die philosophische Theorie nur dann ihren Sinn zu erfüllen vermag, wenn sie das immer schon Gesuchte und immer erneut in Frage Gestellte in sich aufnimmt und so sich selber, ihres Ursprungs bewußt, zum Organ seiner dauernden Bewahrung macht." Es ist ein vorzüglich geschriebenes Manuskript bzw. Typoskript, ohne Korrekturen. Ritter hat es also nicht durchgesehen, während andere Typoskripte, deren maschinenschriftliche Fassung auch syntaktisch und terminologisch perfekt ist, durch

5 L. Tieck: Brief an Fr. Schlegel vom 16. Dezember 1803, in: Ludwig Tieck und die Brüder Schlegel. Briefe, hg. von H. Lüdeke (Frankfurt a. M. 1930) S. 143.

6 wieder abgedruckt in: Metaphysik und Politik (Frankfurt a.M. 1969) S. 34–56.

Einfügungen und Korrekturen sicher inhaltlich verbessert, zugleich aber oft syntaktisch verunklärt worden sind.

Aus dieser, ich glaube, im ganzen über drei Semester sich erstreckenden Vorlesung über *Geschichtsphilosophie*, deren erster Teil fast ganz Augustin und Voltaire gewidmet ist, zitiere ich Stellen, in denen im besonderen ‚Hermeneutik', ‚hermeneutisch' und Synonyma auftauchen: „Neben einer destruktiven und emanzipatorischen Historie steht unter anderem in Deutschland eine restitutive Geschichtsschreibung. Ranke ist nur die erste große Gestalt. Die Tendenz ist Zurückholen des historisch Gewordenen in die emanzipative Wirklichkeit durch Historie. Sie ist als Trägerin der geistigen Historisierung zugleich der Versuch, diese in den historischen Kategorien zu kompensieren. Der alles entaktualisierende, bewahrende historische Sinn, dem alles zum historischen Objekt zu werden vermag, ist zum Zeichen eines ungeschichtlichen Daseins [geworden], das die Preisgabe durch die Historisierung des [...] Gegebenen konkretisiert. Für Hegel ist die Philosophie *eine*, sie kennt weder Vorgänger noch Nachgänger, sondern besteht geschichtlich als Weitergabe und Aufgabe der begreifenden Teilhabe an der für alle Zeiten, jetzt und einst und für künftig gegenwärtigen Wahrheit. In der Philosophie selbst ist das Brüchigwerden des Historischen deutlich. Aristoteles und Platon, deren Lehren historisch bewahrt und restauriert sind, werden gegenwärtig aktuell als Lehren, bei denen die Gegenwart über sich selbst Weisung einholt." Das ist das, was Ritter macht und was, wie er zu dieser Zeit meinte, auch Heidegger in *Sein und Zeit* und in den 50er Jahren gemacht hat. Das füge ich hinzu, es steht in der Vorlesung selbst nicht drin.

Zum Schluß noch einige Zitate, die den Wortgebrauch von ‚hermeneutisch' fassen mögen: „Daß der Mensch als Vernunftwesen in der Bestimmung ist, durch sie, die Verfassung nämlich, zur Eudaimonia zu kommen, aber diese Bestimmung hermeneutisch aus der Polis gewonnen wird, enthält nicht die Entfaltung des Menschen [...]. Darin aber liegt beschlossen, wenn das eben über den hermeneutischen Sinn des Gesagten gilt, daß der Zusammenhalt, aus dem Augustinus den Gedanken der Weltgeschichte herausholt, daß alles, was Augustinus über die Weltgeschichte der civitas Dei als Heilsgeschichte sagt, von ihm hermeneutisch aus der Gemeinde Christi entwickelt wird." „Auch das Künftige ist für die Philosophie als Möglichkeit tendentiell hermeneutisch in dem, was ist, eingeschlossen. Sie ist daher die Auslegung dessen, was geworden, im Horizont seines Werdens als Philosophie und sein hermeneutischer Begriff, sofern und weil in diesem

Werden der Mensch, das Menschsein des Menschen, Substanz und Subjekt ist. Die philosophische Theorie hat nicht die Aufgabe, die Gefahr, die Leiden ihrer Erfahrung, die Möglichkeit und Wirklichkeit des Negativen hinwegzureden. Zu ihr gehört seit jeher Melancholie. Vernunft fragt nach dem Sein, weil und wo die Not des Nichtseins so sehr drängt, daß es scheint, als werde das Sein selber ein Nichtsein."

Ritter hat deswegen keine Hermeneutik geschrieben, weil seine ganze Philosophie eine war. Seine Hermeneutik würde sich selbst widersprechen, wenn sie, sich aus dem Geschichtsverhältnis heraushaltend oder heraushebend, sich methodologisch formulieren wollte.

Ich möchte schließen mit einem Zitat von Gilbert K. Chesterton, das Ritter wahrscheinlich Spaß gemacht hätte, – er hat Chesterton gekannt, diese Stelle wohl nicht, sonst wäre sie ihm aufgefallen: „Die Tradition ist das Zuerkennen von Stimmen den obskursten aller Wähler gegenüber: unseren Vorfahren. Es ist die Demokratie der Verblichenen. Die Tradition verschmäht es, sich der geringzähligen stolzen Oligarchie derer zu unterwerfen, die zufällig am Leben sind. Alle Demokraten widersetzen sich der Ansicht, daß ein Mensch infolge seiner Geburt für rechtlos gelten könne; die Tradition besteht auf den Rechten derer, die zufällig gestorben sind. Die Demokratie lehrt uns, den Rat eines guten Menschen nicht zu mißachten, selbst weil er nur unser Diener ist; die Tradition will, daß wir den Rat eines guten Menschen nicht mißachten, selbst wenn er unser Vorfahre ist. Ich selbst wenigstens kann die zwei Begriffe Demokratie und Tradition nicht voneinander trennen, denn für mich ist es erwiesen, daß sie ein und dasselbe sind."[7]

7 G. K. Chesterton: Orthodoxie [engl.: Orthodoxy, 1908] (München 1909) S. 56f.

Das Problem des Sollens

Karl Homann

Seit dem Ende der 80er Jahre des vergangenen Jahrhunderts werden im deutschsprachigen Raum Lehrstühle für Wirtschaftsethik eingerichtet – zuerst in wirtschaftswissenschaftlichen Fakultäten (St. Gallen 1987, Eichstätt / Ingolstadt 1990) und 1999 erstmals auch in der Philosophie (München). Konzeptionell geht die Auseinandersetzung um das Problem des moralischen Sollens: Auf der einen Seite stehen Positionen, die moralische Sollensforderungen an die Wirtschaft adressieren (H. Steinmann, P. Ulrich, P. Koslowski),[1] auf der anderen Seite plädiert der Verfasser dieses Beitrags dafür, die Frage der Realisierbarkeit des Sollens von Anfang an in die Fragestellung der Wirtschaftsethik aufzunehmen, um über die verbreiteten Appelle und spiegelbildlichen Schuldzuweisungen hinauszukommen.[2]

Für den philosophiehistorisch informierten Beobachter wird sogleich deutlich, daß diese Auseinandersetzung eine strenge systematische Analogie zur Auseinandersetzung Hegels mit der Ethik Kants aufweist: *Moralität und Sittlichkeit* – auf diese Formel hat Joachim Ritter in einem grundlegenden Aufsatz 1966 die Problematik gebracht.[3] Sein Schüler Odo Marquard hatte bereits 1964 den auch nach 40 Jahren immer noch lesenswerten

---

1 Einige Standardwerke dazu: P. Ulrich: Transformation der ökonomischen Vernunft (Bern, Stuttgart 1986); ders.: Integrative Wirtschaftsethik (Bern, Stuttgart, Wien 1997); H. Steinmann / A. Löhr: Einleitung: Grundfragen und Problembestände einer Unternehmensethik, zu: dies. (Hg.): Unternehmensethik (Stuttgart ^{2}1989/1991) S. 3–32; P. Koslowski: Prinzipien der Ethischen Ökonomie (Tübingen 1988); ders.: Grundlinien der Wirtschaftsethik. Zeitschrift für Wirtschafts- und Sozialwissenschaften Bd. 109 (1989) S. 345–383.

2 Vgl. K. Homann / F. Blome-Drees: Wirtschafts- und Unternehmensethik (Göttingen 1992); K. Homann: Vorteile und Anreize. Zur Grundlegung einer Ethik der Zukunft (Tübingen 2002).

3 J. Ritter: Moralität und Sittlichkeit. Zu Hegels Auseinandersetzung mit der kantischen Ethik, in: ders.: Metaphysik und Politik (Frankfurt/M. 1969) S. 281–309.

Aufsatz *Hegel und das Sollen* veröffentlicht, in dem die Bedingungen der Realisierung von Sollen im Zentrum stehen.[4]

Ich will mich in diesem Beitrag der Frage zuwenden, ob die Wirtschaftsethik der letzten zwei Jahrzehnte der klassischen Diskussion um „Moralität und Sittlichkeit“ neue, bislang nicht explizierte Aspekte abgewinnen kann. Dabei gehe ich besonders auf drei Problemkreise ein.

1. Wie ist es zu interpretieren, daß Hegel in der Rechtsphilosophie im Kapitel über das äußere Staatsrecht selbst „beim Sollen stehen bleibt“?
2. Wie ist es zu erklären, daß die Menschen in den Institutionen, speziell vor allem in den „Korporationen“, das Allgemeine[5] in den Blick nehmen, wie Hegel behauptet?
3. Fällt von diesen Einsichten her ein neues Licht auf Hegels Kritik an der Vertragstheorie insbesondere von Th. Hobbes und an der Demokratie?

1. Das Sollen in Hegels Rechtsphilosophie

Nach den Ausführungen von Ritter, Marquard und anderen Autoren ist Hegels Sollenskritik, die in der Rechtsphilosophie von 1821 ihren systematischen Abschluß findet, nicht als Legitimation der platten Faktizität – oder gar des preußischen Staates (R. Haym) – zu verstehen, sondern als Sicherung der Vernünftigkeit, die in die Institutionen des modernen Staates inkorporiert ist. Die Verpflichtung der Philosophie auf das Begreifen dessen, „was ist“, dient als „Regreßbremsung“.[6] Bemerkt worden ist in der Forschung ebenfalls, daß Hegel Dinge als „wirklich“ ausgibt, die in Preußen, besonders in dessen östlichen Provinzen, noch keineswegs „wirklich“ waren, so daß man in der Rechtsphilosophie durchaus von einem Sollen ausgehen muß, auch wenn die entsprechenden Passagen indikativisch formuliert sind; ich schlage für diese Fälle vor, von einem „schwachen“ Sollen zu sprechen. Zu einem solchen schwachen Sollen zählt m. E. auch die Anmahnung einer Sozialpolitik, die die Kosten der Umstellung auf das Sys-

4 O. Marquard: Hegel und das Sollen, in: ders.: Schwierigkeiten mit der Geschichtsphilosophie (Frankfurt/M. 1973) S. 37–51; 153–167.

5 Ich bleibe in diesem Beitrag bei Hegels Begriff des „Allgemeinen“, ohne diesen weiter zu explizieren: Dies ist hier nicht das Thema. Es soll hier nur darauf hingewiesen werden, daß das „Allgemeine“ auch bei Hegel selbst relativ formal – vielleicht besser: offen – gehalten wird, und zwar aus systematischen Gründen.

6 O. Marquard, a.a.O. [Anm. 4] S. 49.

tem der Marktwirtschaft, bei Hegel: der bürgerlichen Gesellschaft, erträglich machen soll – eine Konsequenz, die dann Lorenz von Stein ausgearbeitet hat und in deren Nachfolge man Bismarcks Sozialversicherungsreformen und die Soziale Marktwirtschaft der Bundesrepublik Deutschlands sehen muß.

Darüber hinaus gibt es im Abschnitt über das „äußere Staatsrecht", §§ 330–340, insofern ein „starkes" Sollen, als Hegel selbst hier explizit vom Sollen spricht und erklärtermaßen selbst darüber nicht hinauskommt: „Das äußere Staatsrecht geht von dem *Verhältnisse* selbständiger Staaten aus; was *an und für sich* in demselben ist, erhält daher die Form des *Sollens*, weil, daß es wirklich ist, auf *unterschiedenen souveränen Willen* beruht."[7] Das Besondere der Traktate des äußeren Staatsrechts besteht für Hegel darin, daß sie „*gehalten werden* sollen".[8] Zugleich aber sagt Hegel, daß selbst im Krieg zwischen Staaten ein „*Band*" der wechselseitigen Anerkennung bestehen bleibt, „so daß im Kriege selbst der Krieg als ein Vorübergehensollendes bestimmt ist" und „daß in ihm die Möglichkeit des Friedens erhalten" bleibt.[9] – Wie sind diese Passagen mit der bekannten Sollenskritik in Einklang zu bringen?

Im vertragstheoretischen Vokabular, das Hegel hier selbst benutzt, befinden sich die Staaten untereinander im „Naturzustande"[10]: Es gibt zwischen ihnen kein Recht und keine Moral, keine institutionelle Ordnung des Zusammenlebens und vor allem keine Durchsetzungsinstanz, „keinen Prätor", wie Hegel sagt[11] – eine Formulierung, die J. Ritter gern zitierte. Während innerhalb des modernen Staates diese Ordnung vorhanden ist und der „Staat" daher als „die Wirklichkeit der sittlichen Idee", als „die Wirklichkeit der konkreten Freiheit"[12] begriffen wird und die Vernunft, die Idee, Wirklichkeit geworden ist, erhält sie im Verhältnis der Staaten untereinander lediglich „die Form des Sollens".

Es ist also die rechtliche, institutionelle Ordnung, die die Idee, die Freiheit, Wirklichkeit werden läßt, so daß jedes Sollen, das an diese Wirklichkeit

7 G.W.F. Hegel: Grundlinien der Philosophie des Rechts (1821) § 330, hg. von J. Hoffmeister (Hamburg ^{5}1995) S. 284. – Nach dieser Ausgabe wird unter Beibehaltung der Hervorhebungen zitiert (Ausnahme: Anm. 30 u. 44).

8 Ebd. § 333, S. 285.

9 Ebd. § 338, S. 287.

10 Ebd. § 333, S. 285.

11 Ebd.

12 Ebd. § 257, S. 207 und § 260, S. 214.

von außen herangetragen wird, Gefahr läuft, den erreichten Stand der Verwirklichung der Freiheit zu unterbieten oder gar zu zerstören, wofür bei Hegel die Auswüchse der Französischen Revolution stehen.

Das explizit formulierte, in diesem Sinne „starke“ Sollen im Kapitel über das „äußere Staatsrecht“ ist damit zunächst einmal „erklärt“. Die Frage bleibt, warum Hegel keine Vorschläge unterbreitet, wie man auch im Verhältnis der Staaten untereinander eine rechtlich-institutionelle Ordnung einrichten könnte. Der entsprechende Vorschlag Kants zum „ewigen Frieden“ wird der Kritik unterzogen,[13] und die Rechtsphilosophie schließt mit der provozierenden These, die Weltgeschichte sei das „Weltgericht“.[14] Diese These kann und muß man so interpretieren, daß es keinen von kontingenten Verwirklichungsbedingungen unabhängigen Weg zur Erkenntnis der Wahrheit geben kann; auch eine spekulative Philosophie kann diese kontingenten Bedingungen nicht überspringen.

Dankt die Philosophie damit nicht doch ab, wenn es um die Gestaltung der Zukunft geht? Wird die Implementierung des Gesollten kontingenten Umständen, historischen Zufällen, überlassen? Muß sich Philosophie darauf beschränken, jeweils nur ex post die Vernunft einer von Kontingenzen bestimmten Entwicklung zu „rekonstruieren“, wie wir das heute formulieren würden?

Diese Fragen sind bis heute nicht befriedigend beantwortet. Autoren wie L. Siep und H. Schnädelbach, die bei aller Differenzierung die Philosophieauffassung Hegels als retrospektiv kritisieren, aber auch H. Ottmann lösen das Problem nicht.[15] Die Frage ist nicht nur philosophiehistorisch interessant, sie ist vielmehr von systematischer Bedeutung. Die Frage, unter welchen Bedingungen das Sollen wirklich – und damit als Sollen überflüssig – wird, ist ja nicht nur an die Zukunft zu stellen, sondern gleichermaßen an die Vergangenheit und an die Gegenwart. Sie lautet dann so: Unter welchen Bedingungen können wir damit rechnen, daß das „starke“ Sollen, in den Kategorien von Hobbes gesagt: das, was „in foro interno“ gilt, auch

13 Ebd. § 333, S. 285.

14 Ebd. §§ 341f., S. 288f.

15 L. Siep: Vernunftrecht und Rechtsgeschichte, in: ders. (Hg.): G.W.F. Hegel: Grundlinien der Philosophie des Rechts (Berlin 1997) S. 5–29; H. Schnädelbach: Hegels praktische Philosophie (Frankfurt/M. 2000) bes. S. 341ff.; H. Ottmann: Die Weltgeschichte (§§ 341–360), in: Siep (Hg.) S. 267–286.

„in foro externo“[16] Gültigkeit erlangt und vor allem: *auf Dauer Gültigkeit behält*?

Es geht bei diesem Problem um die Grundlage dafür, daß das, was ehemals nur im Sollen war, in die Wirklichkeit tritt und dort auch als Wirklichkeit Stabilität behält. Kurz: Es geht um die Frage, was der *Mechanismus* ist, der das Sollen in seiner Wirklichkeit hält und damit als Sollen auf Dauer überflüssig macht.

Hegels Antwort auf dieses Problem ist: Es sind die Institutionen des modernen Staates, die die konkrete Freiheit stabil halten und dafür sorgen, daß die Einzelnen das Allgemeine in den Blick nehmen bzw. lernen, einüben, das Allgemeine bewußt zu tun.

Der Abschnitt über das äußere Staatsrecht ist also vor allem deswegen von systematischer Bedeutung, weil er die Frage nach dem Umschlag von einem bloßen Sollen in seine Wirklichkeit unausweichlich macht. Hegel stellt diese Frage nur implizit, und dann auch nur im Blick auf die Verwirklichung von etwas, was bislang nur „in der Form des Sollens“ existiert. Hegel stellt nicht die Frage, was die dauerhaften Bedingungen dafür sind, daß das, was ehemals nur „in der Form des Sollens“ existent war, auch in der Wirklichkeit auf Dauer existent bleibt. Ja, Hegel verdeckt die systematisch fast bedeutendere Frage, was der Mechanismus, was die Kraft ist, die das, was ehemals bloßes Sollen war und jetzt Wirklichkeit geworden ist, auf Dauer in dieser Wirklichkeit hält.

Hier bleibt eine Frage offen, die auch in Ritters und Marquards Interpretation nicht beantwortet wird. Klar ist, daß dies mit den Institutionen zu tun hat, aber dies ist keine Erklärung. Es bleibt unklar, woher die Institutionen diese Kraft beziehen und wie diese Kraft ihre Wirksamkeit entfaltet und behält. Denn es kann ja wohl nicht angenommen werden, daß Hegel der Meinung war, daß Menschen, die (im Naturzustand bzw. in der bürgerlichen Gesellschaft) vom Eigeninteresse bestimmt sind, mit dem schlichten Eintritt in die Institutionen einer höchst mysteriösen Verwandlung unterliegen und plötzlich zu anderen Menschen werden. Solange wir den Wirkungsmechanismus nicht verstehen, können wir nicht wissen, auf welche Punkte wir bei institutionellen Reformen achten müssen.

Unter Rückgriff auf die theoretischen Instrumente der modernen Wirtschaftsethik wende ich mich jetzt dieser Frage zu.

---

16 Th. Hobbes: Leviathan (1651) ch. 15, ed. by C. B. Macpherson (Harmondsworth 1982) S. 215.

2. Die Mikrofundierung des Allgemeinen

J. Ritter und O. Marquard binden die Ideen von Selbstbestimmung, Innerlichkeit und Gleichheit als Momente der Freiheit an den geschichtlichen Stand der Realisierungsbedingungen – der Polis, des Christentums, des modernen Staates.[17] Die Frage ist, warum sich der Einzelne an diese normativen Ideale im Alltag halten soll, wo es doch in vielen Fällen für ihn naheliegend, ökonomisch gesagt: vorteilhafter, erscheint, daß sich die anderen daran halten, während er für sich die „Ausnahme" in Anspruch nimmt. In moderner spieltheoretischer Formulierung gesagt: Wie kann man Gefangenendilemma-Probleme lösen?

Hegels Antwort, daß dieses Problem nicht durch Tugend oder individuelles Gewissen, sondern in Institutionen erfolgt, ist als *Beschreibung* richtig: Die Wirtschaftsethik, wie ich sie entwickelt habe, bestimmt als systematischen Ort der Moral in der Marktwirtschaft die „Rahmenordnung",[18] also die Institutionen.

Aber Hegel und seine Interpreten geben keine Auskunft über den *Mechanismus*, wie das in der Mikrostruktur zu denken ist. Es gibt nämlich grundsätzlich zwei Möglichkeiten, wie man sich das vorstellen kann, daß die Einzelnen unter Bedingungen moderner Gesellschaften das Allgemeine in den Blick nehmen können.

Die eine Möglichkeit wird von der traditionellen Kant-Interpretation verfolgt: Der Einzelne soll sich von egoistischen Präferenzen zu höheren, moralischen Präferenzen gewissermaßen bekehren.[19] Dazu wird er veranlaßt durch Einsicht und Vernunft, durch Erziehung und Vorbilder, durch gedanklichen Rollentausch und öffentliches Predigen von Pflichtbewußtsein und Solidarität. Dies soll ihn in die Lage versetzen, den neuen, höheren Präferenzen die Vorfahrt auch in opportunismusträchtigen Situationen

---

17 Vgl. Marquard, a.a.O. [Anm. 4] S. 45.

18 Homann / Blome-Drees, a.a.O. [Anm. 2] S. 35. Diese These habe ich seither mehrmals wiederholt.

19 Vgl. Homann: Moralität und Vorteil, in: J. Mittelstraß (Hg.): Die Zukunft des Wissens. XVIII. Deutscher Kongreß für Philosophie 1999 (Konstanz 1999) S. 353–360, auch in: Homann: Vorteile und Anreize a.a.O. [Anm. 2] S. 176–186. In diesem Beitrag wird eine andere Lesart von Kant vorgeschlagen, die sich kurz so formulieren läßt: Handlungen folgen Regeln gewissermaßen „unbedingt", aber die Regeln werden – gemäß Kants Begriff der „Autonomie" – von den Betroffenen selbst aus Vorteilserwägungen etabliert; in dem angegebenen Beitrag finden sich die Belegstellen.

zu gewähren. Die moderne Kategorie für diese Strategie ist „Bewußtseinswandel".

Auch bei Hegel gibt es zahlreiche Formulierungen und Argumentationen, die diese Vorstellung nahe zu legen scheinen. Es sieht so aus, als ob die Einzelnen durch Eintritt in die Institutionen auf eine fast mysteriöse Weise zu anderen Menschen werden, zu Menschen mit anderen, allgemeinen Interessen. Dies so zu formulieren bedeutet, daß man sich den Prozeß, in dem die Institutionen den Einzelnen zum Allgemeinen führen, in dieser Weise wohl nicht vorstellen kann. Es bleibt aber völlig unklar, warum Menschen in Institutionen einen solchen Motivationsswitch vornehmen sollten. Richtig bleibt allerdings, daß das Bedenken des Allgemeinen in den Institutionen passiert, wenn und sofern es handlungswirksam wird und nicht im „perennierenden Sollen" verharrt.[20]

Die Wirtschaftsethik geht zur Erklärung der Orientierung am Allgemeinen in den Institutionen einen anderen Weg. Sie greift dabei auf ökonomische Argumentationsfiguren zurück. Das Grundproblem wird als Dilemmastruktur, illustriert am Gefangenendilemma der Spieltheorie, modelliert. Die beiden Grundgedanken sind in nicht-formalisierter Darstellung etwa so zu formulieren:[21]

1. Das Handeln der Menschen erfolgt unter Bedingungen der *Interdependenz*. Das heißt, daß Ego das Resultat seines Handelns nicht selbst allein kontrolliert: Es ist immer auch davon abhängig, was Alter – zum Teil in Reaktion auf das Handeln von Ego – tut. Daher ist Ego für das Erreichen seiner individuellen Ziele vom Verhalten des/der Anderen abhängig.
2. Da in Interaktionen immer gemeinsame und konfligierende Interessen zugleich vorliegen,[22] wird Ego, wenn er im Sinne der „gemeinsamen In-

20 Hegel, a.a.O. [Anm. 7] § 135, S. 121; das Wort „Sollen" im Original hervorgehoben.

21 Für die spieltheoretische Darstellung muß hier auf die Literatur verwiesen werden: In jedem Lehrbuch der Ökonomik ist sie zu finden. – Für die theoretische Bedeutung der Dilemmastrukturen verweise ich auf drei eigene Arbeiten: Homo oeconomicus und Dilemmastrukturen; Die Bedeutung von Dilemmastrukturen für die Ethik, beide jetzt in Homann: Vorteile und Anreize, a.a.O. [Anm. 2] S. 69–93 und 94–106; K. Homann / A. Suchanek: Ökonomik. Eine Einführung (Tübingen 2000) bes. S. 35 ff. und S. 391–466 (6. Kap.: Methodologie der Ökonomik).

22 Man kann diesen Ausgangspunkt als spieltheoretisch inspirierte Reformulierung von Kants „ungeselliger Geselligkeit" interpretieren; Kant: Idee zu einer allgemeinen Geschichte in weltbürgerlicher Absicht (1784). Akad.-Ausg. Bd. 8 (1923) S. 20.

teressen", im Sinne des Zustandekommens erwünschter Interaktionen, vorleistet, durch den/die Anderen ausbeutbar, so daß rationale Akteure solche Vorleistungen ohne besondere Vorkehrungen nicht tätigen werden und auch nicht tätigen können. In ethische Kategorien übersetzt: Moralische, aufs Allgemeine zielende Vorleistungen können den Einzelnen nicht zugemutet werden, weil sie sich dann der Ausbeutung durch die anderen aussetzen.

Das bedeutet: Aus Dilemmastrukturen kann es individuell-moralische Auswege, wie Kant empfohlen hatte, grundsätzlich nicht geben. Und da der Wettbewerb in modernen Marktwirtschaften nichts anderes ist als eine etablierte Dilemmastruktur auf jeweils derselben Marktseite, auf Seiten der Anbieter und auf Seiten der Nachfrager, ist individuelle Moral unter Bedingungen moderner Gesellschaften mit Marktwirtschaft und Wettbewerb insuffizient geworden. In interdependenten Interaktionskontexten ist Moral implementierbar nur unter der Bedingung, daß die Ausbeutbarkeit der Moral unterbunden wird.

Die Lösung dieses Problems, das als das Grundproblem sämtlicher Interaktionen zu betrachten ist, besteht darin, alle Konkurrenten, alle Interaktionspartner, denselben Moralstandards zu unterwerfen. Und dies geschieht durch sanktionsbewehrte Regeln, also durch Institutionen.

Institutionen sind daher als standardisierte Problemlösungen für Interaktionsprobleme vom Typ Dilemmastrukturen zu verstehen.[23] Sie verändern die Auszahlungen für die Einzelnen so, daß unmoralisches Verhalten, spieltheoretisch: Defektion, Trittbrettfahren, unattraktiv und Kooperation, Moral, die attraktivere, weil größere individuelle Vorteile versprechende Strategie wird. Institutionen gestalten die Handlungssituationen vom Typ Gefangenendilemma in der Weise um, daß Moral jetzt im Windschatten des Eigeninteresses implementiert werden kann. Damit folgt diese Strategie exakt Adam Smith: „Nicht vom Wohlwollen des Metzgers, Brauers und Bäckers erwarten wir das, was wir zum Essen brauchen, sondern davon, daß sie ihre eigenen Interessen verfolgen."[24]

Moral hat unter Bedingungen der modernen Welt mit Marktwirtschaft und Wettbewerb nur dann eine Chance auf Verwirklichung, wenn sie individuelle Vorteile – nicht unbedingt für jede Einzelhandlung, aber doch – für die

23 Vgl. K. Homann / A. Suchanek, a.a.O. [Anm. 21] Kap. 1.

24 A. Smith: Der Wohlstand der Nationen (1776), hg. von H. C. Recktenwald (München 1978) S. 17.

Sequenz von Einzelhandlungen nach Regeln in Institutionen verspricht. Die Rahmenordnung, die Institutionen, sorgen dafür, daß Moral, das Allgemeine, motivational nicht „um ihrer/seiner selbst willen" getan werden muß, weil sie dann auf Dauer gegen systematische Ausbeutung nicht bestehen könnte.

Jetzt verfügen wir über das theoretische Instrumentarium, um zu erklären, wie die Institutionen es schaffen, die Moral in die Anreizlogik des ökonomischen Kalküls jedes Einzelnen zu transformieren. Dies geschieht durch Prämierung von Moral und Sanktionierung von Un-Moral. So stellt die Marktwirtschaft denjenigen, die ihren Mitmenschen etwas zu bieten haben, was diese wünschen, Gewinne in Aussicht. Der demokratische Wettbewerb stellt den Politikern Stimmen und Ämter und dgl. mehr in Aussicht. Wer umgekehrt seine Gewinne durch Korruption, Kartelle, Bilanzfälschung oder Umweltverschmutzung zu steigern versucht, wird mit Strafen in einer Höhe belegt, daß sich solches Verhalten nicht mehr lohnt. Damit ist der Mechanismus im Grundsatz erklärt, der dafür sorgt, daß Institutionen den Blick des Einzelnen auf das Allgemeine richten. Es sind nur noch zwei Erläuterungen nötig.

Zum einen versteht die moderne Ökonomik unter „Vorteilen" keineswegs nur materielle oder gar nur monetäre Vorteile, sondern alles das, was Menschen selbst als Vorteile ansehen, also Einkommen und Vermögen ebenso wie Gesundheit, Muße, ein „gutes Leben" als geachteter Bürger eines Gemeinwesens und die Realisierung eines vernünftigen Lebensplanes in Gemeinschaft mit anderen.[25]

Zum zweiten können Institutionen und Sanktionen formeller, aber auch informeller Art sein, also in Form von Gesetzen und gesetzlichen Sanktionen oder in Form von Mißachtung, sozialer Exklusion und Abbruch der Interaktionsbeziehungen auftreten.

Was beim ersten Lesen des Hegelschen Textes wie ein mysteriöses Hinüberswitchen des eigeninteressiert Handelnden – nur dieser wird in der bürgerlichen Gesellschaft angesetzt – in eine Orientierung am Allgemeinen beim Eintritt in die „Korporationen" aussieht, kann jetzt in einem anspruchsvollen Sinne „erklärt" werden. Es sind die formellen und insbesondere informellen Belohnungen und Sanktionen, die den Einzelnen veran-

25 Dafür steht in der Ökonomik der Name von G. S. Becker: Der ökonomische Ansatz zur Erklärung menschlichen Verhaltens (engl. 1976) (Tübingen 1982); ders.: Familie, Gesellschaft und Politik – die ökonomische Perspektive (Tübingen 1996).

lassen, das langfristige Wohl aller anderen in den Blick zu nehmen. Dies geschieht nicht auf der Grundlage eines mysteriösen Motivationsswitches: Es ist die im weiten Sinne des Begriffes verstandene *soziale Kontrolle durch und in Institutionen,* die in modernen Großgesellschaften für Sittlichkeit sorgt. Damit wird die Orientierung am Allgemeinen *zur Bedingung des eigenen Wohls.*

Dabei besteht das Kontrollsystem in modernen Gesellschaften aus einer Vielzahl von Instrumenten, aus einem – von der jeweiligen Situation abhängigen – Mix aus formellen Institutionen, Wettbewerb, informellen Institutionen (die besonders in kleinen, Face-to-face-Gruppen wie den „Korporationen" zum Zuge kommen) und einer Selbstkontrolle. Die letztere kommt in zwei Formen vor: Als Selbstkontrolle durch das Gewissen – darauf setzt eine an Kant orientierte „Moralität" mehr oder weniger exklusiv, die moderne Ethikdiskussion ist von diesem Modell beherrscht – und als Selbstkontrolle entlang den eigenen Interessen, dem eigenen Gewinnstreben (Korruption z.B. ist bei einer geeigneten Ordnung individuell nicht vorteilhaft).

Dabei ist zu konstatieren, was Hegel genau gesehen hat, daß mit der Steigerung der Komplexität moderner Gesellschaften das in vormodernen Gesellschaften dominierende informelle Kontrollsystem zunehmend, wenn auch nicht vollständig, von der Dominanz des formellen Kontrollsystems, des Rechts, ersetzt werden muß. So wird die „Tugend" bei Hegel in die „Rechtschaffenheit" transformiert.[26]

Diese ökonomische Rekonstruktion des Mechanismus, nach dem die Einzelnen in Institutionen das Allgemeine in den Blick nehmen, hat Implikationen, die in der Ethik alles andere als selbstverständlich sind. An Hand der Frage, ob Hegel, wenn schon nicht den Mechanismus selbst, so aber doch die Implikationen explizit anspricht, kann man prüfen, ob dieser Interpretationsvorschlag mit Hegel kompatibel ist. Ich will zu diesem Zweck auf drei Implikationen abheben.

Zum ersten muß Ethik zweistufig angesetzt werden: als Handlungsethik und, diese fundierend, als Bedingungs-, Ordnungs-, Institutionenethik. Zum zweiten setzt sich Moral im Windschatten des Eigeninteresses als dem unmittelbar handlungsleitenden Motiv durch, nicht aus einer „genuin moralischen Motivation", die das Allgemeine „um seiner selbst willen" tut. Zum dritten schließlich müssen bei institutionellen Reformen, die in modernen,

26 Hegel, a.a.O. [Anm. 7] § 150, S. 145.

dynamischen Gesellschaften immer notwendig sind, die Einzelnen, alle Einzelnen, Vorteile erwarten können, wenn sie die Reformen mittragen, also implementieren sollen; Regelreformen müssen – in ökonomischer Terminologie – Paretosuperior sein.

Ad 1: Hegels praktische Philosophie ist grundsätzlich zweistufig angesetzt. Er hat eigentlich keine „Ethik" im Sinne einer Handlungsethik verfaßt. Aus diesem Grund hat er den Begriff der „Sittlichkeit" dem der „Moralität" vorgezogen. In seinem grundlegenden Aufsatz von 1966 gebraucht J. Ritter mehrfach den Ausdruck „institutionelle Ethik".[27]

Ad 2: Größere Probleme bei der Kompatibilitätsprüfung meiner ökonomischen Rekonstruktion mit Hegel scheint das Eigeninteresse zu bieten. Doch das scheint nur so: Man muß sich hier hüten, in Hegels Rede von der Orientierung der Einzelnen am Allgemeinen den gängigen, aus der Sozialisation und aus einer traditionellen Kant-Interpretation sattsam bekannten Gegensatz hineinzulesen, so als ob sich Eigeninteresse und Allgemeininteresse ausschließen würden. Gegen einen solchen Dualismus spricht bei Hegel zum einen die Interpretation der bürgerlichen Gesellschaft, in der alle nur ihr Eigeninteresse im Sinn haben, als Moment der Sittlichkeit; dies ist ganz im Sinne von A. Smith und der damals gerade entstandenen klassischen Ökonomik, mit der sich Hegel ja ausgiebig beschäftigt hat. Dagegen spricht aber auch ein zentraler Satz wie der folgende: „Das Individuum muß in seiner Pflichterfüllung auf irgendeine Weise zugleich sein eigenes Interesse, seine Befriedigung oder Rechnung finden".[28] Gegen alle Formen von Dualismus vertritt Hegel hier eine diametral andere Position: Die Verfolgung des Eigeninteresses – unter einem geeigneten institutionellen Rahmen sc. – tut dem Allgemeininteresse nicht nur keinen Abbruch, sondern fördert es sogar: „Im organischen Verhältnisse, in welchem Glieder, nicht Teile, sich zueinander verhalten, erhält jedes die anderen, indem es *seine eigene* Sphäre erfüllt; jedem ist für die *eigene* Selbsterhaltung ebenso die Erhaltung der *anderen* Glieder substantieller Zweck und Produkt."[29]

27 Ritter, a.a.O. [Anm. 3] S. 298, 300.
28 Hegel, a.a.O. [Anm. 7] § 261, S. 217.
29 Ebd. § 286, S. 252.

Ad. 3: Schließlich muß gezeigt werden, daß Hegel bei institutionellen Reformen, die in den Modernisierungsprozessen der Neuzeit unvermeidlich sind, niemanden aus dem Arrangement herausfallen lassen will. Dies wird deutlich etwa daran, daß Hegel von einer dynamischen Wachstumsgesellschaft ausgeht, ohne deren Probleme allerdings zu übersehen, die die Möglichkeit bietet, gleichzeitig alle besser zu stellen, sogar bei einem beachtlichen Bevölkerungszuwachs. Es wird ferner deutlich durch sein innovatives Eintreten für soziale Auffang- und Sicherungssysteme. Und schließlich wird es deutlich durch die Betonung von Zutrauen und Patriotismus, was durch Öffentlichkeit und Bildung vor allem erreicht werden soll. Hegel kann selbstverständlich noch nicht eine strenge „Paretosuperiorität" der Regeln denken, aber intuitiv hat er genau so etwas im Blick, und dies deswegen, weil er von vornherein die Implementierungsfrage im Blick hat.

Damit soll die Kompatibilitätsprüfung von Hegels „institutioneller Ethik" mit einer modernen ökonomischen Rekonstruktion des zugrunde liegenden Mechanismus ihr Bewenden haben.

Ich will auf zwei weitere Problemkreise eingehen, in denen wir in der Geschichte theoretisch und praktisch dem Anschein nach einen anderen Weg als Hegel eingeschlagen haben. Sie hängen eng zusammen mit den bisherigen Ausführungen und betreffen Hegels Kritik der klassischen Vertragstheorien und seine Kritik der Demokratie.

3. Hegels Kritik von Vertragstheorie und Demokratie im Lichte der Wirtschaftsethik

In zwei zentralen Gedanken haben die Weltgeschichte und die Theoriegeschichte einen anderen Weg eingeschlagen, als Hegel sich das in seiner Situation vorgestellt hatte: Wir leben in der westlichen Welt heute in parlamentarischen Demokratien mit einer erstaunlichen Stabilität, Akzeptanz und (ökonomischen) Leistungsfähigkeit, und seit dem Werk von John Rawls *A Theory of Justice* (1971) erfährt die Vertragstheorie der Gesellschaft eine bedeutende Renaissance. Hegel hatte die Demokratie und die Vertragstheorie einer grundlegenden Kritik unterzogen. Ich will in diesem Abschnitt der Frage nachgehen, ob die Wirtschaftsethik und die von ihr vorausgesetzte Gesellschaftstheorie eine Perspektive auf Hegel erlaubt, die

die grundsätzliche Kompatibilität beider Theorieentwürfe plausibel macht. Das Ziel ist, Hegels kritische Ausführungen zur Demokratie und zur Vertragstheorie nicht einfach als zeitbedingt und/oder konservativ verwerfen zu müssen, womit dann nicht selten eine Ablehnung seiner Theorie insgesamt einhergeht, sondern sein Denken in der Weise für die Gegenwart fruchtbar zu machen, daß die Intentionen seiner Kritik in der modernen Demokratie und der diese explizierenden Vertragstheorie „aufgehoben“ sind. Das theoretische Instrument für diese Weiterentwicklung sind Differenzierungen, die Hegel in dieser Weise noch nicht zur Verfügung standen.

Hegels Kritik der Demokratie und der Vertragstheorie haben dieselbe Stoßrichtung: Demokratie und Vertragstheorie nehmen den Menschen nicht in seiner durch Institutionen gebildeten sittlichen Verfaßtheit auf, sondern als ein Wesen, das nur auf seinen individuellen Vorteil aus ist und dieses Vorteilsstreben gegen das Allgemeine durchzusetzen versucht. In der Vertragstheorie und in der Demokratie wird dem Einzelnen seine historisch ausgebildete Sittlichkeit gewissermaßen wieder genommen. Vertragstheorie und Demokratie benutzen ein Denken, das Hegel als abstraktes Verstandesdenken kennzeichnet, in dem nur die Willkür, nur das unstete Meinen und Wollen der Einzelnen, Platz hat und sich gegen die Allgemeinheit in Stellung bringt. Die Einzelnen werden gewissermaßen in den Naturzustand zurückversetzt bzw. bleiben auf dem Interaktionsmechanismus der bürgerlichen Gesellschaft stehen, in welch letzterer nur ein „Wimmeln von Willkür“[30] stattfindet. Was Hegel speziell auf die Gewaltenteilung formuliert, gilt weit darüber hinaus: „Überhaupt das Negative zum Ausgangspunkt zu nehmen, und das Wollen des Bösen und das Mißtrauen dagegen zum Ersten zu machen und von dieser Voraussetzung aus nun pfiffigerweise Dämme auszuklügeln, die Einheit als eine Wirksamkeit nur gegenseitiger Dämme zu begreifen, charakterisiert dem Gedanken nach den *negativen Verstand* und der Gesinnung nach die Ansicht des Pöbels.“[31]

Dagegen verlangt Hegel, den Menschen im „Staat“, in der sozialen Ordnung, als sittliches Wesen anzusetzen, das das Allgemeine an sich und für sich, objektiv und dem Bewußtsein nach, bewirkt. Dafür reserviert Hegel den Begriff der Vernunft, und es sind die Korporationen und Stände, die die Einzelnen, wenn auch noch in eingeschränktem Sinne, auf das Allge-

30 So der Zusatz von E. Gans zu § 189 von Hegels Rechtsphilosophie. Sämtl. Werke, hg. von H. Glockner, Bd. 7 (Stuttgart-Bad Cannstatt 1964) S. 271.

31 Hegel, a.a.O. [Anm. 7] § 272, S. 235.

meine hin orientieren. Die Einzelnen werden in die Gesetzgebung einbezogen durch „*Abgeordnete*“: „Insofern diese von der bürgerlichen Gesellschaft abgeordnet werden, liegt es unmittelbar nahe, daß dies diese tut *als das, was sie ist,* – somit nicht als in die Einzelnen atomistisch aufgelöst und nur für einen einzelnen und temporären Akt sich auf einen Augenblick ohne weitere Haltung versammelnd, sondern als in ihre ohnehin konstituierten Genossenschaften, Gemeinden und Korporationen gegliedert, welche auf diese Weise einen politischen Zusammenhang erhalten.“[32]

Hegel also glaubt nicht darauf verzichten zu können, daß das Allgemeine auch im Wissen und Wollen der Bürger zur Geltung gebracht wird, wenn Instabilität in der Verwirklichung der Freiheit vermieden werden soll. Dies ist ein Gedanke, der in der gegenwärtigen intellektuellen und wissenschaftlichen Diskussion um die Frage, wodurch eine Gesellschaft denn zusammengehalten wird, in vielfältiger Weise wiederkehrt. Hier wird gesagt, es seien die gemeinsamen Werte, der Gemeinsinn, eine Zivilreligion oder Zivilmoral und dgl. mehr, die für den Bestand der Gesellschaft unabdingbar seien. Auch die bekannte These, der Markt verbrauche zu seinem eigenen Funktionieren permanent moralische Ressourcen, die er selbst nicht regenerieren könne, so daß diese moralischen Ressourcen von sittlichen Institutionen wie Familie und Staat geliefert werden müßten, gehört in diesen Kontext.

In einer Re-Interpretation dieser Überlegungen Hegels wende ich mich zunächst der Vertragstheorie zu, bevor dann einige Überlegungen zur Demokratie entwickelt werden sollen.

Seit Kant ist klar, daß die *Vertragstheorie* etwa eines Hobbes keine historische Erklärung des Staates liefert.[33] Aber was genau erklärt die Vertragstheorie – und was erklärt sie nicht?

Hegel liest die Vertragstheorie allgemein und insbesondere die Vertragstheorie von Hobbes als umfassende Theorie über das Wesen des modernen Staates. Dies ist die Voraussetzung, unter der er sie der Kritik unterzieht, und in dieser Hinsicht ist auch für eine moderne Vertragstheorie die Kritik plausibel und berechtigt. Aber heute müssen wir fragen, ob es eine andere Fragestellung gibt, unter der man der Vertragstheorie etwas abgewinnen kann. Ist die Vertragstheorie dann – in einer neuen Weise und differenzier-

32 Ebd. § 308, S. 267.

33 Vgl. die klassische Stelle bei Kant: Über den Gemeinspruch: Das mag in der Theorie richtig sein, taugt aber nicht für die Praxis. Akad.-Ausg. Bd. 8 (1923) S. 297.

ter, als Hobbes selbst sie explizieren konnte, interpretiert – mit Hegels Konzeption kompatibel?

Hier wird der Vorschlag unterbreitet, die Vertragstheorie nicht als Theorie über das Wesen des Staates und auch nicht, wie ich das vor 20 Jahren ausgearbeitet habe,[34] als Figur zur Legitimation des Staates zu verstehen, sondern als Gedankenexperiment bzw. Denkinstrument zur Beantwortung der Frage, unter welchen Bedingungen die Menschen den normativen Ansinnen tatsächlich Folge leisten. Die Vertragstheorie wird hier also als *Antwort auf die Implementierungsfrage* interpretiert,[35] und die Antwort lautet: Dann und nur dann, wenn die Akteure aus kooperativem, moralischem Handeln individuelle Vorteile – zumindest über die Sequenz von Handlungen nach Regeln – erwarten können, werden sie die normativen Regeln im Normalbetrieb moderner Gesellschaften mit Marktwirtschaft und Wettbewerb auch befolgen (können). Anders gesagt: Die Regeln müssen anreizkompatibel sein, oder mit Hegel: Der Einzelne muß bei ihrer Befolgung „zugleich sein eigenes Interesse, seine Befriedigung oder Rechnung finden“.[36]

In einer modernen Interpretation der Vertragstheorie mit ökonomischen Begriffen[37] kann man sagen: Was in der klassischen Vertragstheorie als Geschichte von der „Entstehung“ von Moral, Recht und Staat erzählt wird und was seither oft als Aussage über das Wesen des Staates verstanden wird, ist im Kern eine Analyse der Bedingungen für die Befolgung der Normen, die in die Moral und in die Institutionen inkorporiert sind. Ökonomik ist Implementierungswissenschaft:[38] Wer sich heute der Implemen-

34 Vgl. K. Homann: Rationalität und Demokratie (Tübingen 1988), bes. Kapitel 3.2: Vertragstheoretische Interpretation der Demokratie, S. 159–186.

35 So K. Homann: Ökonomik. Fortsetzung einer Ethik mit anderen Mitteln, in: ders. Vorteile und Anreize, a.a.O. [Anm. 2] S. 243–266.

36 Nochmals Hegel, a.a.O. [Anm. 7] § 261, S. 217.

37 Die für die hier verfolgte Interpretation der Vertragstheorie maßgebliche Position ist die von J. M. Buchanan; vgl. bes.: Die Grenzen der Freiheit (engl. 1975) (Tübingen 1984); G. Brennan / J. M. Buchanan: Die Begründung von Regeln (engl. 1985) (Tübingen 1993). Eine Weiterentwicklung in einem wichtigem Punkt habe ich vorgeschlagen in: Moderne Vertragstheorie, in: Chr. Engel / M. Morlok (Hg.): Öffentliches Recht als ein Gegenstand ökonomischer Forschung (Tübingen 1998) S. 279–285. Aufgenommen werden in die Ausführungen auch Überlegungen der gegenwärtig elaboriertesten Vertragstheorie von K. Binmore: Game Theory and the Social Contract (Cambridge/Mass. 1994–1998).

38 So die These in Homann, a.a.O. [Anm. 35].

tierungsfrage ernsthaft annimmt und mit Hinweisen auf „genuin moralische Motivation“ oder „Vernunfteinsicht“ nicht zufrieden ist, kommt an der ökonomischen Vorteils-/Nachteils-Kalkulation nicht vorbei. Normen, die nicht anreizkompatibel implementierbar sind, können zwar „in foro interno“ gelten, d.h. sie können als Vision für Paretosuperiore Verbesserungen die Suche nach institutionellen Reformen anleiten; normative Gültigkeit „in foro externo“, also direkt für das Handeln, erlangen sie aber erst, wenn Institutionen erfunden und etabliert sind, die die Normen anreizkompatibel machen – sei es, daß im Wettbewerb individuelle Vorteile erzielt werden können, sei es, daß die Ausbeutung durch weniger moralische Wettbewerber durch formelle und/oder informelle Sanktionen unterbunden werden kann. Eine Moral, die nicht nachhaltig vorteilhaft gestaltet werden kann, erodiert.

Eine in dieser Weise interpretierte Vertragstheorie bleibt mit Hegels Theorie kompatibel, sie zieht erneut den Mikromechanismus heran, der dafür verantwortlich zeichnet, daß Menschen in Institutionen das Allgemeine in den Blick nehmen können. Die Voraussetzung für diese neue Deutung liegt in der Ausdifferenzierung verschiedener Fragestellungen, was weder von Hobbes noch von Hegel in dieser Weise erwartet werden kann.

Um zu erklären, warum der *Demokratie* entgegen Hegels Befürchtungen Stabilität, breite Zustimmung und eine hohe Leistungsfähigkeit zukommt, bemühe ich eine weitere Unterscheidung, die wir heute treffen können, die Hegel jedoch noch nicht zur Verfügung stand.

Demokratische Wahlen bringen nach modernem Verständnis eine Regierung ins Amt, die die Regierungsgeschäfte führt und institutionelle Reformen auf den Weg bringt. Der Referenzpunkt für institutionelle Reformen ist nun nicht der Naturzustand, wie Hegel implizit zu unterstellen scheint, in dem es weder Moral noch Recht gibt. Der Referenzpunkt ist vielmehr der Status quo, in dem Moral und Recht sowie die Institutionen des „Staates“, in die die Vernunft inkorporiert ist, Realität sind. Diese institutionell gesicherte Vernunft steht infolge einer Reihe institutioneller Vorkehrungen in demokratischen Wahlen nicht zur Disposition. Es sind zahlreiche Vorkehrungen zur „Regreßbremsung“ eingebaut, die die Wähler nicht in ihrer Gesinnung bewußt präsent haben müssen und die man deswegen phänomenologisch nicht „sieht“, sondern nur theoretisch: Menschen- und Grundrechte, Verfassung, Rechtsstaat, Rechtswegegarantie, Gewaltenteilung, Repräsentation, öffentliche Meinung und allgemeine Bildung u.a.m. Die Einzelnen bzw. ihre Repräsentanten sind dadurch in die Lage versetzt, der

Vernunft im Status quo faktisch Rechnung zu tragen.[39] Da Reformen also nie in einem luftleeren Raum erfolgen, sondern grundsätzlich in einen Status quo hinein, dem Vernunft inhärent ist, müssen diese Reformen auf Konsistenz mit dem Status quo befragt und untersucht werden: Dies ist Gegenstand des gesamten Komplexes der öffentlichen Diskussion und Willensbildung um bzw. über Reformen im vorparlamentarischen Raum. Schließlich ist die Wissenschaft in der Lage, in solchen Diskussionen die Vernunft, die im Status quo Realität ist, zu explizieren, und bei Bedarf können auch die Wähler sich diese Erkenntnisse zunutze machen.

Die Vernunft, die im Status quo Realität ist, wird durch demokratische Wahlen nicht unmittelbar und direkt zur Disposition gestellt. Allerdings behält Hegel in einem Punkt seines Demokratieverständnisses Recht: Als Kriterium, nach dem Reformvorschläge in der Demokratie beurteilt werden, kommen grundsätzlich nur individuelle Vorteile in Frage. Das Vorteilskriterium wird in der Demokratie nicht ausgewechselt – etwa zu Gunsten des Wohls des Staates oder des Wohls des Volkes oder des Gemeinwohls.

Reformen müssen damit gegen zwei Anforderungen abgeglichen werden: gegen den Status quo und seine Vernunft sowie gegen die Vorteile, die sie allen Einzelnen bringen sollen. Also wird in der Demokratie der Einzelne keineswegs in den Naturzustand des Kampfes aller gegen alle zurückversetzt, was Hegel offenbar befürchtete; es wird lediglich der individuelle Vorteil ausnahmslos aller als Kriterium für Regelreformen herangezogen, und damit müßte Hegel im Prinzip einverstanden sein: Schließlich zeichnet sich seine Philosophie wie keine zweite dadurch aus, daß sie das Vorteilsstreben der Einzelnen, aller Einzelnen, als solches *nicht im Gegensatz zur Sittlichkeit sieht, sondern als deren konstitutives Moment.*

Es war die tiefe, wenn auch nur implizite Einsicht der klassischen Vertragstheorien der Neuzeit, daß man die Regeletablierung (im „Naturzustand“) nach einem anderen Modell denken muß als die Regelbefolgung:[40] Während bei choices within rules, also der Regelbefolgung, die Übereinstimmung mit vorgegebenen normativen Regeln als Kriterium gilt, gilt bei choices of rules – letztlich, also jenseits der Kompatibilitätsprüfung mit dem Status quo – das Kriterium der Vorteilhaftigkeit für alle Einzelnen. Eine moderne Vertragstheorie macht dies in dem Erfordernis des strikten

39 Vgl. Homann, a.a.O. [Anm. 34] S. 176f.

40 Dazu K. Homann: Anreize und Moral (Münster 2003) S. 181ff.

Konsenses über Regeln geltend. Die Rücksicht auf das Allgemeine wird grundsätzlich nicht durch das „Motiv" des Gemeinwohls, sondern durch die Modellierung der Situation des „Naturzustandes" und die Entscheidungsregel Konsens zur Geltung gebracht: In Dilemmastrukturen braucht jeder Einzelne, um sein individuelles Optimum zu erreichen, die Zustimmung aller anderen zur sozialen Ordnung, und diese Zustimmung aller anderen ist nur zu erwarten, wenn auch sie von der Reform Vorteile erwarten können. „Zustimmung" heißt hier gemäß der entwickelten Interpretation der Vertragstheorie, daß die anderen, ohne Widerstand zu leisten, in dieser Ordnung bereitwillig mitarbeiten, also das Vorteilsstreben des einen zumindest geschehen lassen, dulden. Anders gesagt: Für die Frage der Implementierung – und nur für diese Frage – erscheinen die anderen als Restriktionen meines individuellen Vorteilsstrebens.

Bereits Hobbes hatte erkannt – und Hegel verweist darauf in seinen Randnotizen zum Handexemplar der Rechtsphilosophie –, daß es in einer Welt allseitiger Interdependenz eine gewisse Form von elementarer Gleichheit gibt, in Form einer Gleichheit nämlich hinsichtlich des Potentials zur Destruktion der möglichen Vorteile der/des anderen: „jeder kann jeden umbringen, – daher alle Menschen gleich".[41] So können Amerika und die gesamte westliche Welt durch den Terrorismus – und durch Armutsmigrationen, Seuchen, Wirtschaftskrisen – weit hinter den eigenen Möglichkeiten zurückbleiben. Daher ist es ein kategorischer Imperativ der Klugheit, ausnahmslos alle Menschen in den Gesellschaftsvertrag einzubeziehen, sie teilhaben zu lassen an den Erträgen „Zusammenarbeit zum gegenseitigen Vorteil".[42] Anders und mit J. M. Buchanan gesagt: Reformvorschläge müssen nicht nur technisch „possible" sein, sondern auch „feasible" in dem Sinne, daß die Betroffenen sie bereitwillig mittragen, weil sie selbst an den Vorteilen auch individuell partizipieren können.[43]

Dies ist nur die ökonomisch rekonstruierte Mikrofundierung des entsprechenden Mechanismus, den Hegel offensichtlich intuitiv vor Augen hat, wenn er in immer neuen Formulierungen das Allgemeine und seine Verwirklichung so denkt, daß der Einzelne nicht nur darin eingeschlossen ist, sondern daß das Allgemeine durch das Einzelne, durch das Besondere, befördert wird. Was er über die Sittlichkeit der Bürger in den Institutionen

41 Hegel, a.a.O. [Anm. 7] S. 351, Randbemerkung zu § 70.

42 J. Rawls: Eine Theorie der Gerechtigkeit (engl. 1971) (Frankfurt/M. 1979) S. 105.

43 J. M. Buchanan: Individual Rights, Emergent Social States, and Behavioral Feasibility, in: Rationality and Society Bd. 7 (1995) S. 141–150.

normativ expliziert, darf also nicht als Forderung nach Aufgabe individueller Vorteilserwartungen zugunsten des Gemeinwohls interpretiert werden – eine Vorstellung, die wieder das abstrakte Verstandesdenken mit dem Gegensatz von individuellem Wohl und Gemeinwohl benutzt –, es muß vielmehr als „Aufhebung" verstanden werden. Die subjektive Seite dessen sind „Zutrauen" und „Patriotismus". Der Zweck des Staates ist, wie es in der Ausgabe von Gans heißt, „das Glück der Bürger", sonst steht der Staat „auf schwachen Füßen".[44] Hier bemüht Hegel selbst genau das Kriterium, das in demokratischen Wahlen über die Weiterentwicklung der Institutionen zum Zuge kommt: Demokratische Wahlen geschehen nicht im Naturzustand, sondern im – bereits vernünftigen – Status quo; Wahlen entscheiden lediglich nach dem Kriterium des Naturzustands, der Vorteilserwartung.

Hegel geht allerdings insofern einen Schritt weiter, als er sich nicht damit zufrieden gibt, daß die Bürger in der Verfolgung ihrer eigenen Interessen unter dem „Not- und Verstandesstaat"[45] das Wohl der Allgemeinheit, der Anderen, „an sich" befördern: Er verlangt für die entfaltete Sittlichkeit, daß die Bürger dieses Allgemeine auch „für sich", also bewußt, betreiben. Doch auch das widerspricht nicht der ökonomisch-vertragstheoretischen Rekonstruktion der Demokratie: Natürlich können die Bürger aus konkreten Vorteilserfahrungen durchaus so etwas wie eine Einstellung, die Einstellung des „Zutrauens" oder des „Patriotismus", entwickeln; aber sie können diese Einstellungen nur so lange aufrecht erhalten, wie die Institutionen dafür sorgen, daß die zugrundeliegenden Vorteils-Erfahrungen nicht systematisch dementiert werden.

Institutionelle Reformen, Regelreformen, zu denen in der Demokratie das allgemeine und gleiche Wahlrecht führen soll, müssen grundsätzlich im Regeletablierungsmodell mit dem Kriterium der Vorteilserwartungen aller einzelnen gedacht werden. Die Erfordernisse der Einstimmigkeit, d.h. der anreizkompatiblen Implementierbarkeit der Regeln für alle einzelnen, und der Kompatibilität mit dem institutionellen Status quo sorgen dafür, daß demokratische Wahlen nicht in jenes Chaos führen, das Hegel befürchtet. Er konnte noch nicht hinreichend zwischen den verschiedenen Elementen einer vorteilsbegründeten Sittlichkeit unterscheiden. Auch gab die klassische Ökonomik, die Hegel kannte, das Instrumentarium dafür nicht her, über das erst die moderne Ökonomik verfügt, wenn sie Recht und Moral in

44 Hegel, a.a.O. [Anm. 30] S. 344, Zusatz zu § 265.

45 Hegel, a.a.O. [Anm. 7] § 183, S. 165; im Original teils hervorgehoben.

terms of economics rekonstruiert: Insbesondere fehlen der klassischen Ökonomik der offene Vorteilsbegriff und die Deutung der Grundstruktur aller Interaktionen als Dilemmastrukturen. Hegels Rechtsphilosophie enthält daher viele Momente, die wir heute einer liberalen Demokratie als zentral zuschreiben: Das haben E. Weil[46] und J. Ritter uns sehen gelehrt. Eine moderne, vertragstheoretisch entwickelte Demokratietheorie steht damit nicht im Widerspruch zu Hegels Kritik der Vertragstheorie und der Demokratie, auch wenn diese moderne Theorie und ihre Entfaltung wohl erst seit zwei oder drei Jahrzehnten möglich ist und Hegel selbst sie noch nicht in den Blick nehmen konnte. Man muß die liberale Demokratie nicht gegen Hegel ins Spiel bringen, man muß sie unter Aufhebung zentraler Elemente seines Denkens explizieren.

Schlußbemerkungen

Was wir heute noch von Hegel lernen können, ist die bei ihm in immer neuen Überlegungen vorgetragene Heuristik, nicht mit jenem Dualismus, Antagonismus, der das Verstandesdenken kennzeichnet, die Theorie zu entwickeln, weil ein solcher Ansatz letztlich nur zu schlechten Optionen führt. Doch genau dieses Denken in Antagonismen oder Dualismen ist im öffentlichen Diskurs weit verbreitet und reicht bis tief in die Wissenschaften und auch in die Philosophie hinein. Ein solches Denken erlaubt keine begründeten Problemlösungen mehr, es verlangt vielmehr Entscheidungen im emphatischen Sinn – in der Wirtschaftsethik zum Beispiel für die Moral *und damit* gegen das Eigeninteresse –, es verschärft die gesellschaftlichen Konflikte, indem es bei jeder Veränderung in die eine Richtung rein konzeptionell „Verlierer“ auf der anderen Seite produziert, was in moderner ökonomischer Terminologie heißt, daß es im Nullsummenparadigma denkt, bei dem die eine Seite nur gewinnen kann, was die andere verliert.[47]

Hegels Philosophie läßt sich demgegenüber begreifen als spekulative Verallgemeinerung des Grundgedankens von Adam Smith, daß moderne Gesellschaften beide Seiten zugleich besser stellen können – der ökonomische

46 Vgl. E. Weil: Hegel et l'État (Paris 1950).

47 Zu den beiden Grundmodellen, die in der praktischen Philosophie heute Verwendung finden: Dualismus/Antagonismus einerseits und Dilemmastruktur andererseits, vgl. systematisch Homann: Zur Grundlegung einer modernen Gesellschafts- und Sozialpolitik, in: ders.: Vorteile und Anreize, a.a.O. [Anm. 2] S. 211–239.

Fachausdruck heißt Paretosuperiorität – und deshalb im Nicht-Nullsummenparadigma zu denken sind. Auch die „Gründe", auf die die Philosophie rekurriert und die nach Hegel die Zufälligkeit überwinden und das Allgemeine repräsentieren sollen,[48] dürfen nicht gegen das Eigeninteresse, die „Willkür", ins Spiel gebracht werden, wie das in weiten Teilen der gegenwärtigen Ethikdiskussion, etwa bei J. Habermas und E. Tugendhat, geschieht. „Gründe" sind, was Hegel so scharf nicht sagt, modern gesprochen nichts anderes als theoretische Antizipationen von Vorteils-/Nachteils-Erfahrungen: Wer „guten Gründen" nicht folgt, wird schlechte Erfahrungen machen, die er sich ersparen könnte, wenn er den guten Gründen folgen würde. „Die Anerkennung und das Recht, daß, was in der bürgerlichen Gesellschaft und im Staate durch die Vernunft notwendig ist, zugleich *durch die Willkür vermittelt* geschehe, ist die nähere Bestimmung dessen, was vornehmlich in der allgemeinen Vorstellung *Freiheit* heißt."[49]

48 Vgl. Hegel, a.a.O. [Anm. 7] S. 397, Randbemerkung zu § 132.
49 Ebd. § 206, S. 179.

Affirmationen. Joachim Ritters Philosophie im akademischen Kontext der zweiten deutschen Demokratie.

Hermann Lübbe

Nach dem Untergang der Nationalsozialistischen Deutschen Arbeiterpartei gelangten im Westen des besiegten und geteilten Deutschlands für die fällige Staatsrekonstruktion, politisch irresistibel, Prinzipien antitotalitärer Demokratie zur Geltung. Als wichtigstes Instrument der Befreiung von materieller Not empfahl sich gegen Widerstände alsbald, statt Planwirtschaft, deren Liquidation. Das erlaubte es, ja zwang die Bürger, den Erfordernissen des Alltags sich ideologiefern in ihrer pragmatisierenden Trivialität zu stellen. Das individuelle und kollektive Leben war schwer beschädigt, wurde aber überwiegend als zukunftsfähig erfahren. Das machte im Verhältnis zur neu sich herausbildenden Ordnung affirmationsbereit. Entsprechend erwies sich diese Ordnung, als wieder gewählt werden konnte, schließlich als dauerhaft mehrheitsfähig.

Daß sich die Universitäten in dieser Lage als Institutionen eines institutionalisierten intellektuellen Dauervorbehalts gegen diese Lage hätten erneuern können, wäre ebenso unmöglich wie sinnwidrig gewesen. Nach Katastrophen haben Restaurationen und Rekonstruktionen Dringlichkeitsvorrang. Auch für die Hochschulen mußte das gelten. Die Einrichtungen der akademischen Forschung und Lehre erhöhten in diesem Prozeß ihrer Erneuerung zunächst sogar noch ihre relative kulturelle und politische Geltung. Das wurde in Münster symbolisch manifest, indem der Universität das Schloß, in dessen Flügeln zuvor der Kommandierende General und der Oberpräsident residiert hatten, als Hauptgebäude zur Verfügung gestellt wurde. Auch die Philosophie, als infrastrukturell bescheidenes Fach am Rande, erfuhr diese Gunst nachkriegsdeutscher wissenschaftskultureller Entwicklungen, und ich möchte aus der Perspektive meiner eigenen Erinnerungen Ritters Anteil an diesem Vorgang zu skizzieren versuchen.

Erinnerungen an frühe Nachkriegsjahre nehmen bei Angehörigen einer Generation, die ihr Studium zumeist erst nach Wiedereröffnung der Universitäten begannen, leicht nostalgische Züge an. Berichte über die Fortschritte zum Kanonenofenkomfort in Seminarbaracken oder über Bücherspenden aus der Schweiz oder aus Schweden, die sich der Vermittlung von Kirchen oder auch von Besatzungsoffizieren verdankten, werden von den Angehörigen der nächsten oder gar übernächsten Generation günstigenfalls nachsichtig zur Kenntnis genommen – zu Recht, soweit es sich dabei um altersspezifische Lust der Vergegenwärtigung früherer Mangellagen handelt, aus denen später Wohlfahrt wurde, zu Unrecht aber in der Verkennung der frustrationsvorbeugenden und pragmatisierenden Wirkung interpretationsunbedürftiger Notlagen, die in der Evidenz ihrer Fälligkeiten die später emphatisch so genannte Aufbaugeneration prägten. Joachim Ritter machte daraus über beiläufige Bemerkungen einen Grundsatz akademischer Moralistik, nämlich den des schuldigen Respekts der Angehörigen wissenschaftlicher Kommunitäten für die Fülle dessen, was bereits getan und herbeigeschafft sein mußte, und zwar zumeist von anderen Leuten, bevor überhaupt Wissenschaft einschließlich der Philosophie wieder stattfinden konnte.

Aber was fand denn nun philosophisch bei Ritter statt? Im Vordergrund stand naheliegenderweise etwas durchaus Konventionelles: die Lehre und das Studium klassischer Philosophie in Vermittlung und Aneignung ihrer großen Texte. Das wurde von uns Studenten auch durchaus als konventionell wahrgenommen, nämlich in Kenntnisnahme der nicht nur in Deutschland weit verbreiteten Art, das Studium der Philosophie als Studium ihrer Geschichte einzurichten. In Deutschland ist es mir allerdings schon passiert, daß bei gelegentlichen Berichten darüber spontan und in kritischer Absicht mit der Frage reagiert wurde, wieso wir uns denn das hätten bieten lassen – semesterlange Lektüre der *Soliloquia* und der *Confessiones* des Augustinus oder des Cartesianischen *Discours de la Méthode*, und das mit dem Studienziel, am Semesterende eine zu benotende Arbeit über die philosophische und methodische Funktion des Zweifels bei diesen beiden Denkern vorzulegen. Wäre denn nicht statt dessen Zweifel am Sinn eines solchen Philosophiestudiums fällig gewesen, das über eine katastrophale Vergangenheit hinweg philosophische Traditionsgüter transferierte, ohne dabei einen erkennbaren Beitrag der Bewältigung dieser schlimmen Vergangenheit zu leisten? Meine Antwort war: In der Tat spielte die Auseinandersetzung mit dem Nationalsozialismus im Philosophieunterricht Joachim Ritters keine auffällige Rolle. Nichtsdestoweniger wurde nichts „verdrängt", und es wurde auch nichts durch Beschweigen „entsorgt". Die Unterstellung, um dergleichen müsse es sich doch gehandelt haben, entstammt der Neigung, ja der politischen Absicht späterer Jahre, die Gründungsgeschichte der zweiten deutschen Demokratie moralisch zu delegitimieren.

Wahr ist statt dessen, daß der Terror der nationalsozialistischen Diktatur in den frühen Jahren nach deren Untergang eine Präsenz im Bewußtsein der Zeitgenossenschaft hatte, die einer sie auffrischenden Erinnerung gar nicht bedurfte. Auch Philosophie war gar nicht nötig, um die Nachkriegsdeutschen endlich über die moralische Natur der nationalsozialistischen Menschheitsreinigungspraxis aufzuklären. Der Unterschied von Gut und Böse lag in manifesten Fakten offen zutage. In einem für das Münsterland exemplarischen Fall heißt das: Die betroffenen Bauernfamilien, deren Nachbarn und Freunde wußten doch, wie sie die offenkundige Tötung eines debilen Angehörigen im Pflegeheim zu beurteilen hatten, und sie hatten sich in dieser Sache an Vertrauenspersonen gewandt, an den Bischof schließlich, der gegen das Unrecht predigte und Hitler sogar zum Einlenken brachte – nicht, weil dieser zur besseren Moral bekehrt worden wäre, vielmehr um Ruhe „an der Heimatfront" zu schaffen. Für den Abschluß der damit zunächst abgebrochenen Praxis volksinterner Reinigung des biotischen Menschheitserbes blieben die Jahre des erwarteten Siegfriedens reserviert.

Richtig ist, daß andere Philosophen mit großer öffentlicher Wirkung moralisch-juridische Folgeprobleme der nationalsozialistischen Herrschaft thematisierten, die im Philosophieunterricht Joachim Ritters nach meiner Erinnerung unterrichtspraktisch nicht explizit auf die Tagesordnung gelangten. Das gilt, zum Beispiel, für Karl Jaspers' Analyse von unterscheidungsbedürftigen Begriffen moralischer und politischer Schuld einschließlich seiner Zurückweisung des Begriffs der Kollektivschuld als eines Unbegriffs.[1] Das und weniger bedeutende frühe philosophische Beiträge zur Vergangenheitspolitik[2] wurden selbstverständlich auch in Mün-

1 K. Jaspers: Die Schuldfrage. Von der politischen Haftung Deutschlands. Unveränd. Taschenbuchausg. (Zürich ^{2}1996) (zuerst 1946).

2 Den Terminus „Vergangenheitspolitik" haben wir dem Historiker Norbert Frei zu verdanken, der indessen in seinem einschlägigen Buch: Vergangenheitspolitik. Die Anfänge der Bundesrepublik und die NS-Vergangenheit (München 1996) sich auf die Schuldphilosophie Jaspers' überraschenderweise gar nicht bezieht.

ster zur Kenntnis genommen. Curricular dominant waren aber, noch einmal, Klassikerstudien zur Einübung in Vorgaben von Traditionen, deren Verbindlichkeit nach 1945 neu zu bekräftigen war. Joachim Ritter bot diese Studien sozusagen amtspflichtgemäß an. Dabei war diese Amtsgemäßheit, für die sich der Philosoph Ritter in seiner Professorenrolle gern auf Hegel berief, keineswegs Element einer Selbststilisierung von leicht zopfiger Anmutungsqualität. Ihr Sinn war vielmehr die Selbstverpflichtung zum Verzicht auf Nutzung des Katheders zur Evokation intellektueller Exaltationen. Damit verband sich selbstverständlich nicht die Meinung, Philosophie ließe sich moralisch, politisch und existentiell desinteressiert studieren. Die Meinung war vielmehr, an der Universität finde eben Forschung und Lehre statt, wo man am Ende einer philosophischen Vorlesung je nach Studienfächerkombination zur nächsten Vorlesung zum Beispiel über Sachenrecht oder Barockarchitekturhistoriographie aufbricht und nicht zu Selbstgewinnungsvollzügen über diejenigen hinaus, die einem in häuslicher Nacharbeit der Vorlesungsnachschriften ohnehin schon angesonnen waren. Dem entsprach die Gewinnbilanz, mit der man den Besuch eines philosophiehistorischen Seminars bei Joachim Ritter resümieren konnte. Nach dreimonatiger angeleiteter Lektüre der *Nikomachischen Ethik* im Ritter-Seminar glaubte man, Aristoteles besser verstanden zu haben. Jaspers' *Große Philosophen* hingegen las man später in der Absicht einer vollständigeren Aneignung der Philosophie von Karl Jaspers. Gewiß: Diese Alternative ist stilisiert. Sie trifft aber den Ritter prägenden Willen zur akademischen Konventionalität im Unterricht, und dieser Wille, der erfolgreich war, ist signifikant für Ritters eigene Philosophie, über die in den Vorlesungen zu Aristoteles, Kant oder Hegel über diese Klassiker hinaus den Hörern auch Ritter selbst interessant wurde.

Die Selbstverständlichkeit, mit der Ritter seine Studenten dazu anleitete, das Studium der Philosophie primär als Studium der Philosophiegeschichte zu betreiben, hatte für mich selbst allerdings auch eine überraschende Seite. Meinen Vorerwartungen, mit denen ich das Studium der Philosophie am kontingenten Studienort Münster aufnahm, entsprach das gar nicht. In Göttingen hatte ich zuvor schon bei Nicolai Hartmann gehört, der auf seinen neuen Wegen der Ontologie voranschritt und uns Studenten zum Beispiel mit der Frage traktierte, ob nicht der „Finalnexus", den wir in biotischen Verläufen zu erkennen glauben, nicht in Wahrheit mit dem „Kausalnexus" identisch sei, dessen Effekt im biotischen System wir bei finitistischer Betrachtung seinen Zweck nennen. Es bleibe hier unerörtert, ob das überhaupt eine gesunde Frage war. So oder so hätte selbst bei Erörterung dieser Zusatzfrage uns Klassikerhermeneutik unmittelbar gar nicht helfen können. Man fand sich, statt zu Behauptungen über die Behauptungen anderer, zum Versuch ermuntert, selber etwas zu behaupten – sei es in Nutzung zugänglicher physiologischer Empirie, sei es über Analysen zur deskriptiven Tauglichkeit der in der fraglichen Frage in Anspruch genommenen Begriffe. So oder so: Hier wurde, statt über Klassiker, direkt zur Sache geredet,[3] und eben derselbe Impuls, sich unbeschadet der traditionsrepräsentierenden Bedeutung der Klassiker unmittelbar der Sache der Philosophie zuzuwenden, war mir auch schon früher in einer bedeutenden Hervorbringung der so genannten „Göttinger Phänomenologie" begegnet[4], nämlich in Gestalt der bei Husserl geschriebenen *Phänomenologie der Wahrnehmung* Wilhelm Schapps.[5] Überdies war auch die Philosophie, mit der ich am heimischen Gymnasium zu Aurich in Ostfriesland als Abiturient Bekanntschaft zu machen Gelegenheit hatte, durch die Wissenschaftstheorie des Wiener Kreises bestimmt, und zu den Philosophen, die in Münster über Joachim Ritter hinaus für einen Studenten dieses Faches eindrucksvoll waren, gehörte selbstverständlich auch Heinrich Scholz, der seinen philosophischen Lehrstuhl während des Krieges in eine Professur für „Mathematische Logik und Grundlagenforschung" hatte umwandeln lassen. Bei Scholz belegte und besuchte ich den dreisemestrigen Einführungskursus in die „Logistik", wie wir damals zu sagen pflegten, und Scholz war es auch, der uns schon 1948 auf Ludwig Wittgenstein aufmerksam machte, auf den *Tractatus logico-philosophicus* nämlich. Gerade bei einem entsprechend geweckten Interesse an Fragen der Philosophie, die keine historischen Fragen waren, gewann nun Joachim Ritters vorherrschende Unterrichtspraxis der Einübung in den Umgang mit

---

3 N. Hartmanns *Neue Wege der Ontologie*, die zuerst 1942 erschienen, wurden später in Münster in Joachim Ritters Lesezirkel „Philosophische Neuerscheinungen" besprochen – hier aber nicht in der Absicht einer Erörterung der Triftigkeit ihrer Thesen in deren eigenem theoretischen Kontext, vielmehr in der ausgreifenden Neigung zur Kenntnisnahme dessen, was andere tun, was aus welchen Gründen einflußreich geworden oder auch wieder vergessen ist etc.

4 H. Plessner: Husserl in Göttingen (1959). Gesammelte Schriften, hg. von G. Dux, O. Marquard und E. Ströker, Bd. 9: Schriften zur Philosophie (Frankfurt a.M. 1985) S. 355–372.

5 W. Schapp: Beiträge zur Phänomenologie der Wahrnehmung. Mit einem Vorwort zur Neuaufl. von C. F. Graumann (Wiesbaden 1976). – Die erste Auflage (Göttinger Dissertation 1909) erschien 1910.

Hauptwerken philosophischer Klassiker ihr spezielles Profil und der damit sich verbindende theoretisch-philosophische Anspruch wurde sichtbar.

Zum modernen Begriff der Klassik gehört die temporale Qualität der Alterungsresistenz, so daß sich das Studium der in diesem Sinne klassischen Werke allein schon wegen der größeren Wahrscheinlichkeit empfiehlt, daß man dort findet, was heute ebenso richtig ist wie es schon früher war.[6] Das machte Ritter exemplarisch eindrücklich, indem er historische Berichte über das Scheitern frühsowjetischer Experimente, zur Stärkung brüderlicher Gemeinschaftsbindung Familienstrukturen zu lockern, mit der Aristotelischen Platon-Kritik kommentierte, daß die Fürsorglichkeit des Menschen doch in erster Linie geliebten Angehörigen zugewandt wird, so daß, wo diese Fürsorglichkeit gesellschaftspolitisch zentralisiert und universalisiert wird, sie „bei den Bürgern eines solchen Staates nicht" mehr „zu finden" sei. Analog ließ sich dann auch bei der schmerzlich-bekennenden Verwunderung eines Ex-Marxisten, er verstünde heute gar nicht mehr, wie er denn selbst einmal an die gesellschaftspolitische Universalisierbarkeit binnenfamiliärer Bindungen habe glauben können, auf Hegel verweisen, der die Rekonvaleszenz nach Überwindung großer Irrtümer auf den schönen Satz gebracht hatte, daß die „Wunden des Geistes heilen, ohne daß Narben bleiben". Ritter pflegte die gebildete Erinnerung an Einsichten dieses Ranges bei passenden Gelegenheiten durch die an die Seminarrunde gerichtete exemplarische Frage zu evozieren: „Was würde Hegel dazu sagen?" Das diente selbstverständlich nicht der Anhäufung eines philosophischen Zitaten-Schatzes, vielmehr der Erweckung des Sinns für Unüberbietbarkeiten durch Verschaffung von Kenntnissen der Kontexte ihrer Findung. Nur durch Historisierung der großen Topoi erschließt sich Einsicht in den Umfang der Erfahrungen, die gesammelt und verarbeitet sein mußten, bevor ihnen schließlich ihre Quintessenz abzugewinnen war.

Klassiker haben unbeschadet ihrer kanonischen Geltung ihre wechselnde Aktualität, die jeweils neu entsteht oder vergeht. Sie sind, wie Odo Marquard das nannte, „Klassiker vom Dienst". Das ist es, was in der Rezeptionsgeschichte klassischer Werke deren stets unausgeschöpftes Wirkungspotential sichtbar macht. Die Kunst der Hermeneutik, in die man sich

6 Klassisch ist, was seine Historisierung aushält – so sagt es Karl Reinhardt: Die klassische Philologie und das Klassische, in: ders.: Vermächtnis der Antike. Gesammelte Essays zur Philosophie und Geschichtsschreibung, hg. von C. Becker (Göttingen ^{2}1966) S. 334–360, zit. S. 336.

darüber bei Joachim Ritter eingeführt fand, war insoweit mit der Hermeneutik, die wir in ihrer inzwischen ihrerseits klassisch gewordenen Rezeptionsgestalt Hans-Georg Gadamer zu verdanken haben, kongruent. Entsprechend kooperativ waren dann bekanntlich auch die mannigfachen Beziehungen zwischen etlichen Angehörigen des Münsterschen *Collegium Philosophicum* einerseits und den Mitgliedern des Kreises um Hans-Georg Gadamer andererseits – später dauerhaft wirksam geworden in der Arbeitsgruppe *Poetik und Hermeneutik* und universitär auch in den personellen und forschungspraktischen Sonderbeziehungen zwischen den Plätzen Heidelberg, Münster, Gießen, Konstanz und Bielefeld. Es hieße, ein Stück Geschichte der Geisteswissenschaften im Nachkriegsdeutschland schreiben, wollte man hier die Fülle methodisch elaborierter und positivierter Werke philosophiehistorischer Forschung nennen, die schon in der ersten Schülergeneration Gadamers und Ritters entstanden. Darunter befinden sich etliche Werke eines Ranges, der allein schon die später populär gewordene Diagnose, die Geisteswissenschaften seien in eine Krise geraten, im Rückblick als eine erklärungsbedürftige Fehldiagnose evident macht.

Schließlich wirkte Ritters Kunst der Klassiker-Vergegenwärtigung resistenzbildend gegen Tendenzen intellektueller Selbstbornierung aus Mangel an Intimität mit historischen Gegenständen. – Ritter war ein Institutionalist, was heißen soll, daß er die Funktionstüchtigkeit akademischer wie bürgerlicher Kommunitäten vom Verbot moralischer und intellektueller Bloßstellung ihrer Angehörigen abhängig wußte. Publizistisch entsprach dem der Verzicht auf Pamphletistik, und mir ist spontan nur ein einziger Fall gegenwärtig, der Ritter zum groben Mittel öffentlicher Kritik an einem ahistorischen Moralismus greifen ließ. Nicht zufällig handelt es sich bei diesem Fall, in welchem Ritter scharf wurde, nicht um eine Randfigur, der das hätte schaden können, vielmehr um eine Prominenz des allerersten Ranges, die bloßzustellen allenfalls Ritter selbst hätte schaden können, nämlich um Karl R. Popper. Ritter zitiert Poppers *The Open Society and its Enemies* und näherhin den nach Popper angeblich die Lehre Hegels wiedergebenden Satz, „daß der Staat alles und das Individuum nichts sei“. So stünde es also in „diesem kuriosen Buch“,[7] konstatiert Ritter, und in der Tat: Poppers Verkennung der Zugehörigkeit der politischen Philosophie

7 J. Ritter: Hegel und die Französische Revolution (Köln und Opladen 1957) (Arbeitsgemeinschaft für Forschung des Landes Nordrhein-Westfalen. Geisteswissenschaften. Heft 63) S. 51.

Hegels zur Frühgeschichte des Liberalismus ist verblüffend. Gewiß ist es unvermeidlich, daß im Kontext der modernisierungsabhängig zunehmenden Selbsthistorisierung unserer Zivilisation auch die Menge wirksamer historischer Irrtümer wachsen muß. Poppers Umgang mit Hegel beruht indessen nicht auf einigen emendationsfähigen philosophiehistorischen Irrtümern, vielmehr auf einem ungleich schwerer behebbaren Mangel an historischer Urteilskraft. Richtig ist natürlich, daß auch noch die Faschisten – in Italien die wirklichen und in Deutschland die so genannten – sich auf Hegel beriefen. Aber eben das noch hätte man doch als Indikator für den Groß-Klassiker-Rang Hegels einzuschätzen gehabt, nämlich die Zugehörigkeit seines Werkes zu jenen Herkunftsgütern, auf die ihrer weltweit anerkannten Klassizität wegen gerade auch die totalitären Regime zu Zwecken traditionaler Selbstlegitimation Anspruch erheben mußten, und das in signifikanten Erbschaftsstreitigkeiten über die Grenzlinien linker und rechter Ideologien hinweg.

Von Zynismen und Ideologemen abgesehen, die auch der moralische common sense als inakzeptabel erkennen und benennen kann, pflegte Ritter sich moralisierender Qualifikation der Philosophie anderer zu enthalten, und solche Liberalität befähigte ihn zugleich zum selektiven Umgang mit der Philosophie anderer – also zum Eklektizismus, der intellektuellen Erztugend des Aufklärungszeitalters. Im Verhältnis zu Popper bedeutete das, daß Ritter unbeschadet seines mokanten Umgangs mit dessen Auslassungen über Hegel seine ideologiekritisch bedeutsame analytische Charakteristik des „historizistischen" Typus der Geschichtsphilosophie übernahm – mit der korrigierenden Bemerkung freilich, daß die Geschichtstheorie Hegels diesem Typus historisch ja gar nicht zuzurechnen sei. So äußerte sich Ritter mir gegenüber im Anschluß an einen Vortrag, den ich zur Beantwortung der Frage „Was heißt ‚Das kann man nur historisch erklären'?" in der Düsseldorfer Wissenschaftsakademie zu halten hatte. Dabei berief ich mich im wissenschaftstheoretischen Kern meiner Antwort auf Carl G. Hempel und in der Charakteristik der ideologiekritischen Bedeutung dieser Antwort auf Karl R. Popper, nämlich mit der Auskunft, über historische Prozesse, natural wie kultural, ließen sich aus prinzipiellen Gründen keine Theorien bilden, entsprechend seien sie im vorhinein nicht prognostizierbar und darstellungspraktisch im nachhinein einzig erzählbar.[8] Im Urteil über die geschichtstheoretische und ideologiekritische Bedeutung der analytischen Philosophie bestand also Einvernehmen und in der Wahrnehmung gleichfalls, daß Leistungen der Theoriebildung historischen Sinn nicht eo ipso erwecken, wohl aber nötiger machen.

Um so größer war Ritters Respekt vor denjenigen Philosophen, die mit bedeutenden Forschungsleistungen Theorie und Historiographie miteinander zu verbinden vermochten. Das ist in der Zuwendung Ritters zum Lebenswerk des schon erwähnten Heinrich Scholz manifest. Bekanntlich gab Joachim Ritter gemeinsam mit Hans Hermes und Friedrich Kambartel 1961 Scholz' *Abhandlungen zur Philosophie als strenger Wissenschaft* heraus.[9] Die fachwissenschaftliche Bedeutung der Beiträge von Heinrich Scholz zur Begründung der Mathematischen Logik darzustellen mußte Expertensache bleiben. Das wurde mit gehörigem Respekt quittiert und die von den Experten eröffneten Aussichten auf technische Nutzbarkeiten mathematisierter Logik, die in ihren zivilisationsevolutionären Folgen noch unüberschaubar waren, gleichfalls. Im eigenen Namen komplementierte Ritter das, indem er auf zweierlei aufmerksam machte. Erstens habe Scholz es verstanden, die neue Logik als einen mathematisierten Ableitungszusammenhang formaler Sätze, die als solche keinerlei historischen Index tragen und sich zur Subjektivität ihrer Produzenten gänzlich indifferent verhalten, ihrerseits als ein überaus voraussetzungsreiches historisches Faktum einzuschätzen, genetisch herzuleiten und in den Zwängen und Hemmungen seiner Evolution darzustellen. Über seine Rolle als Mitbegründer der Mathematischen Logik hinaus war ja tatsächlich Scholz auch schon früh als Autor einer Geschichte der Logik hervorgetreten,[10] und die in *Mathesis universalis* gesammelten Aufsätze waren zu einem gewichtigen Anteil Beiträge in der Absicht, die neue Logik „in den Horizont der klassischen Logik und damit der Philosophie in ihrer Geschichte von Griechenland her" einzustellen und so in ihrem Sinn verständlich zu machen.[11] Zweitens war für Ritter unübersehbar, daß die neue Logik für Scholz in

8 Der einschlägige Vortrag ist des öfteren gedruckt und nachgedruckt worden und als Kapitel 3. in mein Buch: Geschichtsbegriff und Geschichtsinteresse. Analytik und Pragmatik der Historie (Basel, Stuttgart 1977) eingegangen.

9 H. Scholz: Mathesis universalis. Abhandlungen zur Philosophie als strenger Wissenschaft, hg. von H. Hermes, F. Kambartel, J. Ritter (Basel 1961).

10 Sie erschien zuerst 1931.

11 J. Ritter: Vorwort I, in: a.a.O. [Anm. 9] S. 7–16, zit. S. 8.

wohlbestimmter, auf Traditionen der „metaphysica generalis" eingeschränkten Bedeutung den Status einer Metaphysik hatte, nämlich als System von Wahrheiten, die selbst „bei Gott … gelten müssen".[12] Das sei „noch kaum bisher beachtet" worden,[13] was freilich inzwischen längst nicht mehr gilt.[14]

Man darf auch sagen: Joachim Ritter und Heinrich Scholz stimmten überein in ihrem Urteil über die aktuelle, dem Sinn ihres Namens entsprechende Fortdauer der philosophia perennis. „Dieser Philosophie den Respekt zu erweisen, dessen sie würdig ist, sollte niemandem versagt sein, der nicht so unplatonisch ist, daß er gleichgültig ist und stumpf gegen alles, was nicht durch ein Barometer registriert werden kann, das andauernd auf ‚veränderlich'" steht.[15] In tätiger Bekundung dieses Respekts trug entsprechend Scholz zur Mehrung des Bestandes garantiert zeitindifferenter Wahrheiten bei.

Ritter hingegen wurde zum Philosophen jener Veränderlichkeiten, die uns komplementär dazu und kompensatorisch auf Akte konservierender Vergegenwärtigung geltungskonstanter Herkunftsbestände angewiesen machen, überdies auf die Historisierung der zivilisationsevolutionären Prozesse, über die uns erst unsere jeweiligen Gegenwartslagen verständlich werden und mit entbornisierender Wirkung in ihrer Kontingenz durchsichtig. Das ist zugleich der Kontext, in welchem die von Odo Marquard stark gemachte[16] Rittersche Kompensationstheorie der Geisteswissenschaften ihren Ort hat. Der Streit um diese Theorie, der sich noch fortsetzt, ist hier in den markanten Stadien seines bisherigen Verlaufs nicht noch einmal darzustellen.[17] Gemein geworden ist diese Kritik in der Vorhaltung, von den Kompensationstheoretikern werde uns, wenn an heißen Tagen der Rhein zum Himmel stinkt, empfohlen, uns kompensatorisch an die Freuden

12 A.a.O. S. 11.

13 A.a.O. S. 16.

14 Cf. Arie Leendert Molendijk: Aus dem Dunklen ins Helle. Wissenschaft und Theologie im Denken von Heinrich Scholz. Mit unveröffentlichten Thesenreihen von Heinrich Scholz und Karl Barth (Amsterdam 1991).

15 H. Scholz: Metaphysik als strenge Wissenschaft (Köln 1941) S. 185.

16 Zuletzt im *Nachwort* zu Joachim Ritter: Metaphysik und Politik. Studien zu Aristoteles und Hegel. Erw. Neuausg. (Frankfurt a.M. 2003) S. 442–456: Positivierte Entzweiung. Joachim Ritters Philosophie der bürgerlichen Welt, bes. S. 452f.

17 Cf. dazu „Exkurs II. Der Streit um die Kompensationsfunktion der Geisteswissenschaften" in meinem Buch: Im Zug der Zeit. Verkürzter Aufenthalt in der Gegenwart. Dritte, um ein Nachwort erw. Aufl. (Berlin, Heidelberg, New York 2003) S. 281–304.

der kulturhistoriographisch in Erinnerung gebrachten Rheinromantik zu halten. Das ist witzig, sofern man, wie billig, an Witze nicht allzu hohe Ansprüche stellt, und die fällige Erwiderung ist unvermeidlicherweise trocken und somit spaßverderberisch. Sie lautet: Es ist ja ganz richtig, daß die Rheinwasserqualität noch immer zu wünschen übrig läßt. Aber zu dieser Feststellung bedarf es der Geisteswissenschaften überhaupt nicht – weder der kompensationstheoretisch verstandenen noch irgendwelcher anderen. Dazu genügt im Extremfall eine gute Nase, im weniger evidenten Fall des Berufswissens der neuerdings wieder aktiv gewordenen Rheinfischer und darüber hinaus gegebenenfalls der Meßgeräte technisch und naturwissenschaftlich ausgebildeter Experten. Sollten diese nichts bewirken, so könnten die Geisteswissenschaftler es erst recht nicht. Schlimmstenfalls erfüllten sie dann die Funktion, uns durch historische Vergegenwärtigung definitiv untergegangener besserer Zeiten in die gehörige Trauer darüber zu versetzen.

Wie sich die Kritiker der Kompensationstheorie der Geisteswissenschaften statt dessen deren Beitrag zur Weltverbesserung in der Absicht, unsere zivilisatorische Lebenslage endlich kompensationsunbedürftig zu machen, vorgestellt haben mögen, bleibe hier dahingestellt. Zur Erklärung ihrer manifesten Überschätzung und damit Verkennung dessen, was historisches Wissen leisten kann, mag man die Kritische Theorie heranziehen, insbesondere die kritische Klassifikation der Wissenschaften nach den sie leitenden Erkenntnisinteressen, wonach, gemäß Jürgen Habermas, „die historisch-hermeneutischen Wissenschaften“ auf „ein praktisches … Erkenntnisinteresse“ bezogen sind und einen „möglichen Konsensus von Handelnden im Rahmen eines tradierten Selbstverständnisses“ intendieren.[18] Das hört sich bei moralpolitischer Hochgestimmtheit fast unwidersprechlich an und ist entsprechend auch pädagogisch, ja bildungspolitisch wirksam geworden. Indessen dürfte es schwerlich gelingen, den Sinn einer Exkursion, den wir als Studenten in Münster zum Zweck einschlägiger kulturhistorischer Unterrichtung über die untergegangene Lohgerberei in den Niederwaldgebieten des Siegerlandes unternahmen, auf irgendeinen zukunftsbezogenen Handlungssinn zu bringen. Der Versuch, das zu tun, müßte kulturrevolutionäre Folgen haben – analog zum kunstpolitischen Tadel, den Herbert Marcuse an die Adresse von Warhol

18 So J. Habermas: Erkenntnis und Interesse, in: ders.: Technik und Wissenschaft als ‚Ideologie‘. (Frankfurt a.M. ^{4}1970) S. 146–167, 155, 158.

richtete, dessen Suppendosen zwar erfreulicherweise neu sich dem Prinzip „Mimesis" unterworfen hätten, aber leider einer „Mimesis ohne Verwandlung", weil die soziale Lage der sie produzierenden Fließbandarbeiter nicht mitthematisiert sei.[19]

Hier ist nicht der Ort darzustellen, was statt dessen nun der bei Ritter wirklichkeitsnäher beschriebene Sinn der Selbsthistorisierungspraxis der modernen Zivilisation sei. Ich erinnere statt dessen an die Praxis der Vergangenheitsvergegenwärtigung, wie sie in ausgeprägter Weise in Aufnahme von wirksamen Vorgeschichten neu auch in der Frühzeit der Bundesrepublik Deutschland sich herauszubilden begann. Zu dieser neuen und sich intensivierenden Vergangenheitsvergegenwärtigungspraxis verhielt Ritters Geisteswissenschaftsphilosophie sich reflexiv, und zwar überwiegend affirmativ. Man erkennt, worum es sich dabei handelt, nicht, wenn man den Blick über die Fragen der esoterischen hermeneutischen Theorie hinaus nicht für die politisch wirksamen kulturellen Interessen öffnet, die den Bürgerwillen schon in der Frühgeschichte der Bundesrepublik prägten – sichtbar zum Beispiel in der Praxis des Wiederaufbaus zerstörter Städte. Selbst noch in ärgsten Notzeiten rangierten hier Replikatbauten vom Frankfurter Goethehaus bis zum Rathaus zu Münster auf den städtebaulichen Dringlichkeitslisten sehr weit vorn. In Polen verstand sich das mit deutlicherem politischen Akzent sowieso. Für die Museumsszene galt ohnehin und selbstverständlich nicht nur in Deutschland dasselbe. In Paris wurde ein internationaler Archivtag zur Gelegenheit eines Großauftritts des Staatspräsidenten. Je rascher sich die Bibliotheken erneuerten, um so mehr Gelegenheiten gab es auch, in den Eingangshallen vitrinengesicherte Zimelien zu bewundern. Die Vermutung, hier handle es sich um antiquarische Aktivitäten zukunftsflüchtiger Geister, ist nichts als ein rezenter Nietzscheanismus. Bei Ritter wurde man statt dessen ermuntert, zur Kenntnis zu nehmen, daß das alles nun einmal so ist und das aus gutem modernitätsspezifischen Grund.

Für die Darstellung der Philosophie, die diesen Grund sichtbar macht, ist hier kein Platz. Aber die skizzierten Vorgänge markieren die Örter, um die sich Ritter in praktischer Konsequenz seiner Philosophie kümmerte – in

19 H. Marcuse: Die Permanenz der Kunst. Wider eine bestimmte marxistische Ästhetik. (München, Wien 1977) S. 57.

Vorträgen beim Bibliothekarstag,[20] mit Ermunterungen an die Adresse einer Förderergesellschaft in Mitteilungen über den Funktionswandel akademischer Preise,[21] und vor allem in seiner Tätigkeit als Mitglied von insgesamt drei Gründungsausschüssen neuer Universitäten sowie des Deutschen Wissenschaftsrats, in deren Rahmen Ritter den historischen Kulturwissenschaften ihren angemessenen Platz durch seine überzeugende Philosophie ihrer wachsenden Nötigkeit in einer wissenschaftlich-technischen Zivilisation zu sichern verstand.[22] Dabei hielt Ritter keine Feierreden. Er blieb vielmehr pragmatisch und vertraute darauf, daß die Pragmatiker, die das Geld zu beschaffen, in den zuständigen Gremien Mehrheiten zu gewinnen und in den Stadträten Bebauungspläne zu genehmigen hatten, allein schon kraft ihrer Verbundenheit mit dem bürgerlichen Leben verstehen würden, daß man komplementär zu den rasch sich entwickelnden technischen Fakultäten endlich auch modernisierungsadäquat auf eine institutionalisierte Technikgeschichtswissenschaft angewiesen sei. Es wurde durchaus verstanden, und Ritter verstand sich dabei nicht als überzeugend gewordener Außenseiter, vielmehr ans bleibend dominante kulturelle Milieu gut angepaßt.

Affirmativ verhält sich Ritter bekanntlich auch zu den wissenschaftlich-technischen und sozialen Entwicklungen, die in Übereinstimmung mit weltweiten Trends die Frühgeschichte der Bundesrepublik prägten und politisch von stabilen Mehrheiten, die um die Mitte herum sich drängten, getragen wurden. Es ist oft beschrieben worden, daß diese Positivierung des Fortschritts bei Ritter nicht zuletzt durch seine Gasttätigkeit in der

20 J. Ritter: Universität und Bibliothek. Probleme, Aufgaben, Perspektiven. 57. Deutscher Bibliothekartag 1967 in Aachen. Vorträge und Berichte, in: Zeitschrift für Bibliothekswesen und Bibliographie Bd. 14 (1967) S. 283–298.

21 J. Ritter: Ernst Hellmut Vits-Preis. Bemerkungen zur Aufgabe akademischer Preise, in: Jahresschrift 1969 der Gesellschaft zur Förderung der Westfälischen Wilhelms-Universität zu Münster, S. 50–56.

22 Cf. dazu die Gründungsdenkschriften *Empfehlung zum Aufbau der Universität Bochum.* Denkschrift des Gründungsausschusses (Bochum 1962), *Die Universität Konstanz. Bericht des Gründungsausschusses, vorgelegt im Juli 1965*, sowie *Empfehlungen zum Aufbau einer Universität in Dortmund.* Teil I. Empfehlungen zur Struktur (Oktober 1965) sowie für die wissenschaftspolitischen Kontexte meine Abhandlung „Hochschulpolitik in der BRD und in der Schweiz. Ein Vergleich“, in: Lord Annan, M. Devèze, H. Lübbe: Universität gestern und heute (Salzburg u. München 1973) S. 45–66, sowie das Kapitel VI „Freie und nützliche Wissenschaft. Universitätsreformen in Deutschland“ in meinem Buch: Modernisierung und Folgelasten. Trends kultureller und politischer Evolution (Berlin, Heidelberg, New York 1997) S. 339–397.

Türkei zwischen 1953 und 1955 gefördert wurde. Ritter besuchte selbstverständlich Bogazköy, aber er ließ sich auch über das aktuelle anatolische Landleben berichten und studierte den Kemalismus mit seinen gelingenden und mißlingenden Modernisierungsprogrammen. Bezwingend wirkte der Fortschritt, wo man ihn freizusetzen verstanden hatte, gerade in der Trivialität seiner zentralen Gehalte, und eben das galt dann auch für die rekonstruktions- und zugleich emendationsbedürftigen Bildungseinrichtungen, Industrien, Organisationen und Rechtsinstitutionen der von den Trümmern der Diktatur und des Krieges inzwischen frei geräumten zweiten deutschen Demokratie.

Entsprechend zeigte Ritter in seinen Vorlesungen, in Vorträgen und Gesprächen Empfindlichkeit gegen gewisse Traditionen der Kulturkritik, die den unaufhaltsamen oder bereits eingetretenen Triumph des Unheils lehrten. Daß der Geist der Widersacher der Seele sei – in welchen Milieus wurde das denn erfahren? Wie hatten denn die Verfasser der *Dialektik der Aufklärung* die USA als die höchstentwickelte Industriegesellschaft zur Zeit der Abfassung ihres Buches wahrgenommen, wenn sie von der „Abhängigkeit der mächtigsten Sendegesellschaft von der Elektroindustrie“ bis in die Sendeprogramme hinein berichten zu können glaubten und wenn sie als „Sinn aller Filme“ daselbst die Absicht identifizierten, die „Allmacht“ des Kapitals „den enteigneten Anwärtern auf jobs als die ihres Herrn ins Herz zu brennen“. Jedermann müsse „im Spätkapitalismus“ zeigen, „daß er sich ohne Rest mit der Macht identifiziert, von der er geschlagen wird“. Es ist evident: Dergleichen ließ sich im abgehobenen Sondermilieu kritischer Intellektueller bewundern, und wenn Banker und Vorstände, wie es geschah, Gelegenheit boten, Mitteilungen dieser Realitätshaltigkeitsklasse über sich ergehen zu lassen, so geschah das bei aller gebotenen Bewunderung für den Glanz der Spiegelung der Wirklichkeit in kritischen Köpfen mit dem Effekt der Bestätigung des ohnehin schon gehegten Vorurteils, daß es sich bei diesen Köpfen um Zerrspiegel handele.

Ritter ließ sich statt dessen bei seinen Besuchen von Unternehmen oder Verbänden, die häufig waren, zum Beispiel über Fortschritte in der Fertigungstechnik berichten, die nicht allein kostensenkend, vielmehr auch arbeitsphysiologisch entlastend wirkten. Mit Respekt nahm Ritter frühe Absichten von Industriekapitaleignern zur Kenntnis, Stiftungen zu errichten, aus deren Erträgnissen die Forschung gefördert werden sollte. Später war Ritter als Berater solcher Förderungseinrichtungen tätig, und die Vorstellung ist absurd, in den einschlägigen Gremien seien verblendete

Handlanger von Kapitalinteressen tätig gewesen. Wirklichkeitsnäher hoffte man auf gedeihliche Mehrung des Kapitals, dessen Erträgnisse doch sogar noch der Philosophie zugute kamen.[23] Ritter war also ein Intellektueller mit erfolgreicher Selbstimmunisierung gegen die Milieuschäden seiner Klasse. Das wurde bis in seine Lebensgewohnheiten hinein sichtbar. Er mied, wenn er konnte, Gelegenheiten selbstdarstellungsbezogenen intellektuellen Small Talks bei Empfängen nach einschlägigen Konferenzen und zog statt dessen ein Kneipenbier im Milieu kleiner Leute vor.

Soweit es sich am Konferenztage zuvor um die Philosophie gehandelt hatte, so verstand sie Ritter als eine Angelegenheit von anspruchsvoller Professionalität, die unter modernen Lebensbedingungen ihren Regelort an den Hochschulen hat und von dort aus medial wirksam wird. Als esoterische Betätigungsform anspruchsvoller geistiger Eliten oder auch solitärer Denker verstand er sie nicht. Daraus ergab sich auch eine Differenz zum Umgang mit den Klassikern, die Hans-Georg Gadamer in seiner Besprechung der Ritterschen Abhandlung über Hegels Verhältnis zur Französischen Revolution implizit offengelegt hatte. Ritters Studie, schrieb Gadamer, habe Verdienste als „eine von marxistischen Prämissen gelöste Untersuchung der Hegelschen Gesellschaftsphilosophie“, und darin sei sie „zugleich ein Beitrag zur Sozialphilosophie selbst“. Das trifft sicherlich zu. Der Vorbehalt Gadamers lautete, daß Ritter „Probleme der bürgerlichen Gesellschaft“, wie sie „Hegels eternisierender Blick“ fixiere, historisch und „aktualistisch“ individualisiere und so konkretisiere, woraus sich dann „Verschiebungen“ des Ortes ergäben, an welchem für einen Hermeneuten des Gadamerschen Anspruchs die Klassikerrezeption stattzufinden hat.[24] Hinter dieser durchaus freundlich gemeinten Ermunterung, nach der „aktualistisch“ interessierten Vergegenwärtigung Hegels sich doch wieder dem „eternisierenden“ Denker zuzuwenden, werden zwei Typen der Hermeneutik sichtbar. Gadamers Aneignungen galten großen Texten im Kontext großer Texte in ihrer Repräsentanz für Bewußtseins- und Wissenslagen, die sich in ihrer Tradierung aufeinander zurückbeziehen, sich abarbeiten und neu gewinnen und in der gegenwärtigen hermeneutischen Bemühung um sie die Weite ihres wirkungsgeschichtlichen Horizonts erschließen.

---

23 Ritter war über viele Jahre hinweg Mitglied im Wissenschaftlichen Beirat der Fritz-Thyssen-Stiftung.

24 H.-G. Gadamer: [Rez. zu] Joachim Ritter: Hegel und die Französische Revolution, in: Philosophische Rundschau 5. Jg. (1957) S. 306–308, zit. S. 307.

Ritter beharrte demgegenüber auf der Evokation der Philosophie durch Ereignisse und Vorgänge, die im eigenen Horizont nicht nur nicht vorgesehen, vielmehr auch gar nicht bruchlos unterzubringen sind, so daß sie, statt als Anlaß für eine hermeneutische Bemühung, als störend und damit als schlechterdings einschmelzungsungeeignet erfahren werden. Exemplarisch heißt das: Auch der Terror, gewiß, hat seine Philosophie, und diese läßt sich auch verstehen. Aber solches Verstehen eröffnet ja gerade nicht eine neue Streitkultur, intensiviert vielmehr den Willen zur Abwehr und schärft den Sinn für seine Spuren, macht dabei sogar ungerecht wie Hegel im Urteil über den Kollegen Fries, der in den Verdacht geraten war, Studentenunmut zu schüren. Der Pöbel tritt auf, Relikte vorbürgerlicher Ständeordnung behaupten sich politisch im preußischen Verfassungskampf, der seinerseits zunächst zu Ungunsten der Verfassungsfreunde, zu denen auch Hegel gehörte, ausging. Das alles hinterläßt in der Philosophie Hegels Spuren, das aber doch als Ereignisse und Vorgänge, die sich kontingent zu der Philosophie verhalten, aus deren Perspektive man sich durch solche Vorgänge und Ereignisse überrascht finden konnte und sich genötigt fand, sich einen intellektuellen Reim auf Realitäten zu machen, für die es im eigenen, in Texten auslegbaren Überlieferungszusammenhang noch gar keinen Ort gibt. So ist das eben, mit Folgen für die Philosophie, in einer Zivilisation, bei der das Scholz'sche Barometer der Zustandsvermessung fest auf „veränderlich“ steht. Kurz: Ritters Wahrnehmung dessen, was die Philosophie explizit zu beschäftigen habe, war weniger esoterisch als diejenige Gadamers. Das hatte auch ich gelegentlich zur Kenntnis zu nehmen, nachdem ich mich erdreistet hatte, die so genannten „Ideen von 1914“ zwar nicht ihrer philosophischen Dignität wegen, aber doch in ihrer historisch-politischen Relevanz ernst zu nehmen. Die Formel „Ideen von 1914“ sei „ebenso unwirklich wie das Formulierte“, mußte ich mir zu meiner Überraschung von Gadamer sagen lassen,[25] obwohl doch sogar einer seiner eigenen Lehrer zu den Geburtshelfern dieser „Ideen“ gehörte. Die Erklärung für diese Unwirklichkeitserklärung publizistisch manifest gewesener Philosophie scheint mir die Maßgabe zu sein, seriöse Philosophie beschäftige sich nicht mit solcher Philosophie in den Niederungen des Aktuellen, selbst wenn es sich dabei um Weltkriege handelt.

---

25 So H.-G. Gadamer in seiner Besprechungsnotiz zu meinem Buch *Politische Philosophie in Deutschland* in: Philosophische Rundschau 12. Jg. (1964) S. 158.

Um Mißverständnissen vorzubeugen: Als philosophischer Kolumnist hat Ritter sich nicht betätigt. Aber selbst noch in seiner Interpretation der großen klassischen Werke der Philosophie öffnete er den Blick für die jeweils aktuellen Umstände, auf die sie sich über ihre eigenen Traditionskontexte hinaus bezogen. Wissenschaftspraktisch bedeutet das: Umfangreicher als in den Traditionen der hermeneutischen Philosophie anderswo fand man sich in Münster veranlaßt, auch die Sozialwissenschaften, die Soziologie zumal und auch schon die neuen Politikwissenschaften zu konsultieren, die Jurisprudenz und auch als Wissen aus zweiter Hand Berichte über Fortschritte in den Naturwissenschaften oder in der Medizin, soweit man wissenschaftskulturell oder auch technisch und sozial ihre künftige Bedeutung zu erkennen glaubte. Entsprechend bezog sich die oft zitierte, darstellungsintermittierende Frage Ritters „Was bedeutet das?" zumeist nicht auf Probleme der Texthermeneutik, vielmehr auf Probleme des Verständnisses realer Situationen, die Neuorientierung erzwangen oder die ihrerseits sich unter den Orientierungswirkungen von Philosophien zu verändern begannen.

Dieser Sinn für die philosophieinduzierende Bedeutung von Fakten, deren Entdeckung und Erforschung im Regelfall gar nicht Sache überlieferungsgeschichtlich interessierter hermeneutischer Verfahren ist, prägte auch in signifikanter Weise die Rednerliste des von Joachim Ritter in Münster ausgerichteten Philosophiekongresses zum Thema „Philosophie und Fortschritt".[26] Selbstverständlich kamen auch Philosophen zu Wort, in den Hauptvorträgen zum Beispiel Karl Löwith und Theodor W. Adorno, überdies Hermeneuten wie der Literaturhistoriker Hans-Robert Jauß, dann aber zusätzlich Kenner erziehungspolitischer Entwicklungen in der Dritten Welt wie in den modernen Industriegesellschaften, ferner der Soziologe Helmut Schelsky, der Zoologe Bernhard Rensch sowie Arnold Gehlen in seiner Rolle als Kulturanthropologe. Die Vorträge von Hans Barth und Jürgen Habermas zum obligaten Thema „Revolution" wurden vom Historiker Werner Conze moderiert. In der Nachkriegsgeschichte der Kongresse der Deutschen Gesellschaft für Philosophie ist eine solche Präsenz von Fachgelehrten, die für die Empirie jenseits der Kontexte von Texten einzu-

---

26 H. Kuhn, F. Wiedmann (Hg.): Die Philosophie und die Frage nach dem Fortschritt (München 1964).

stehen hatten, ungewöhnlich.[27] Sie steht für jene „Verschiebungen" in der Ritterschen Klassiker-Rezeption, die Gadamer „aktualistisch" nannte.

Dieses Bild ließe sich noch verdichten durch Beschreibungen der mannigfachen Kooperationen zwischen dem Münsterschen Philosophischen Seminar und der rührigen westfälischen Sektion der Internationalen Gesellschaft für Rechts- und Sozialphilosophie, der Zuständigkeiten oder dominanten Arbeitsinteressen der Gastprofessoren und Gastredner daselbst. Das erübrigt sich hier und bestätigt Ritters schon in jungen Jahren auffällig gewordenes Interesse, die Philosophen zu ermuntern, neue Themen der Philosophie auch jenseits der Horizonte philosophischer Überlieferung aufzusuchen und hermeneutisch zur Kenntnis zu nehmen, daß eben auf diese Weise sich auch schon die klassische Philosophie ausgebildet und wirksam gemacht hatte. Wir sind ja durch die dankenswerte Herausgebertätigkeit von K. Ch. Köhnke über zwei frühe Aufsätze Ritters informiert, in denen das greifbar wird – im Vortrag *Über die antinomische Struktur der geisteswissenschaftlichen Geschichtsauffassung bei Dilthey* von 1931, in welchem man noch Rezidive marxistischer Ideologiekritik durchscheinen zu sehen glaubt, sowie im 1932er Vortrag *Die Erkenntnistheorie der gegenwärtigen deutschen Philosophie und ihr Verhältnis zum französischen Positivismus (Durkheim-Schule)*, der für Zuwendung zu den ethnosoziologisch zugänglich gewordenen kollektiven Mentalitäten plädiert.[28] Die Geisteswissenschaften, zu deren Philosophie Ritter beigetragen hat, sind in ihrer entsprechenden funktionalen Charakteristik spezifisch modern, und eine ihrer Funktionen ist es, Vergangenheiten, die kraft moderner Zivilisationsdynamik in sich verkürzenden Zeiträumen zu fremden Vergangenheiten werden, über ihre mannigfachen Formen der Vergangenheitsvergegenwärtigung mit unseren jeweiligen Gegenwarten verknüpfbar zu halten.

Dazu scheint nun aber der oft zitierte Rittersche geisteswissenschaftstheoretische Zentralsatz, diese Wissenschaften seien das Organ, das die „Geschichtslosigkeit" der modernen Gesellschaft „kompensiert",[29] nicht recht zu passen. Der Satz wirkt befremdlich in einer Zivilisation, die unsere

27 Cf. W. Hogrebe (Hg.): Materialien zur Geschichte der Allgemeinen Gesellschaft für Philosophie in Deutschland e.V. (1950–2002) (Bonn 2002).

28 Beide in: Dilthey-Jahrbuch für Philosophie und Geschichte der Geisteswissenschaften Bd. 9 (1994/95) S. 183–206 sowie 207–232.

29 J. Ritter: Die Aufgabe der Geisteswissenschaften in der modernen Gesellschaft (1963), in: Metaphysik und Politik, a.a.O. [Anm. 16] S. 377–406, zit. S. 405.

Lebenslagen einer nie zuvor gekannten Änderungsdynamik unterworfen hat. Die Konstanz unserer Lebensverhältnisse nimmt in wichtigen Hinsichten ab. Die Veraltensrate zentraler Elemente unserer Zivilisation erhöht sich, und wer Anschauung schätzt, kann sich die quantifizierten Ergebnisse der Vermessung dieser Dynamik vor Augen rücken. Das bedeutet: Die Geschichten, die wir zur Vergegenwärtigung unserer Herkunftsgeschichten erzählen müssen, verlängern sich über sich verkürzende Zeiträume hinweg, und entsprechend expandiert die historiographische Praxis. Also hätte doch, sollte man meinen, Ritter sagen müssen, daß es die aufdringlich gewordene Geschichtlichkeit unserer Zivilisation sei, die ihre Selbsthistorisierung erzwingt. Entsprechend ist erklärungsbedürftig, daß wir an der entsprechenden Stelle des Ritterschen Argumentationsganges das Gegenteil lesen können. Die Erklärung scheint mir zu lauten, daß Ritter, dessen eigene Texte nahezu ausnahmslos ineins „historisch und systematisch" argumentieren, im Kontrast dazu die Texte charakterisieren wollte, in der sich die modernen theoriebildenden empirischen und formalen Wissenschaften darstellen. Historisierende Sätze fehlen, Behauptungen über Behauptungen früherer, die in Anmerkungen zu belegen wären, sind extrem selten, und das alles aus gutem Grund. Man wüßte ja nicht zu sagen, wieso es im pragmatischen Kontext der Darstellung einer naturwissenschaftlichen oder mathematischen Theorie nötig sein solle, bei der Begründung ihrer Aussagen historisch zu werden. Heinrich Scholz, gewiß, so erinnern wir uns, wurde von Ritter seiner Kunst wegen gerühmt, seine neue Logik als gegenwärtige Form einer philosophia perennis in deren Überlieferungsgeschichte einzustellen. Aber Scholz tat das ja nicht im Kontext des argumentativen Aufbaus seiner Theorie, vielmehr in ergänzenden philosophie- und näherhin logikgeschichtlichen Abhandlungen. Und das ist es dann: Eben jene theoretischen, überdies in mannigfacher Weise technisch umsetzbaren und ökonomisch nutzbaren Wissenschaften, die wie kein anderer Faktor unserer Zivilisation zu deren Dynamisierung beitragen, tragen ihrerseits zur Selbsthistorisierung dieser Zivilisation gerade nicht bei. Just das leisten die historischen Kulturwissenschaften, und dieser eklatante Kontrast zweier Wissenschaftsgruppen, die sich nach Präsenz oder Nicht-Existenz historischer Selbstrückbezüglichkeit in den Kontexten ihrer Aussagebildung unterscheiden, ist es wohl, der Ritter dann die wissenschaftlich-technische Zivilisation, als eine auf der Basis herkunftseingedenkfreien Wissens errichtete Zivilisation, als „ungeschichtlich" kennzeichnen ließ. Um es für Geisteswissenschaftler zu wiederholen: Herkunftsuneingedenk sind die von Ritter „ungeschichtlich“ genannten Wissenschaften ja gerade in der modernen Zivilisation als Kulturtatsache nicht, das heißt als diese Kulturtatsache koexistieren sie, sogar institutionell gesichert, überall ineins mit ihren fachlich freilich verselbständigten Historiographien. Aber die Sätze solcher Historiographien sind nicht Sätze innerhalb der Texte, die über die Ergebnisse einer Feldforschung berichten oder ein Experiment protokollieren und eine Theoriehypothese formulieren.

Daß die Philosophie nun in der Tat auch ihrerseits nicht nur „historisch und systematisch“, vielmehr auch als theoretische Disziplin auftreten kann, war banalerweise auch Ritter bestens bekannt. Die Hegelsche Rechtsphilosophie ist ja schließlich kein Beitrag zur Philosophiehistoriographie. Überdies waren nach ihren sie primär leitenden Interessen die Ritterschen Studien unbeschadet der sich wiederholenden, anmutungsadäquaten Selbstkennzeichnung „historisch und systematisch“ eben primär von „systematischen“, also theoretischen Interessen geprägt, so daß man sich fragen kann, wieso Ritter seine Philosophie in ihrer Textgestalt gerade nicht systematisch vorgelegt hat. Ich weiß es nicht, aber eine Vermutung möchte ich doch riskieren. Das gedruckte Nachkriegswerk Ritters ist doch, wie zuletzt Robert Spaemann festgestellt hat, im Vergleich mit seiner großen und fortdauernden Wirkung erstaunlich schmal – „eine Handvoll Aufsätze“.[30] Vergegenwärtigt man sich überdies, daß das wichtigste bekannte und zugleich überaus wirksam gewesene Stück der systematischen Philosophie Ritters, nämlich seine „Philosophische Ästhetik“[31] eben nicht als Buch zugänglich gemacht worden ist, vielmehr einzig als eine mit Verbreitungsverbot versehene Vorlesungsnachschrift verbreitet ist, so gewinnt man den Eindruck, daß hier am Studium der Groß-Klassiker entwickelte Ansprüche an das, was eine philosophische Theorie zu leisten habe, verhindernd gewirkt haben. Vergegenwärtigt man sich überdies, daß ja erwartet wurde, Ritter werde seine Ästhetik öffentlich machen, und weiß man schließlich, daß er statt dessen die gewonnene Freiheit des Emeritendaseins für die Übernahme der Herausgeberschaft des *Historischen Wörterbuchs der Philosophie* mit seinen für seine eigenen Sachinteressen zentralen Artikeln „Ästhetik“ und „Fortschritt“ nutzte – dann will einem

30 R. Spaemann: Das Natürliche ist nicht das Naturwüchsige. Denker der Entzweiung: Zum 100. Geburtstag des Philosophen Joachim Ritter, in: Frankfurter Allgemeine Zeitung Nr. 79 (3. April 2003) S. 39.

31 Zuerst als Vorlesung vorgetragen im Wintersemester 1947/48.

das riesige Werk, das Ritter mit diesem Wörterbuch auf den Weg gebracht hat, als Resultat eines Tuns statt dessen erscheinen. Die Frage, ob wir Ritter so oder statt dessen als Autor seiner implizit gebliebenen Theorie mehr zu verdanken gehabt hätten, ist unentscheidbar.

Zukunft und Herkunft*

Odo Marquard

Meinen Versuch eines Kurzportraits von Joachim Ritters Philosophie der Entzweiung – also seiner Theorie der modernen Welt – möchte ich von Anfang an mit Fragezeichen versehen; meine Darstellung soll stets gleichzeitig die Frage einschließen: Ist diese Philosophie, so, wie ich sie darstelle, korrekt dargestellt und im Sinne Joachim Ritters angemessen verstanden?

Denn ich bin unsicher. Wer wie ich – gerade nach gewissen Anfangsschwierigkeiten und auch Zwischenschwierigkeiten, Joachim Ritters Optik beizutreten – nun seinen Ansatz weiterzudenken sich bemüht, hat vielleicht die Unbefangenheit verloren, die zur rein referierenden Darstellung befähigt. Dabei stört vielleicht nicht so sehr die eigene Originalitätssucht, die ja mit zunehmendem Alter – soweit sie dort nicht endgültig habituell geworden ist – langweilig wird und abnimmt, sondern eher irritiert das fortdauernde Bedürfnis, einem prägenden Lehrer – gerade auch postum – immer noch zu beweisen, daß man das doch kann, was er einem (vielleicht aus pädagogischer List) zu können nicht zugetraut hat: bei mir betraf das – bei meiner Art von Verspieltheit naheliegenderweise – wohl nicht nur die Fähigkeit zur Wahrnehmung institutioneller Pflichten und organisatorischer Pensen, sondern wohl auch die Fähigkeit, wirklich in seinen philosophischen Spuren zu gehen. Ich werde also – bewußt oder unbewußt – philosophisch stets irgendwie zeigen wollen, daß ich doch in Joachim Ritters Spuren gehe, und laufe dabei Gefahr, jene Spuren, in denen ich heute gehe, flugs zu den seinen zu erklären, und das kann ja unzutreffend sein. Darum bedarf sie der Gegenkontrolle, meine Darstellung, die ich in vier Abschnitte gliedere, nämlich die folgenden: 1. Verzögerte Konvergenz; 2. Zugehö-

* Wiederabdruck aus O. Marquard: Skepsis und Zustimmung (Stuttgart 1994) S. 15–29 mit freundlicher Zustimmung des Verlags Philipp Reclam jun.

rigkeit des Ausgeschlossenen; 3. Kompensation; 4. Positivierte Entzweiung. Ich beginne mit Abschnitt:

1. Verzögerte Konvergenz

Im Werbefernsehen gibt es seit einiger Zeit einen Spot der französischen Milchproduktefirma Danone: ein Lausbub ißt mit sichtlichem Vergnügen ein Danone-Yoghurt und sagt an die Adresse jedes potentiellen Yoghurtessers, der noch nicht Danonist ist: „Schließlich kriegen wir dich doch!" Bei dieser Reklame muß ich regelmäßig an Joachim Ritter denken: nicht nur, weil auch er ja lausbübischen Charme hatte, sondern vor allem, weil er – nicht mit Yoghurt, sondern mit seiner Philosophie – viele seiner Schüler, wenn nicht gar alle, schließlich doch gekriegt hat. Er hatte es – auch darum konnte er es sich leisten, liberal zu sein – gar nicht nötig, seine Schüler sofort auf seine Philosophie festzulegen; denn – obwohl das lange und sogar Jahrzehnte dauern konnte – schließlich kriegte er sie doch.

Erlauben Sie mir, das durch ein Selbstzitat aus meinem *Abschied vom Prinzipiellen* zu unterstreichen: Dort[1] schrieb ich 1981 von jener „bunten und standpunktkontroversen Gruppe", „die in der späteren Institutionengeschichte der bundesrepublikanischen Philosophie als derjenige Flügel des hermeneutischen Denkens wirksam geworden ist, der die Praktische Philosophie rehabilitierte: eben als Ritter-Schule, deren Lebendigkeit auch aus der" – wie Robert Spaemann es Mitte der fünfziger Jahre in einem in Paris gehaltenen Vortrag formuliert hat[2] – „'heterogenen Zusammensetzung des Collegium Philosophicum Ritters' resultierte, ‚das Thomisten, evangelische Theologen, Positivisten, Logiker, Marxisten und Skeptiker vereint(e)'.[3] Denn Ritter verpflichtete seine Schüler nicht auf seine eigenen

1 O. Marquard: Abschied vom Prinzipiellen (Stuttgart 1981) S. 7f.

2 R. Spaemann: Philosophie zwischen Metaphysik und Geschichte, in: Neue Zeitschrift für systematische Theologie Bd. 1 (1959) S. 313.

3 Mit „Marxisten" meinte Spaemann damals Hermann Lübbe, der zwar nie einer war, uns aber damals so erschien: schon wegen seines starken Interesses an soziologischen, sozial- und politikphilosophischen Fragen. Außerdem nahm er während seiner Zeit als Assistent von Gerhard Krüger in Frankfurt an Kolloquien von Horkheimer und Adorno teil. Man könnte vielleicht sagen: Hermann Lübbe hat fast alle philosophischen Positionen durchlaufen, die auch die meisten Angehörigen seiner Studiengeneration durchlaufen haben, nur sehr viel schneller und dadurch sehr viel früher: als z.B. die Frankfurter Schule merkte, daß sie die Frankfurter Schule war, hatte Hermann Lübbe sie schon hin-

Thesen. Diesseits seiner Thesen habe ich von ihm gelernt: daß Merken wichtiger ist als Ableiten; daß niemand von vorn anfangen kann, daß jeder anknüpfen muß: also den Sinn fürs Geschichtliche; daß Widersprüche notfalls ausgehalten werden müssen gegen den Schein ihrer Auflösung; daß solche Widersprüche eindrucksvoller präsent sind durch Personen als durch Lektüren und daß dies verlangt: mit fremden Einstellungen leben und von ihnen lernen können; daß also die buntere Philosophenkonstellation die bessere ist; im übrigen den Sinn fürs Institutionelle und seine Pflichten; und schließlich: daß Erfahrung – Lebenserfahrung – unersetzlich ist für die Philosophie. Erfahrung ohne Philosophie ist blind; Philosophie ohne Erfahrung ist leer: Man kann keine Philosophie wirklich haben, ohne die Erfahrung zu haben, auf die sie die Antwort ist. Erfahrung aber braucht Zeit. Darum konvergierten die Ritter-Schüler in ihren inhaltlichen Thesen nicht im Studium und in den Lehrjahren, sondern erst Jahrzehnte später: als sie ihrerseits über Erfahrungen verfügten, die ihnen nunmehr Ritters eigene philosophische Antworten plausibel machten; es existiert – das bemerke ich heute [sc. Januar 1981] – in der Ritter-Schule eine Schulkonvergenz als langfristige Spätwirkung."

Auch diese Feststellung möchte ich in die Frage verwandeln: Gab es diese späte Schulkonvergenz wirklich? Wenn es sie gab, entstand sie – falls ich es richtig sehe – durch eine von vielen (nicht von allen) von uns sehr ähnlich absolvierte Form der Replik auf die durch das Jahr 1968 symbolisierte Infragestellung der demokratischen Struktur der Bundesrepublik. Dieser – marxistisch inspirierten – Infragestellung galt die Bundesrepublik nicht mehr als vertretbar gelungene Demokratie, sondern als mißlungene oder versäumte Revolution: Damit – 1968 – begann die Geschichte der Verdrängung ihrer demokratischen Gelungenheiten. Um dieser Infragestellung und Verdrängung entgegenzutreten, lag es nahe, verstärkt auf jene Philosophie zu rekurrieren, die unter anderem durch Lösung aus dem Marxismus in der Auseinandersetzung mit dem Marxismus entstanden war: auf die Philosophie Joachim Ritters. Inzwischen habe ich allerdings den Eindruck, daß dieser Zeitraum der späten Schulkonvergenz der Ritter-Schule schon wieder vorbei ist, wobei die zunehmende Dominanz ökologischer Probleme eine Rolle spielt: die Ritter-Schüler sind inzwischen wieder – mehr oder weniger – auf verschiedenen Wegen.

---

ter sich. Zur Zusammensetzung des *Collegium Philosophicum* vgl. H. Lübbe [u.a.] (Hg.): Collegium Philosophicum. Studien, Joachim Ritter zum 60. Geburtstag (Basel, Stuttgart 1965).

Gerade das ist – denke ich – jener Augenblick, in dem Bemühungen zur Erinnerung an die Philosophie Joachim Ritters fällig und wichtig sind. Um es ganz subjektiv zu formulieren: mich interessiert einfach, was er – bei dem jedenfalls ich gelernt habe, daß die Philosophie kein transzendentales Wolkentreten ist, sondern die Theorie ihrer Zeit – zur heutigen Situation philosophisch sagen würde und zu sagen hat: welche Ratschläge er denen geben kann, die heute ihrerseits Ratschläge geben sollen oder gar müssen. Das aber verlangt, zu vergegenwärtigen, was Joachim Ritters gegenwartstheoretische Grundgedanken waren: seine Philosophie der modernen Welt, die – um es kurz zu sagen – eine Philosophie der Entzweiungspositivierung war und ist. – Ich beginne diesen Vergegenwärtigungsversuch im Abschnitt:

2. Zugehörigkeit des Ausgeschlossenen

Für mich ist die einschlägige Schlüsselschrift von Joachim Ritter sein Aufsatz *Über das Lachen*, der zuerst 1940 im 14. Band der *Blätter für deutsche Philosophie* erschienen ist und dann erst wieder 1974 im Bändchen *Subjektivität*.[4] Diesen Aufsatz habe ich selber relativ spät gelesen, immerhin spätestens kurz nach dem Abschluß meines Studiums, also Mitte der fünfziger Jahre. Als ich 1966 zur Gruppe *Poetik und Hermeneutik* kam, war es dort Wolfgang Preisendanz, der diesen Aufsatz für diese Gruppe zur Pflichtlektüre gemacht hat. Das, was in diesem Aufsatz über die – um den Ausdruck Plessners von 1941 zu gebrauchen – „Grenzreaktion" des Lachens von Joachim Ritter gesagt worden ist, reicht in seiner philosophischen Bedeutung weit über die Analyse des Phänomens des Lachens hinaus, und zwar in Richtung auf eine Einsicht Joachim Ritters, die mir durch folgende Formulierung interpretierbar scheint: die menschliche Vernunft selber ist – gebaut wie das Lachen – eine Grenzreaktion; denn sie stellt Ausgrenzungen in Frage.

Die entscheidende These von Joachim Ritter über das Lachen ist nämlich diese: Weil und wo die offiziell herrschende und geltende Wirklichkeit Wirklichkeiten ausgrenzt oder ausschließt und als nichtig setzt, ist es das Lachen, das geltend macht, daß dieses offiziell Nichtige dennoch zu unserer Wirklichkeit gehört. Das Lachen – schreibt Ritter – hat die „eigentümliche Funktion, die dem Ernst nicht zugängliche Zugehörigkeit des Ande-

4 J. Ritter: Subjektivität (Frankfurt a.M. 1974) S. 62–92.

ren zu der es ausgrenzenden Lebenswirklichkeit sichtbar zu machen",[5] „gleichgültig, ob dies nun in dem tieferen Sinn einer Kritik an der ernsten Welt selbst und ihrer Ordnung gemeint ist, oder ob dies der vitalen Freude am Reichtum des Lebens und am Recht des Unsinns und Unverstands entspringt."[6] Denn dem – humoristischen – Lachen gelingt es, „die Identität eines ... Ausgegrenzten mit dem Ausgrenzenden herzustellen."[7] Just darum ist „in unserer Welt philosophisch, in der Erscheinung des Humors, dem Lachen eine Bedeutung zugefallen ..., durch die es gleichsam in den philosophischen Mittelpunkt der Welt selbst gerückt ... ist."[8] Im Lachen zeigt sich – auf diese Formel, denke ich, kann man das bringen – die Zugehörigkeit des Ausgeschlossenen.

Der Blick auf Formen, in denen die Zugehörigkeit von Ausgeschlossenem sich geltend macht, ist – sagte ich – über die Philosophie des Lachens hinaus von allgemeiner Bedeutung. Sie ist es deswegen, weil sie die Aufgabe der Philosophie, das Ganze zu denken, dort festhält, wo es – modern – Schwierigkeiten macht, dieses Ganze altmetaphysisch als jenen Kosmos, jene Schöpfung, jenes System zu begreifen, in deren – hierarchischer – Ordnung Jegliches seinen genau definierten Platz hat. Darum wird nun – neumetaphysisch – der Sinn für das Ganze festgehalten in der Verpflichtung der Philosophie, nichts auszulassen, nichts übersehen und das Unbemerkte merken zu wollen. Philosophieren besteht dann darin, Bornierungen abzubauen und Sichtgrenzen kollabieren zu lassen, um – in dieser jetzt fälligen Gestalt der Theorie – ungehindert sehen und sagen zu können: So ist es. In dieser Form also – als Sinn für die Zugehörigkeit des Ausgeschlossenen – bleibt die Philosophie der Sinn für das Ganze als Sinn für Ergänzungen; und ihre Vernunft ist – just so, wie das Lachen, das uns ja eben darum erleichtert – der Verzicht auf die Anstrengung, wegzusehen. Darum – weil dadurch der Sinn für das Ganze wachgehalten bleibt – ist dieses Geltendmachen der Zugehörigkeit des Ausgeschlossenen – das Joachim Ritter 1945 in seinem T. S. Eliot-Aufsatz *Dichtung und Gedanke*[9] erneut erörtert hat – zum Leitkonzept von Ritters weiterer Philosophie der modernen Welt geworden. – Das versuche ich anzudeuten zunächst im Abschnitt:

5 Ebd. S. 79.
6 Ebd. S. 80.
7 Ebd. S. 78.
8 Ebd. S. 84.
9 Ebd. S. 93–104.

3. Kompensation

Dieses Leitkonzept seiner Philosophie der modernen Welt hat Joachim Ritter nach 1945 – genauer gesagt, ab 1947 – in Münster ausgeführt: insbesondere in seinen Ästhetik-Vorlesungen und in anderen Vorlesungen, in denen er vor allem auch den historischen Sinn analysiert hat. Die Publikationen, in denen einschlägige Ergebnisse von ihm dargelegt wurden, sind vor allem die Aufsätze *Die Aufgabe der Geisteswissenschaften in der modernen Gesellschaft* und *Landschaft. Zur Funktion des Ästhetischen in der modernen Gesellschaft*: beide wurden zuerst 1963 publiziert und dann 1974 im Bändchen *Subjektivität* wieder abgedruckt.[10] Die These war dabei – abstrakt gesprochen – diese: in der modernen Welt etablieren die auf ‚Zukunft' bedachten Modernisierungen rationelle Wirklichkeiten, indem sie zugleich die Herkunftswirklichkeiten ausschließen; diese ausgeschlossenen Wirklichkeiten jedoch machen zugleich ihre Zugehörigkeit zur modernen Wirklichkeit in verschiedensten Formen geltend. Zur modernen Welt gehört also beides: Realitätsverluste *und* deren Kompensationen. Die moderne Welt ist geprägt also:

a) durch den Prozeß der Rationalisierung ihrer ‚Zukunft', der bejaht werden muß, weil er den Menschen unbestreitbare Lebensvorteile, also Menschlichkeiten, bringt. Gleichwohl: die exakte Naturwissenschaft verwandelt das Seiende in Objekte, die moderne Technik das Gegebene in funktionale Artefakte. Die „bürgerliche Gesellschaft" etabliert sich als „das System der Bedürfnisse",[11] in dem die Menschen Bedürfnis- und Arbeitswesen und die Dinge Waren und Bedürfnisbefriedigungen sind. Die abstrakten Rechtsordnungen der modernen Welt und ihre universalistische „Moralität"[12] realisieren die Gleichheit der Menschen. Dies alles – Rationalisierung, Versachlichung, Aufklärung, Universalisierung – kann aber nur dadurch gelingen, daß in der modernen Welt ihre ‚Zukunft' sich unabhängig macht von den geschichtlichen Traditionen der ‚Herkunft', die dabei – methodisch oder real – ausgeklammert oder ausgeschlossen werden: die moderne Welt etabliert ihre ‚Zukunft' grundsätzlich ‚geschichtslos'. Aber zu dieser modernen Welt gehört eben darum zugleich:

10 Ebd. S. 105–140 und 141–163.

11 Vgl. G. W. F. Hegel: Grundlinien der Philosophie des Rechts (Berlin 1821) §§ 182 ff., 189ff.

12 Ebd. §§ 105ff.

b) daß sich dieses Ausgeklammerte und Ausgeschlossene – kompensatorisch – in seiner Zugehörigkeit zur modernen Welt geltend macht: es kehrt – seinerseits modern – vielgestaltig wieder. Gerade weil die moderne Welt „geschichtslos"[13] wird, wird gerade modern das Geschichtliche zum großen Positivthema. Gerade weil modern die Wirklichkeit zum Objekt „entzaubert" wird, werden nun ihre faszinierenden Züge – ihre Schönheit – festgehalten durch die „ästhetische" Kunst, die dafür modern erst entsteht. Gerade weil in der technischen Welt alles zum Artefakt wird, entsteht – von der spezifisch modernen Entdeckung der ‚Landschaft' an – gerade in ihr der Sinn für die unberührte Natur. Gerade weil die modernen Versachlichungen die Menschen zu austauschbaren Funktionsträgern veräußerlichen, reüssiert gerade modern – gegenläufig – die Innerlichkeit: Subjektivität und Individualität. Gerade weil die modern rationalisierte Gesellschaft sich aus den geschichtlichen Herkunftstraditionen emanzipiert, entsteht – um die „Sittlichkeit",[14] um diese geschichtlichen Herkunftstraditionen festzuhalten – wiederum spezifisch modern der historische Sinn: die konservatorischen Aktivitäten, das Museum, die wissenschaftliche Erinnerung und historische Orientierung, also etwa die Geisteswissenschaften. Gerade weil die moderne Emanzipationskultur sogar die Geschichten wegwirft, erzwingt sie im Gegenzug die Ausbildung dieser Bewahrungskultur als – so Ritter – „Organ ihrer geistigen Kompensation."[15]

Das ist – so gewiß nur ganz grob skizziert – Joachim Ritters Kompensationstheorie der modernen Welt, und zwar so, wie ich sie verstehe. Diese Kompensationstheorie blieb oder wurde zunehmend aktuell. 1976 gab Hermann Lübbe in *Zukunft ohne Verheißung? Sozialer Wandel als Orientierungsproblem,* die von ihm dann mehrfach wiederholte Losung aus: „Kompensation ist das entscheidende Stichwort."[16] Im gleichen Jahr erschien mein Kompensationsartikel im Band 4 des *Historischen Wörterbuchs der Philosophie,* und ich überarbeitete den Kompensationsaufsatz

13 J. Ritter, a.a.O. [Anm.4] S. 130ff.

14 G. W. F. Hegel, a.a.O. [Anm. 11] §§ 142ff.

15 J. Ritter, a.a.O. [Anm. 4] S. 132.

16 H. Lübbe: Zukunft ohne Verheißung? Sozialer Wandel als Orientierungsproblem (Zürich 1976) S. 9. Vgl. ders.: Geschichtsbegriff und Geschichtsinteresse (Basel, Stuttgart 1977) S. 22 und 304 ff.

für den zweiten Band der *Theorie der Geschichte,*[17] in dem ich u.a. gezeigt habe: der Kompensationsgedanke kommt aus der Theodizee. 1985 habe ich in einem Vortrag *Über die Unvermeidlichkeit der Geisteswissenschaften*[18] vor der Westdeutschen Rektorenkonferenz an diese Kompensationstheorie energisch erinnert; ihre nicht unerhebliche positive Wirkung auf Politiker, Wirtschaftler und Wissenschaftsadministratoren wurde allerdings beeinträchtigt durch eine breite Kritik des sich progressiv verstehenden Flügels der Kulturwissenschaften an dieser Kompensationstheorie, so daß man sagen kann: Zur Zeit werden – bei denen, die über Budgets entscheiden – die Geisteswissenschaften unter Berufung auf Joachim Ritter, Hermann Lübbe, mich und andere gelobt, und es werden zugleich unter Berufung auf unsere Kritiker ihre Ressourcen gekürzt. Ob die Kritik dieser Kritiker an der Kompensationstheorie berechtigt ist, stehe dahin; der Zeitpunkt ihrer Äußerung war ganz sicher politisch schlecht gewählt.

Hier allerdings hat nur dieses zu interessieren: die Kompensationstheorie der modernen Welt ist derzeit zugleich aktuell und umstritten. Ich habe darum großes Verständnis für Versuche, Joachim Ritters eigene philosophische Position aus diesem aktuellen Streit herauszuhalten. So hat (um es holzschnittartig zu sagen) Henning Ritter – in seinem ebenso klugen wie liebenswürdigen Nachruf auf meine ersten sechzig Jahre[19] – den Spieß umzudrehen versucht: Die Ritter-Schule habe (bei ihrem durch Joachim Ritters ‚Hegelianismus durch Lebenserfahrung' nicht gedeckten Wettkampf, wer unter seinen Schülern den größten Bogen um Hegel zu machen in der Lage sei) Joachim Ritter den Kompensationsgedanken sozusagen aufgenötigt. An jener einzigen Stelle seines gedruckten Werkes, an der Joachim Ritter von Kompensation wirklich gesprochen hat, in seinem Geisteswissenschaftenaufsatz,[20] sei der Kompensationsbegriff – ich zitiere – „ein Marquard-Zitat". Die Anmerkung 41 dieses Aufsatzes, auf die sich Henning Ritter dabei bezieht, war für mich lebensgeschichtlich extrem bedeutsam: durch sie bin ich aus einem unzitierten zu einem zitierten Phi-

---

17 O. Marquard: Kompensation. Überlegungen zu einer Verlaufsfigur geschichtlicher Prozesse, in: K. G. Faber / Ch. Meier (Hg.): Historische Prozesse. Theorie der Geschichte, Bd. 2 (München 1978) S. 330–362; wieder abgedruckt in: O. Marquard: Aesthetica und Anaesthetica (Paderborn 1989) S. 64–81.

18 Abgedruckt u.a. in: O. Marquard: Apologie des Zufälligen (Stuttgart 1986) S. 98–116.

19 H. Ritter: Entwegt. Odo Marquard wird sechzig. Frankfurter Allgemeine Zeitung Nr. 48 vom 26. 2. 1988, S. 29.

20 J. Ritter, a.a.O. [Anm. 4] S. 131/132.

losophen geworden. Das freilich geschah durch Joachim Ritter aus reiner Fürsorglichkeit. Die Kompensationstheorie der modernen Welt aber ist bei Joachim Ritter nach 1947 unbestreitbar vorhanden: zunächst – vortürkisch-verfallstheoretisch[21] – mit eher kritischem Akzent, dann – nachtürkisch-entzweiungstheoretisch – positiv gemeint. Trotzdem: stärker als alle Kritik an der Kompensationstheorie hat mich dieser leise Einspruch durch Henning Ritter beeindruckt, der – wenn ich ihn richtig verstehe – nur die Bitte formuliert, noch einmal zu überdenken, ob denn wirklich die Kompensationstheorie das letzte und entscheidende Wort der Philosophie Joachim Ritters über die moderne Welt gewesen ist. Die Antwort auf diese Frage muß ehrlicherweise wohl lauten: nein. – Dies versuche ich nunmehr zu erläutern im abschließenden Abschnitt

4. Positivierte Entzweiung

Ich erinnere zunächst an den Gang meiner Überlegung. Wenn ich Joachim Ritters Philosophie der modernen Welt angemessen verstehe, verhält es sich mit ihr so: Ihr Leitkonzept ist der Gedanke der Zugehörigkeit des Ausgeschlossenen, wie er uns im Aufsatz *Über das Lachen* zuerst entgegentritt. Dieser Gedanke wird dann – spätestens nach dem Ende des Zweiten Weltkriegs – generalisiert zu einer Kompensationstheorie der modernen Welt. Diese aber ist nicht die letzte und jedenfalls nicht die entscheidende Aussage von Joachim Ritter über die moderne Welt; denn – das füge ich jetzt hinzu – diese entscheidende Aussage ist die Philosophie der positivierten Entzweiung.[22] Ich finde sie – was ihre Publikation betrifft – vor allem in zwei Texten, die 1969 in Joachim Ritters *Metaphysik und Politik* wieder abgedruckt worden sind: nämlich *Europäisierung als europäisches Problem* (1956) und *Hegel und die Französische Revolution* (1957),[23] die ich – und hier liegt natürlich ein gewisses philologisches Problem – deutlicher als nachtürkische Arbeiten Ritters empfinde als den

---

21 J. Ritter lehrte 1952–55 als Professor für Philosophie in Istanbul: ‚vortürkisch‘ bedeutet hier die Zeit davor, ‚nachtürkisch‘ die Zeit danach.

22 Zum Begriff der „Entzweiung“ vgl. G. W. F. Hegel: Differenz des Fichteschen und Schellingschen Systems der Philosophie. Sämtl. Werke, hg. von H. Glockner, Bd. 1 (Stuttgart 1958) S. 44ff.; Grundlinien der Philosophie des Rechts, a.a.O. [Anm. 11] § 184.

23 J. Ritter: Metaphysik und Politik. Studien zu Aristoteles und Hegel (Frankfurt a.M. 1969) S. 321–340 und 183–255.

Geisteswissenschaftenaufsatz und den Landschaftsaufsatz, die später erschienen sind. Es ist hier nicht meine Aufgabe, Joachim Ritters Hegel-Interpretation zu referieren, sondern die beiden entzweiungsphilosophischen Grundaussagen über die moderne Welt zu unterstreichen, die sie enthält, nämlich als These a: Die moderne Entzweiung von Zukunft und Herkunft entzweit Zusammengehöriges; und als These b: Die moderne Zusammengehörigkeit von Zukunft und Herkunft braucht die Entzweiung, um zu gelingen. Ich kann hier nur ganz kurz andeuten, was beide Thesen meinen.

a) Hegels Philosophie – betont Joachim Ritter – ist „bis in ihre innersten Antriebe hinein Philosophie der Revolution";[24] Hegel hat – trotz seiner Kritik der „terreur" – zeitlebens die „Notwendigkeit und das geschichtliche Recht"[25] der Französischen Revolution bejaht: sie steht in der modernen Welt für die Heraufkunft der emanzipatorischen ‚Zukunft'. Hegels Philosophie – betont Joachim Ritter – bleibt zugleich bis in ihre innersten Antriebe hinein Metaphysik: Für sie ist und bleibt gerade „die traditionelle metaphysische Theorie ... Erkenntnis der Zeit und Gegenwart".[26] Was in der modernen Welt durch einen Bruch ‚entzweit' ist, gehört also – im Blick auf diese moderne Welt – bei Hegel und für Joachim Ritter gerade zusammen: Revolution und Metaphysik, also – das repräsentieren Revolution und Metaphysik – die ‚Zukunft' der geschichtslosen Egalitätswelt und die geschichtliche ‚Herkunft' ihrer Traditionen. Die erste entscheidende These Joachim Ritters über die moderne Welt ist also: die These der Zusammengehörigkeit des durch die moderne ‚Entzweiung' Auseinandergetretenen, der Zusammengehörigkeit also von ‚Zukunft' und ‚Herkunft'. Eine Konsequenz dieser These ist: fehl am Platz ist – wo „die – Gegenwart ... in der Entzweiung" lebt[27] – die Zusammengehörigkeitsverweigerung, also ebenso der restaurative Progressionsmuffel, der den Fortschritt negiert und nur die Tradition haben will, wie der supramodernistische Traditionsmuffel, der die Tradition negiert und nur den Fortschritt haben will; denn: ebenso schlimm wie die zukunftslose Herkunft ist die herkunftslose Zukunft. Vielmehr gilt: Herkunft braucht Zukunft; Zukunft braucht Herkunft. Die weitere Konsequenz dieser These ist: In der modernen Welt ist es

24 Ebd. S. 192.
25 Ebd. S. 195.
26 Ebd. S. 189.
27 Ebd. S. 213.

die Aufgabe der ästhetischen Kunst, des historischen Sinns und der Geisteswissenschaften und schließlich der Philosophie, unter Diskontinuitätsbedingungen Kontinuitätserfahrungen zu machen und zu artikulieren. So bringen sie als zugehörig ins Spiel, was in der modernen Welt durch ihre ‚Entzweiung' ausgeschlossen scheint: die Zusammengehörigkeit des Auseinandergetretenen, also daß Zukunft und Herkunft zusammengehören.

b) Hegels Philosophie – betont Joachim Ritter – positiviert die ‚Entzweiung'. ‚Zukunft' und ‚Herkunft' – zusammengehörig – brauchen die Entzweiung, um erfolgreich zu existieren: die Entzweiung schützt sie davor, identisch gesetzt und gleichgeschaltet zu werden. So ist die moderne ‚Entzweiung' eine Art Gewaltenteilung: Sie bewahrt die ‚Zukunft' vor Alleinherrschaft der ‚Herkunft' und die ‚Herkunft' vor Alleinherrschaft der ‚Zukunft' und ermöglicht so beiden, sich in Eigenart zu verwirklichen und schützt uns davor, in die totale Gesellschaft oder in die totale Substanznostalgie aufgelöst zu werden. Dabei sind – so hat, wenn ich es richtig sehe, Joachim Ritter Hegel verstanden – vor allem die Philosophie und der Staat die Hüter der Entzweiung: Sie sind – die eine geistig, der andere politisch – die Mächte, die verhindern, daß die Zukunft die Herkunft oder die Herkunft die Zukunft negiert. Es geht – in dieser modernen Welt, in der wir leben – also nicht um Identität; vielmehr: wir müssen die Entzweiung von Herkunft und Zukunft ertragen (oder zugespitzt: wir müssen das Doppelleben – das Zweifachleben – als Zukunftsmenschen und Herkunftsmenschen lernen). So wird Joachim Ritters Philosophie der modernen Welt zur Nichtidentitätsphilosophie: zur Philosophie der positivierten Entzweiung. Die ‚Entzweiung' ist für sie das Problem, das zugleich die Lösung ist: ‚Entzweiung' ist das letzte Wort über die moderne Welt, ein positives Wort. Das ist weniger, als die Weltverbesserer fordern, es ist mehr, als die Kassandren fürchten: die moderne – die bürgerliche – Welt ist weder Paradies noch Inferno, sondern geschichtliche Wirklichkeit. Sie ist nicht der Himmel auf Erden und nicht die Hölle auf Erden, sondern die Erde auf Erden. Indem sie das – diesseits der Illusionen – sichtbar werden läßt, ist die Philosophie – die auch dadurch offiziell Geächtetes positiv geltend macht, d. h. offiziell Ausgeschlossenes hereinholt (‚einholt') – die nötigste aller Friedensbewegungen: die für den Frieden mit der eigenen

Wirklichkeit, der vorhandenen Vernunft, dem ,bürgerlichen Leben'[28] in der bürgerlichen Welt auch und gerade der Bundesrepublik. Diese Wende zur Bürgerlichkeit verabschiedet die großen Illusionen: die marxistisch-revolutionäre, der Joachim Ritter in den zwanziger und frühen dreißiger Jahren nahestand, und der traditionalistisch-verfallstheoretischen, mit der Joachim Ritter um 1945 herum vorübergehend sympathisierte, ehe seine Philosophie dann – nachtürkisch – wurde, was sie geblieben ist: die Entzweiungsphilosophie des ,bürgerlichen Lebens'. Mir ist eine Szene – wohl kurz vor 1960 – in Erinnerung. Als in seinem Arbeitszimmer der ,Lesekreis' des *Collegium Philosophicum* wie üblich vor Beginn der Arbeit plauderte, sagte Joachim Ritter plötzlich: „Wenn ich uns hier so sitzen sehe: mit uns hätte ich früher nicht verkehrt." Diese Bemerkung enthielt – mit Anspielung auf eine komplizierte Dimension – die Zustimmung zum Jetzt: zum ,bürgerlichen Leben', das ein Leben der positiv erfahrenen Entzweiung ist. Erlauben Sie mir, dabei aufmerksam zu machen auf den Umstand, daß der Ausdruck ,Entzweiung' jene Vielheitsvokabel ,zwei' enthält, die auch im Ausdruck ,Zweifel' steckt: das deutet den Grund an, aus dem ein Skeptiker – mit seinem Sinn für Gewaltenteilung – Anhänger der Philosophie der positivierten Entzweiung sein kann.

28 Vgl. J. Ritter: Das bürgerliche Leben. Zur aristotelischen Theorie des Glücks, in: a.a.O. [Anm. 23] S. 57–105.

Geisteswissenschaften und praktische Philosophie bei J. Ritter

Ante Pažanin

Zur selben Zeit, als Metaphysik und Politik für veraltet galten und für tot erklärt wurden, schrieb Joachim Ritter seine Studien über zwei große Denker dieser philosophischen Disziplinen – Aristoteles und Hegel. Sie sollten in vielerlei Hinsicht sowohl die Rehabilitation der praktischen Philosophie in den vergangenen drei Jahrzehnten als auch die gegenwärtige ‚Erneuerung' der Metaphysik in der europäischen Philosophie vorbereiten und mitgestalten. 1969 veröffentlichte Ritter diese Studien unter dem Titel *Metaphysik und Politik*. „Sie machen Altes aktuell, indem sie seine geschichtliche Gegenwart sichtbar machen. In ihrer Zuwendung zu Antike und Moderne, zu Herkunft und Zukunft, verhalten sie sich zur Herkunft nicht romantisch und zur Zukunft nicht euphorisch. Was die moderne Welt irreversibel und zustimmungsbedürftig ist [...] – das wird hier im Element der philosophischen Theorie deutlich, und diese Theorie ist gesättigt mit Anschauung und Erfahrung. Die Intensität seines Anschauens war stets auch in seinen Erzählungen gegenwärtig."[1]

An Ritters Vorlesungen über *Hegel und die Französische Revolution* denke ich noch heute mit Bewunderung zurück. Diese Vorlesungen wurden im Jahr 1956 und 1957 über Lautsprecher in anschließende Hörsäle übertragen, weil das Auditorium Maximum zu klein war, um alle Hörer aufzunehmen. Das lag wohl auch am Thema; aber der eigentliche Grund dafür war Ritters Kunst, auch die schwierigsten Fragen der Philosophie lebendig und offenbar zu machen, sei es mit großen Begriffssynthesen, sei es durch feine Analysen und präzise Beschreibungen, manchmal auch durch ein Beispiel und die erhabene Geste eines lebendigen Weisen. Die Leser werden einsehen, daß Ritters geschriebene Worte nicht so einfach und verständlich sind, wie es seine Vorlesungen waren, die er häufig mit einer bildhaften Geschichte zu vergegenwär-

1 H. Lübbe: Laudatio, in: Gedenkschrift Joachim Ritter (Münster 1978) S. 17f.

tigen und durch die Frage „Was geschieht hier?“ zu unterbrechen pflegte. Durch diese Frage führte Ritter seine Zuhörer in die Auslegung eines philosophischen Textes oder Problems ein, damit sie sähen, und nach der Analyse und der Begründung der Interpretation schloß er mit dem Satz „Das muß man sehen!“ Dieser Satz bedeutete keinen Zwang durch Autorität, sondern die Aufforderung, jeder möge es mit eigenen Augen sehen und mit eigenem Geist erleben, d.h. erfahren und einsehen. Ritter war „ein überzeugter und auch deshalb ein überzeugender Lehrer.“[2] Einen solchen Philosophielehrer sahen wir auch, als Ritter im Frühjahr 1957 vor den Zagreber Germanisten und Philosophen über *Aristoteles und die Vorsokratiker* sprach. Seine Hörer konnte er nicht nur überzeugen und für die Philosophie begeistern, er konnte ihnen auch helfen, in die Philosophie und ins Leben einzusteigen, mit eigener Vernunft das Wesentliche zu sehen und das schon historisch Bewährte als eigene geistige Tradition zu erleben.

Wenn O. Marquard das Philosophieren als den „dauerhaften Umgang [...] mit solchen Gedanken [...], die man auch in schweren Lebenslagen noch bemerkt und mit denen man es notfalls ein Leben lang aushalten kann“[3], beschreibt, so heißt dies auf Ritter angewandt: Philosophie ist die Erfahrung, die jeder als Lebenserfahrung allein macht und die er nach eigenem Merken in der geschichtlichen Welt entwickelt. In diesem Sinne ist das Merken wichtiger als das Ableiten.

So ist für Ritter prägend der Anteil am Wiederaufbau der Universität in Münster[4] sowie der an der Gründung der Universitäten Bochum, Konstanz

---

2 Ebd. S. 17.

3 O. Marquard: Abschied vom Prinzipiellen (Stuttgart 1984) S. 8f.

4 H. Lübbe, a.a.O. [Anm. 1] berichtet, daß sich das Philosophische Seminar der wiedereröffneten Universität Münster mangels eines anderen Raumes zunächst in Ritters Wohnung in der Sertürnerstraße befand. Benno von Wiese schreibt in seinen Erinnerungen über die Münsteraner Kollegen: „Einen jedoch muß ich besonders hervorheben, den mir gleichaltrigen Joachim Ritter, weil von seinem zu meinem Oberseminar ständige Querverbindungen bestanden. Es war ein Glücksfall, daß sich der Literaturhistoriker und der Philosoph für verwandte Fragen interessierten, sie aber in verschiedener Weise behandelten. Viele Schüler von Ritter waren auch die meinen und umgekehrt. Was uns verband, war das wissenschaftliche Interesse an dem Zusammenhang von Geschichte und Ästhetik. Ritters philosophische Kompetenz reichte von Aristoteles über Nicolaus Cusanus bis zu Hegel. [...] Im Gespräch war er beweglich, geistreich, voll paradoxaler Einfälle. Auch in seinem Seminar muß der nur äußerlich kleine Mann die Studenten zu Rede und Gegenrede ermuntert haben. Er brauchte das Dialogische ebenso wie ich. Daher fühlten sich die Studenten dort ebenso zu Hause wie bei mir. Ich habe mich immer ausgezeichnet mit ihm versanden, obgleich er zu einer privaten Abkapselung neigte und eine philosophisch-pädagogische, nicht aber eine

und Dortmund. Ferner ist seine Amtszeit als Rektor der Universität Münster (1963/64) und seine Mitgliedschaft in verschiedenen Institutionen wie z.B. dem Wissenschaftsrat zu nennen. Aus der Beschäftigung mit dieser Problematik ist die bekannte Studie *Die Aufgabe der Geisteswissenschaften in der modernen Gesellschaft* (1963) entstanden, von der hier ausgegangen werden soll. Seine philosophischen Einsichten und sein praktischer Geist kommen darin am besten zum Ausdruck: Die Geisteswissenschaften tragen zwar zur Befriedigung der unmittelbaren Lebensbedürfnisse nichts bei, beziehen sich aber auf die Bildung und führen ihr eigenes Leben in verschiedenen Formen und Stadien der Lehre; deshalb ist die Alternative Universität – Gesellschaft zu verwerfen und zu fragen, inwiefern die Geisteswissenschaften für die Gesellschaft unersetzlich sind.

1. Die Aufgabe der Geisteswissenschaften und der Universität in der modernen Gesellschaft

Vor dem Hintergrund des Massenstudiums und der „strukturellen Krise der Universität" analysiert Ritter die Grundprämissen der modernen Universität und betont, daß sie „in der großen, zweieinhalb Jahrtausende alten von Griechenland herkommenden Überlieferung der Philosophie" steht. Sie kann deshalb „als die Erneuerung der sie tragenden Idee einer freien Wissenschaft gelten." Die griechische Idee der „freien Wissenschaft" als „Theorie" oder „theoretische Wissenschaft" war bereits aus dem Zusammenhang der Praxis und der Künste losgelöst. Ritter weist dabei auf seine Abhandlung *Die Lehre vom Ursprung und Sinn der Theorie bei Aristoteles* hin, denn Aristoteles hat zuerst den Begriff der Theorie eingeführt, „um sie von den ihr vorgegebenen praktischen und im Dienst der ‚Künste' stehenden Wissenschaften zu unterscheiden. Während diese die Aufgabe haben, die Dinge für uns verfügbar und nutzbar zu machen, und so immer praktischen Zwecken untergeordnet sind, tragen die ‚theoretischen' Wissenschaften als ‚nicht notwendige' und daher ‚freie' Erkenntnis ihren Zweck in sich selbst. [...] Wo die Künste und ihre Wissenschaften das ‚Notwendige' besorgen, übernimmt daher die Theorie die Aufgabe, in freier erkennender Teilhabe das Seiende gegenwärtig zu halten."[5]

---

gesellige Natur war." (B. von Wiese: Ich erzähle mein Leben. Erinnerungen, Frankfurt a.M. 1982, S. 225). Vgl. auch J. Pieper: Noch nicht aller Tage abend. Autobiographische Aufzeichnungen 1945–1964 (München 1979) S. 28f.

5 J. Ritter: Die Aufgabe der Geisteswissenschaften in der modernen Gesellschaft, in: ders.: Subjektivität (Frankfurt a.M. 1974) S. 109f.

Unter „Theorie" und „theoretischer Wissenschaft" versteht Aristoteles also die Metaphysica generalis als Ontologie oder Wissenschaft vom Seienden als Seienden, ὂν ᾗ ὄν, ens qua ens. Theorie ist das Betrachten oder Anschauen des Seienden an sich und für sich, und nicht in den verschiedenen Formen seiner Anwendung und Nützlichkeit. In diesem Sinn fragt die Metaphysik nach dem Sein des Seienden als dem höchsten Seienden und wird damit zur Theologie.[6]

„Theorie" heißt ursprünglich und noch zur Zeit des Aristoteles „das Anschauen der zu Ehren der Götter gefeierten Spiele".[7] Bei Aristoteles, der an die alte griechische Tradition anknüpft, erhält der Begriff der Theorie einen legitimen Ort, weil Aristoteles mit dem Begriff der theoretischen Philosophie darlegt und verständlich macht, „was es heißt, daß mit der Philosophie und den mit ihr verbundenen Wissenschaften (Physik, Mathematik) zu den in der Polis vorgegebenen praktischen Wissenschaften in ihrer allen vertrauten Bestimmung eine ‚freie', ‚nicht notwendige' Wissenschaft hinzugetreten ist. Die ‚theoretische Wissenschaft' ist so für Aristoteles – und das gilt im gleichen Sinne für Platon – später als die Wissenschaften, die zur Praxis und ihren Künsten gehören."[8]

Aus dem letzten Satz ist ersichtlich, daß Ritter, mindestens vorläufig, die Praxis von der Poiesis nicht trennt, sondern ihr bald die Alltagsbedeutung der Praxis als technisch-pragmatischem Handeln, bald die breiteste Bedeutung des Geschehens in der Polis überhaupt beimißt, sogar auch die Bedeutung des Bewegens überhaupt. Ritter kennt natürlich Aristoteles' Unterscheidung der Praxis nicht nur von der Theorie, sondern ebenso von den Künsten und dem poietischen Erzeugen. Hier kommt es ihm nur auf den Unterschied an zwischen anwendbarem Wissen bzw. Wissenschaften, die um des Nutzens willen betrieben werden, und der Theorie, die keine Anwendung will und kein Diener ist, sondern nur als Wissen um des Wissens willen erworben wird. Dieser ursprüngliche Sinn der Theorie ist in der Moderne verlorengegangen, die alles Wissen, somit auch das Wissen der höchsten Theorie, unter dem Gesichtspunkt der Anwendung und des Gebrauchs betrachtet. Aber die Anwendbarkeit ist keine genügende Charakteristik zum Begreifen des Neuen der

6 Vgl. A. Pažanin: Vorwort zu: Aristoteles: Metaphysik (Zagreb 1985) und ders.: Suvremenost Aristotelove prve filozofije i misljenja misljenja [Die Gegenwärtigkeit der ersten Aristotelischen Philosophie und des Denkens des Denkens]. In: Filozofska istrazivanja (Zagreb 1986) Bd. 1, S. 161–175.

7 J. Ritter: Subjektivität, a.a.O. [Anm. 5] S. 110.

8 Ebd.

modernen Wissenschaft als apriorischer Theorie, die „die Praxis“ konstituiert. „Das Problem liegt vielmehr in der freien ‚theoretischen‘ Wissenschaft; sie bedarf als das ‚nicht dem Gebrauch Dienende‘ und so praktisch ‚Nutzlose‘ der Begründung. Sie wird von Platon und Aristoteles gegeben: die theoretische Wissenschaft gehört zur Polis, um für sie die Zusammenhänge der Welt offen zu halten, in denen sie mit ihrer Praxis an sich und ‚immer schon‘ steht, ohne sie jedoch, auf praktische Zwecke und Aufgaben eingeschränkt, ihre Welt begreifen und gegenwärtig haben zu können. *Die theoretische Wissenschaft tritt so zur praktischen hinzu, um das begreifend zu ‚erinnern‘, was diese notwendig auslassen und ‚vergessen‘ muß.* So gehört für Aristoteles die ‚freie‘, ‚nicht notwendige‘ Theorie positiv zur Praxis der Polis und zu den Wissenschaften, die ihre Künste tragen. Sie übernimmt in ihrem Zusammenhang die Funktion, den in ihr an sich vorausgesetzten und implizierten Weltbezug ausdrücklich zum Gegenstand zu machen; sie ist seine Aktualisierung.“[9]

Ritter zeigt dann, daß „dieses Verhältnis von Theorie und Praxis zugleich von Anbeginn die Spannung in sich trägt, daß die theoretische Wissenschaft als Philosophie ‚Theorie über das Sein‘, ‚einzige Erhebung zur Anschauung des Ganzen‘ oder (wie Aristoteles auch sagt) ‚Wissenschaft ist, die vom Göttlichen handelt‘“. „Diese Spannung wird bei Aristoteles noch in der Einheit der Polis ausgeglichen, sofern sie für ihn der Ort ist, in dem allein das Menschsein des Menschen Wirklichkeit hat, so daß es kein Leben im Göttlichen und in der Seinsordnung geben kann, das nicht zugleich in das ‚bürgerliche Leben‘ der Polis eingelassen ist.“[10] Mit dem Christentum wird dann „die ‚Theorie‘[...] in das religiöse Verhältnis des Menschen hineingenommen“ und aus ihrer *„ursprünglichen Zugehörigkeit zur Praxis und ihrer Künste gelöst.“* ‚Theorie‘ wird mit ‚contemplatio‘ übersetzt und kann „bereits früh in das Feld der inneren, mystischen Gottesschau abwandern [...], während der ihn ersetzende Begriff der ‚cognitio speculativa‘ ausschließlich auf die Philosophie bezogen bleibt, sofern sie als ‚freie, nicht notwendige, sondern göttliche Wissenschaft sich um das Göttliche sammelt‘ (Thomas von Aquin).“ Daraus schließt Ritter: „Der Begriff der Spekulation hat so bis heute und ohne daß der Zusammenhang mit der aristotelischen ‚Theorie‘ überhaupt noch bewußt wird, die Funktion behalten, die philosophische Erkenntniswei-

9 Ebd. S. 110f.
10 Ebd. S. 111.

se im positiven wie im negativen Sinne von den Einzelwissenschaften zu unterscheiden".[11]

Diese philosophische Erkenntnisweise und die Rolle, die die Theorie in ihrer philosophischen Bedeutung seit jeher hatte, sehen die Vertreter der Einzelwissenschaften und der modernen Wissenschaft überhaupt nicht ein, und deshalb sehen sie auch nicht in den Fragen des Verhältnisses zwischen der Universität und der Gesellschaft sowie in der Strukturierung der Universität die eigenartige Funktion und besondere Bedeutung der ‚philosophischen' Theorie für die moderne Gesellschaft selbst und für das Leben darin als eben menschliches Leben. Ritter begründet das mit folgenden Worten: „Der Grund hierfür liegt zuerst in der Wissenschaft selbst: sie hat sich als *‚moderne' Wissenschaft geschichtlich und sachlich in der Emanzipation aus dem Zusammenhang der philosophischen Theorie konstituiert.* Sie ist ihr gegenüber ‚autonom' in der Bestimmung geworden, daß für sie nur Aussagen zugelassen sind, die aus den ihrer Methode zugrunde gelegten Prinzipien mittelbar oder unmittelbar begründet werden können, gleichgültig, was das von ihnen Ausgesagte sonst etwa im metaphysischen und theologischen Zusammenhang sein mag."[12] Diese im Grunde positivistische Weise der ‚Begründung' der modernen Wissenschaft ist charakteristisch für die ganze neuzeitliche Entwicklung, insbesondere für die Wissenschaft vom Fortschritt im 18. Jahrhundert (Fontenelle, Turgot, Condorcet u.a.), aber auch für alle Richtungen der Philosophie und Wissenschaft, die sich „von ihren eigenen geschichtlichen, theologischen und metaphysischen Voraussetzungen" abheben, ginge es um die *‚Revolution der Denkart'*, wie bei Kant, oder um die *„‚grundlegende Revolution, die das Mannesalter unseres Geistes kennzeichnet'"* (Comte): „So wenig Kants transzendentale und Comtes positive Philosophie sonst miteinander gemein haben, sie gehen beide davon aus, daß die moderne Wissenschaft ihre Sicherheit und Sonderstellung nur erlangen konnte, weil sie darauf verzichtete, ‚in das Geheimnis des Hervorgangs der Erscheinungen einzudringen', und sich damit von der Tradition der Metaphysik und philosophischen Theorie und so von ihrer eigenen Herkunft unabhängig machte."[13]

Wenn sich die so reduzierte moderne Wissenschaft und „positive Philosophie" in ihrer „Veränderung und Vervollkommnung" verbreitet und angewandt wird auf die geschichtliche, moralische und politische Welt des Menschen, erscheint die Allmacht der Technik und die absolute Gefährdung des

11 Ebd. S. 112.
12 Ebd. S. 112f.
13 Ebd. S. 113f.

menschlichen Seins. Ritter erkennt zwar einen Fortschritt darin, daß die moderne Wissenschaft und Technik ihre Unabhängigkeit von metaphysischen Fragen erlangt haben, aber er lehnt die „kritische Destruktion der klassischen Philosophietradition“ ab, denn „zu ihr gehört die Überzeugung, daß mit der durch die moderne positive Wissenschaft endgültig ermöglichten und verbürgten Herrschaft des Menschen über die Natur sowohl die Metaphysik wie die Theologie jede Bedeutung verlieren; sie sollen da, wo die Gesellschaft zum Sein des Menschen wird, gegenstandslos werden.“[14] Ritter meint mit Recht, daß diese Alternative falsch ist. Denn wenn sich die Einzelwissenschaften heute der Philosophie und Metaphysik nicht unterordnen können, so können sie ebensowenig deren Funktion und Bedeutung übernehmen. Am Beispiel der Universität und der Ausbildung sieht man heute am besten, weshalb die Aufgabe und Rolle der ehemaligen philosophischen ‚Theorie‘ auf die positiven Wissenschaften nicht übertragen werden kann, nämlich deshalb, weil sie schon nach ihrem methodischen Grundsatz die Ausbildungsaufgabe nicht erfüllen können. Auch die Philosophie kann nicht allein diese Aufgabe erfüllen. Deshalb schließt Ritter: „Dafür sind ihr die *Geisteswissenschaften* hilfreich geworden, sofern sie weder der Philosophie noch der gesellschaftlichen Praxis zugeordnet werden können. Es liegt daher nahe, auch in der Auseinandersetzung um das Verhältnis von Universität und Gesellschaft sich an ihnen und an dem zu orientieren, was sie für die Gesellschaft sind und bedeuten.“[15]

Was aber sind die Geisteswissenschaften und welche Bedeutung haben sie für die moderne Gesellschaft? Obwohl sie sich erst nach den Naturwissenschaften entwickelt haben, kann zurecht behauptet werden, daß das 19. Jahrhundert, in dem sie sich „ihren Ort an den Universitäten erobert“[16] haben, nicht nur das Zeitalter der Naturwissenschaften, sondern auch das der Geisteswissenschaften ist. Ritter stellt diese Behauptung in den Zusammenhang der geschichtlichen Entwicklung und der Wirklichkeit der Gesellschaft, die gleichzeitig „einerseits die Wissenschaft zur Substanz und Basis ihrer Praxis im fortschreitenden Prozeß ihrer Verwissenschaftlichung macht, andererseits in den Geisteswissenschaften eine Klasse von Wissenschaften hervorbringt, die im Verhältnis zur geschichtlichen und geistigen Welt des Menschen die Aufgabe der ‚Theorie‘ übernehmen und so zur Basis einer Bildung werden, die nicht auf die Praxis abzielt und so auch nicht aus ihren Zweckanforderungen

14 Ebd. S. 114f.
15 Ebd. S. 119.
16 Ebd. S. 124.

begründet werden kann."[17] Aus welchen und wessen Zwecken und Forderungen kann aber die Ausbildung in der modernen Gesellschaft begründet werden, wenn nicht aus Zwecken und Forderungen der wissenschaftlich-technischen Praxis dieser Gesellschaft?

Um diese Frage zu beantworten, muß untersucht werden, was es heißt, daß die moderne Industriegesellschaft selbst Bedürfnisse schafft, die durch die positiven Wissenschaften und die wissenschaftlich-technische Praxis nicht befriedigt werden können, so daß sie selbst danach „verlangt, daß die geschichtlich-geistige Welt des Menschen in der Methode der Geisteswissenschaften und damit in der Form einer theoretischen, nicht in die Praxis umsetzbaren Wissenschaft gegenwärtig gehalten wird."[18] Mit den Geisteswissenschaften wird die Rolle offensichtlich, die die theoretischen Wissenschaften in der modernen Gesellschaft spielen, oder genauer: „welche Funktion hier die Wissenschaft in der Bestimmung der Theorie erfüllt."[19] Denn die Geisteswissenschaften sind „in dem strengen und genauen Begriff ‚moderne' Wissenschaften", weil sie „in ihrer Fragestellung wie in ihrer Methode unabhängig vom Austrag theologischer und metaphysischer Fragen als forschende Wissenschaften keine Begründung zulassen, die nicht durch sie selbst erbracht wird."[20] Daher sind die Geisteswissenschaften nicht, wie es auf den ersten Blick scheint und Ritter unterstellt wurde, „als Inkorporation der spekulativen philosophischen Theorie und ihrer Tradition von Griechenland her zu verstehen."[21] Die Geisteswissenschaften haben „nicht weniger grundsätzlich ihre Unabhängigkeit und Andersartigkeit gegenüber der Metaphysik behauptet" als die Naturwissenschaften, und in diesem Sinn sind auch sie moderne Wissenschaften.[22] Aber „während die Naturwissenschaften das Schicksal haben, daß man in der Frage nach ihrer gesellschaftlichen Funktion bei ihrer praktischen Anwendbarkeit stehen bleiben kann (gleichgültig, ob man damit der ihnen selber zugehörigen Bestimmung gerecht wird oder nicht), ist dies bei den Geisteswissenschaften nicht möglich. Sie sind die Wissenschaften, die im Horizont der uns überhaupt zugänglichen geschichtlichen Zeit die Geschichte selbst, Sprache, Kunst, Dichtung, Philosophie, die Religionen, aber ebenso auch Dokumentationen persönlichen Lebens in historischer und hermeneutischer Methode zum Gegenstand haben und vergegenwärtigen. Es

17 Ebd. S. 125.
18 Ebd.
19 Ebd.
20 Ebd. S. 125f.
21 Ebd. S. 125.
22 Ebd. S. 126.

liegt so zutage, daß sie sich per definitionem der praktischen Anwendbarkeit und Verwertbarkeit widersetzen. Das, was sie erkennen, und auch ihr Erkennen selbst sind nicht praktikabel. Das gilt in gleicher Weise für die Bildung, die sie vermitteln. Ihre Lehre ist überhaupt nur sinnvoll zu begründen, wenn die erkennende Teilhabe an dem, was sie je in den bestimmten Bereichen ihrer Disziplinen zugänglich machen, ihren Zweck in sich selbst trägt."[23]

Wie wir sehen, sind die Geisteswissenschaften „theoretische Wissenschaften", und sie behalten in dieser Hinsicht wesentliche Merkmale der traditionellen philosophischen Theorie bei. Sie sind „freie" Wissenschaften, denn sie konstituieren sich in der „kritischen historischen und hermeneutischen Methode". Sie sind ferner „nicht notwendig", wie auch die traditionelle philosophische Theorie, weil sie für die technisch-wissenschaftliche Praxis nicht notwendig und überhaupt nicht anwendbar, d.h. „praktikabel" sind. Doch sind sie wie die Naturwissenschaften auf dem Boden der modernen Industriegesellschaft entstanden, und sie haben wie sie in dieser ihren Ort, sind also keine „Relikte und Überbleibsel aus der vorindustriellen Welt."[24] Sie befassen sich zwar mit der Geschichte, aber „Historie ist bei ihnen immer die den Zusammenhang des eigenen Seins wahrende Mnemosyne, das Erinnern, in dem gegenwärtig bleibt, was zur Gegenwart als ihre eigene Größe und ihr eigenes Geschick gehört."[25]

Man wird vielleicht fragen: Was ist das für eine „Historie", die erhält und damit „den Zusammenhang des eigenen Seins" wahrt, was ist das für ein Erinnern, „in dem gegenwärtig bleibt, was zur Gegenwart als ihre eigene Größe und ihr eigenes Geschick gehört?" Worum geht es eigentlich hier? Dazu verweist Ritter darauf, daß noch im 18. Jahrhundert romanische und gotische Kirchen umgebaut wurden, da es noch keinen entwickelten Sinn für das „Historische" gab, man vielmehr alles in das „lebendige Gegenwärtige" umformen wollte. Dank der Entwicklung der Geisteswissenschaften, die ihren Gegenstand geschichtlich, d.h. im Horizont der Geschichte des gewissen Gegenstands und als „Geschichtliches" auffassen, tritt der moderne „historische Sinn" aus „solcher unmittelbar zum geschichtlichen Dasein gehörigen Einheit von Geschichte und Historie" heraus und bildet demgegenüber „die so nur im Zusammenhang der modernen Gesellschaft und Zivilisation gegebene Ausnahme."[26] Das bedeutet, daß der moderne Sinn selbst nur aus dem System der

23 Ebd. S. 120.
24 Ebd. S. 120f.
25 Ebd. S. 127.
26 Ebd. S. 128.

Wissenschaften verstanden werden kann, das der modernen Gesellschaft entspricht.

Wir haben gesehen, daß zu diesem System nicht nur die Naturwissenschaften, sondern auch die sich durch Methode und Gegenstand von ihnen unterscheidenden Geisteswissenschaften gehören. Nun fügt Ritter hinzu, daß die Geisteswissenschaften „ihrerseits in einer durch keine Maßstäbe und Wertsetzungen der Gegenwart begrenzten Öffnung des Zeithorizontes zum Organ einer wissenschaftlichen Erschließung, Vergegenwärtigung und Bewahrung werden, die gegen die Unterschiede des Eigenen und Fremden indifferent und unabhängig von vorgegebenen Normen grundsätzlich universal sind."[27]

Gäbe es die Geisteswissenschaften und den durch sie entwickelten historischen Sinn nicht, wären die Denkmäler der Vergangenheit für den modernen Menschen bloße Mauern und Felsen. Das sind sie weder für die Wissenschaftler, die sich mit ihnen befassen, noch für all jene, die sich in der modernen Welt ihnen zuwenden, und zwar nicht aus Muße und Zerstreuung, um danach wieder arbeiten und erzeugen zu können, sondern als eigenartiges Erleben und Erfahren des Geistes, der seinen Zweck in sich selbst trägt.[28] „Doch wird man, was hier geschieht, in seinem Grunde und in seiner Positivität nicht verstehen, solange man an der Feststellung genug hat, daß im Zeitalter der industriellen Gesellschaft neben den Naturwissenschaften aus nicht weiter zu erhellenden, in der Tiefe des Gemüts und des Geistes verborgenen Gründen auch der historische Sinn aufkomme."[29]

Wenn die Gründe dafür den Naturwissenschaften unzugänglich sind, müssen sie aber nicht den Geisteswissenschaften und deren historisch-hermeneutischer Methode als Phänomenologie des wirklichen Geschehens verborgen bleiben. Ritter schließt: „Der wirkliche Vorgang wird erst faßbar, wenn man davon ausgeht, daß die *Ausbildung der Wissenschaften von der Geschichte und der geschichtlichen, geistigen Welt des Menschen zu dem realen Prozeß gehört, in dem sich die moderne Gesellschaft in Europa, jetzt überall auf der Erde in der Emanzipation aus den ihr vorgegebenen geschichtlichen Her-*

27 Ebd.

28 Nur dadurch kann auch das bei uns erwachte Interesse für historische Sehenswürdigkeiten erklärt werden, nicht nur für neue Museumsräume und Galerien, sondern vor allem für die Neubesinnung auf das Alte, wie beispielsweise den Platz der Republik in Zagreb; denn es geht um die Erhaltung des historischen Sinns und nicht um seine Umgestaltung und Modernisierung.

29 J. Ritter: Subjektivität, a.a.O. [Anm. 5] S. 128.

kunftswelten konstituiert.“[30] Denn wo die moderne Gesellschaft „im Prozeß der Modernisierung zur Welt des Menschen wird“, bringt sie „in einer Umwälzung, die das innere wie äußere Sein des Menschen ergreift, geschichtlich Gewordenes, in langer Zeit stabile und für ‚ewig‘ genommene rechtliche, ethische, religiös sanktionierte Ordnungen und Gliederungen des öffentlichen wie des häuslichen Lebens in Fluß; sie setzt sie außer sich.“[31] Damit kommt Ritter zum größten und schwierigsten Problem der modernen Welt. Es ist die Frage der „Entzweiung“ von Vergangenheit und Gegenwart und die Frage nach der Möglichkeit ihrer Versöhnung und Vereinigung. Davon ist besonders in den abschließenden Beiträgen von *Metaphysik und Politik* die Rede. Anstatt daß sich nämlich die moderne Gesellschaft, die sich über die ganze Welt verbreitet, der Einseitigkeit des abstrakten und geschichtslosen wissenschaftlich-technischen Produzierens und Lebens überläßt, erscheinen die Geisteswissenschaften, die als Wissenschaften eben dieser modernen Gesellschaft die allgemeine Funktion übernehmen, „im Verhältnis zu der abstrakten Wirklichkeit der Gesellschaft – Organ ihrer geistigen Kompensation“ zu werden. „Was der menschliche Geist im Gange seiner Geschichte gebildet und geschaffen hat, rufen sie als die Summe der Erfahrungen, die der Mensch mit sich und der Welt gemacht hat, für die Gesellschaft in ihre Zeit zurück, dem realen Prozeß entgegen, in dem diese Gesellschaft, um den Menschen zum Menschsein zu befreien, als die Macht der Entzweiung in die geschichtliche Welt einbricht, sie umwälzt und von sich abtrennt. *So kann man sagen, daß die Gesellschaft selbst die Geisteswissenschaft als das Organ hervorbringt, daß ihre Abstraktheit und Geschichtslosigkeit ausgleichen kann.* Dem entspricht die dialektische Einheit realen Entfernens und geistigen Einholens. Sie wird für die Geisteswissenschaft konstitutiv.“[32]

Ritters Verdienst besteht also darin, in der Blütezeit der Modernisierung der Welt gezeigt zu haben, daß der Lebenssinn für die Geschichte als „Summe der Erfahrungen, die der Mensch mit sich und der Welt gemacht hat“,[33] weder den technischen und Naturwissenschaften, noch dem Irrationalismus und Pragmatismus des Alltags überlassen werden darf, sondern auf ihnen angemessene Weise durch die Geisteswissenschaften untersucht, erklärt und verstanden werden muß. Wenn heute von zwei Arten der Vernünftigkeit und von

30 Ebd. S. 128f.
31 Ebd. S. 129.
32 Ebd. S. 132.
33 Ebd.

zwei Kulturen als von etwas Selbstverständlichem gesprochen wird,[34] dann ist das wahrhaft unmöglich zu verstehen ohne Ritters Bemühungen um die Entwicklung der Geisteswissenschaften und die Rehabilitation der ihren Spuren gefolgten praktischen Philosophie in den sechziger und siebziger Jahren unseres Jahrhunderts. Daß es sich bei diesen Bemühungen auch dann, wenn er sie Organ der geistigen Kompensation der abstrakten technisch-wissenschaftlichen Wirklichkeit der modernen Gesellschaft nennt, nicht um ‚Sonntagsreden' des Geistes handelt, sagt Ritter selbst, wenn er betont, daß sich die Geisteswissenschaften zur Gesellschaft nicht „wie der Feiertag zum Werktag des Lebens" verhalten. Nach ihm können die Geisteswissenschaften allerdings „ihrer gesellschaftlichen Aufgabe überhaupt nur in der Distanz zur Praxis" gerecht werden, als technisch-wissenschaftliche Produktion, aber sie dürfen sich nicht wie traditionelle philosophische Theorien in esoterischen Sphären des Geistes verschließen, denn bei den Geisteswissenschaften geht es darum, „was sie als ‚Theorie' unmittelbar für die Gesellschaft und nicht in einem ausgesonderten esoterischen Raume des Geistes leisten".[35]

Hier zeigt sich auch die enge Verbindung der Geisteswissenschaften mit der praktischen Philosophie des Aristoteles und deren demokratischen und nicht elitären oder esoterischen Orientierung.[36] Um das aber richtig zu verstehen, muß man sehen, in welchem Sinne die Geisteswissenschaften „wesentlich und grundsätzlich von dem abweichen, wie Aristoteles das Verhältnis von Theorie und Praxis begründet hatte."[37]

Nur die Theorie und zwar ihre höchste Form, die Weisheit (sophia), gehört bekanntlich bei Aristoteles dem „ausgesonderten esoterischen Raume des Geistes", d.h. dem Denken des Denkens als dem „Göttlichen" im Menschen an. Insofern entfernt sich Ritters Auffassung der Geisteswissenschaften als „Theorie" von der Bestimmung der Theorie bei Aristoteles und nähert sich und stimmt größtenteils überein mit dem, was Aristoteles Praxis als ethisch-politisches Handeln nennt, das bei Ritter allerdings mit der einheitlichen philosophischen Theorie im Sinne Platons und noch mehr im Sinne Hegels vermengt ist. Hier ist darauf hinzuweisen, daß Ritter, wie erwähnt, unter Praxis die moderne wissenschaftlich-technische Praxis versteht, die auf den moder-

34 Vgl. E. Vollrath: Dvije kulture (Zwei Kulturen), in: Politicka misao (Zagreb 1985) 3, S. 19–28.

35 J. Ritter: Subjektivität, a.a.O. [Anm. 5] S. 134.

36 Vgl. A. Pažanin: Politika i demokracija u doba tehnike [Politik und Demokratie im technischen Zeitalter], in: Politicka misao (Zagreb 1985) S. 7–18.

37 J. Ritter: Subjektivität, a.a.O. [Anm. 5] S. 134.

nen Naturwissenschaften beruht, und nicht die ethisch-politische Praxis der praktischen Philosophie des Aristoteles. Nur unter dieser Voraussetzung ist Ritters Gedanke richtig und klar, daß die Geisteswissenschaften sich von der Aristotelischen Begründung des „Verhältnisses von Theorie und Praxis" entfernen. Ritters „Theorie" der Geisteswissenschaften umfaßt die Problematik der theoretischen *und* praktischen Philosophie, insofern diese wie bei Aristoteles das Leben untersuchen, das in sich seinen Zweck hat, sei es als das Wissen um des Wissens willen, sei es als das Wissen um des Handelns und Erreichens des höchsten menschlichen Gutes willen. Demgegenüber entspricht die Praxis, von der Ritter spricht, mehr dem Aristotelischen Begriff der Erzeugung oder Herstellung (poiesis), die durch Können, Merken und Erfahren erzielt wird. Dieser Begriff der Praxis muß freilich wiederum von der „Praxis" unterschieden werden, die in der modernen Zeit durch die „theoretische" Wissenschaft der Neuzeit ausgeübt wird, die im Unterschied zur antiken Erzeugung (poiesis) der Praxis vorhergeht und sie ermöglicht.

Ritters Entgegensetzung von Theorie und Praxis ist in den weiteren Ausführungen daher nur unter der Voraussetzung verständlich, daß die Ausdrücke „Praxis" und „das Praktische" als das begriffen werden, was Aristoteles unter „Poiesis" versteht, d.h. das materiell-erzeugende Leben, das seinen Zweck nicht in sich, sondern in den Werken und Dingen außerhalb der Produktion hat. Nur so besteht die Schlußfolgerung zurecht, daß die Aristotelische „Begründung der philosophischen Theorie" ausgeht „von *einem* die praktischen und theoretischen Wissenschaften umgreifenden und aus den gleichen Elementen des Auffassens gebildeten Wissenschaftsbegriff."[38] Diese Elemente des Auffassens sind offensichtlich Kategorien der theoretischen Wissenschaften und nicht der praktischen Philosophie, denn diese kann nicht in den Kategorien einer einheitlichen Wissenschaft, am wenigsten in den Kategorien einer einheitlichen Ontologie begriffen werden, da sie ein eigenes Verständnis des praktischen Lebens verlangt: das der Klugheit und Vernünftigkeit, das überzeugt und durch eigene Überzeugungskraft zum ethisch-politischen Handeln befähigt. Die Klugheit (phronesis) unterscheidet sich, wie das das 6. Buch der *Nikomachischen Ethik* von Aristoteles am besten zeigt, grundsätzlich von der Kunst (techne) sowie von der Wissenschaft (episteme) und der Weisheit (sophia), weswegen sie Aristoteles als verschiedene Weisen der Wahrheitsfindung auch streng unterschieden hat. Dabei ist hervorzuheben, daß von allen dianoetischen Tugenden nur die Klugheit an der Konstituierung der ethisch-politischen Praxis teilnimmt.

38 Ebd. S. 135.

Der Begriff der Praxis kann aber auch eine breitere Bedeutung haben. Aristoteles spricht in seiner *Politik* sogar von einer Praxis, die nicht nur die spezifisch menschliche, ethisch-politische Praxis meint, sondern alle Betätigung in der Wirklichkeit, also auch das technische Verfertigen und die höchste Praxis, das Denken des Denkens.[39] Demnach ist die Theorie die höchste Form der Praxis; denn sie ist sich selbst Zweck, so daß die Menschen, wenn sie Götter wären, nichts anderes bräuchten. Diesen Primat der Theorie als des Denkens des Denkens, die Aristoteles ausführlich begründet hat,[40] bezeugt die Gegenwart und Seligkeit des göttlichen Denkens im Menschen.

Da aber der Mensch weder Gott noch Tier ist, bestimmt Aristoteles ihn als politisches Lebewesen. Wie das Leben des Menschen in der Polis aber nicht auf die Befriedigung der notwendigsten Bedürfnisse reduziert ist, so lehnt Aristoteles auch das Göttliche im Menschen nicht ab, sondern gibt ihm den Vorrang als jenem, das in uns als höchste Fähigkeit und bestes Leben erscheint; und seine Verwirklichung ist die Erreichung des höchsten Gutes überhaupt.[41] Deshalb bezeichnet er diese Lebensweise nicht als menschliches, sondern als göttliches Leben. Damit ist aber nichts gegen die Eigenart der praktischen Philosophie gesagt, denn diese bestimmt die beste Lebensweise und das höchste Gut nicht aus dem Horizont des göttlichen Denkens des Denkens und des Wissens um des Wissens willen, sondern aus dem Horizont des menschlichen ethisch-politischen. Im Einklang damit bestimmt sie das höchste Gut als menschliches und nicht als göttliches Gut. Die Polis zeigt sich als selbstgenügsame und vollkommene Gemeinschaft der freien und gleichen Menschen, d.h. als Ort der Verwirklichung des höchsten Gutes als eines menschlichen Gutes. Diese Scheidung des Göttlichen und Menschlichen, der Theorie und Praxis, der Sophia und Phronesis als zweier wesentlich unterschiedener Arten von Lebensweisen und d.h. auch zweier wesentlich verschiedener Formen zur Erreichung des höchsten Gutes, kennzeichnet die Philosophie des Aristoteles und unterscheidet sie als solche von allen anderen Philosophien, insbesondere von jedem Platonismus.

Dieser Exkurs über die praktische Philosophie des Aristoteles war notwendig, um Ritters Interpretation besser zu verstehen. Im Anschluß an den Satz über die Aristotelische Begründung der philosophischen Theorie als einer einheitlichen „praktischen und theoretischen Wissenschaft" lesen wir nämlich bei Ritter: „Das Seiende, das die praktischen Künste – es nutzend – vor Augen

39 Aristoteles: Politik VII. 1325 b 14ff.

40 Aristoteles: Metaphysik I und XII; De anima.

41 Aristoteles: Nikomachische Ethik X, 7. 1177 a 13ff.

haben, ist das gleiche Seiende, das die theoretische Wissenschaft als es selbst begreift."[42] Ritter hat also dabei selbst die Einheit von „theoretischer Wissenschaft" und „praktischen Künsten" und nicht die Einheit von Theorie und ethisch-politischer Praxis im Blick. Seine Gedanken über die Einheit von Theorie und Praxis bei Aristoteles wurden also aus der *Metaphysik* und aus *Über die Seele* entwickelt, denn dort erscheint die Wissenschaft als „von der Einheit einer dem Menschen in den ihm von Natur gegebenen Möglichkeiten des Wahrnehmens und Erfahrens zugänglichen Weltnatur umgriffen."[43]

Was die Sachen in ihren Ursachen und Ursprüngen sind, ist nach antiker Auffassung schon immer gegenwärtig und „gewußt in der praktischen Einsicht der Handwerke und Künste", so daß die „theoretischen Wissenschaften" hinzutreten, um „das in den Künsten vor ihnen bereits Begriffene" als „es selbst" und „an sich" zum Gegenstand zu machen" und das so gewonnene Seiende „von der Notwendigkeit und den Bedürfnissen des Lebens zu lösen." Ritter hebt hervor, daß sich das Verhältnis von Theorie und Praxis in der modernen Gesellschaft in seinem Grunde gewandelt hat. Die Praxis der modernen Gesellschaft wird nicht mehr durch die Künste wie ein überliefertes Wissen und eine Erfahrung ausgeübt, sondern durch die Naturwissenschaften. Deshalb „tritt" heute „die Praxis und damit die Gesellschaft als solche zu einer Natur in Beziehung, die allein in der Vermittlung der Wissenschaft zugänglich ist und prinzipiell dem unmittelbaren, nicht in ihre Methoden eingeformten Wahrnehmen und Erfahren des Menschen verschlossen bleibt."[44] Diese Natur der modernen Naturwissenschaften wird zum Objekt der gesellschaftlichen Praxis. Und diese Praxis geht der Wissenschaft nicht voraus, sie folgt ihr. Ritter betont zurecht, daß der moderne Mensch, zum ersten Mal in der Geschichte auch in den elementaren Lebensgebieten auf die Wissenschaft angewiesen ist. „*Damit hat sich mit der modernen Gesellschaft das im klassischen Theoriebegriff vorausgesetzte Verhältnis von Praxis und Wissenschaft umgekehrt.* Nicht die Praxis gibt in der Einheit mit der Erfahrung des Daseins der theoretischen Wissenschaft den Welthorizont vor, sondern die Erschließung einer Wirklichkeit, die der unmittelbaren Erfahrung des Daseins überhaupt unzugänglich ist, durch die Wissenschaft ist die Bedingung dafür, daß die moderne gesellschaftliche Praxis allererst möglich wird."[45] An der Wandlung der Zuordnung von Theorie und Praxis zeigt Ritter, daß das Verhältnis der

---

42 J. Ritter: Subjektivität, a.a.O. [Anm. 5] S. 135.

43 Ebd.

44 Ebd. S. 136.

45 Ebd. S. 136f.

modernen Wissenschaft zur Praxis durch den Begriff der Anwendung nicht ausreichend bestimmt werden kann; entscheidend dabei ist vielmehr, „daß sich hier die Wissenschaft zur Praxis als eine Theorie verhält, die ihr, sie konstituierend, vorausgeht; sie wird so als freie, nicht in die Praxis eingelassene, sondern von ihr unabhängige Erkenntnis zu ihrer Basis. Aber diese Theorie hat zugleich die Schönheit und Göttlichkeit der klassischen Philosophie von sich getan, doch nicht, weil das Göttliche ihr nichts mehr ist, sondern weil sie ihren Ort gewechselt hat. *Sie ist für die Gesellschaft an die Stelle der natürlichen und geschichtlichen Wahrnehmung und Erfahrung getreten.*“[46]

Mit dieser Wandlung der Bedeutung und des Ortes der Theorie in der modernen Gesellschaft hängt die Trennung der Welt der Arbeit und mit ihr die Trennung der Natur- und technischen Wissenschaften von der geschichtlich-geistigen Welt, die in den Geisteswissenschaften repräsentiert ist, eng zusammen. Letztere kann nicht auf die natürliche Wirklichkeit der Gesellschaft reduziert werden, denn erst beide zusammen bilden die moderne Welt: „In der Verschiedenheit der ihnen zufallenden Aufgaben haben so die beiden Wissenschaften für die Gesellschaft die gleiche Bedeutung. In der Begründung der gesellschaftlichen Praxis wie in der Kompensation ihrer Abstraktheit erfahren sie die Wirklichkeit, die als diese die Welt der Gesellschaft ist.“[47] Und weiter: „Wie die für die Gesellschaft konstitutive Herrschaft über die Natur nicht ohne die erfahrende Theorie der Naturwissenschaft möglich ist, so fordert auf der anderen Seite die mit ihr gesetzte Abstraktheit die Geisteswissenschaften, die dem Menschen in seinem gesellschaftlichen Sein die substantiellen Zusammenhänge des Menschseins vergegenwärtigen, die die Gesellschaft ihm nicht zu geben vermag. Darin liegt die gegenwärtige Bestimmung der Universität. Sie unterscheidet sich von allem, was Universitäten und auf theoretische Wissenschaft gestellte Bildungsinstitutionen in der vormodernen Welt gewesen sind.“[48] Die Universität kann ihre Aufgabe und Funktion nur erfüllen, wenn die Gesellschaft in den Geisteswissenschaften das anerkennt, was die Universität für den modernen Menschen bedeutet: die Ausbildung des Menschen in seinem gesellschaftlichen Sein und in seiner Menschlichkeit. Deshalb ist die Universität gegenwärtig, in einer von „den Spannungen der politischen Interessen und den weltanschaulichen und ideologischen Gegensätzen“ bewegten Zeit, diejenige „Institution geworden, die

46 Ebd. S. 137.
47 Ebd. S. 137f.
48 Ebd. S. 139.

allein der Theorie und der Bildung den Ort gibt, die in der Teilhabe an ihr ihr Wesen hat." In dieser Bestimmung ist sie durch keine „andere Bildungsinstitution [...] zu ersetzen."[49]

Interessanterweise erscheint in der Studie *Die Aufgabe der Geisteswissenschaften in der modernen Gesellschaft* nirgends der Ausdruck ‚praktische Philosophie', trotz der Bedeutung, die sie für das praktische Leben und Handeln des gegenwärtigen Menschen hat. Daher könnte der Eindruck entstehen, daß die traditionelle Philosophie in Ritters Geisteswissenschaften durch die Sozialphilosophie oder Soziologie als Wissenschaften von der Gesellschaft ersetzt ist. So hebt H. Ottmann in seiner Studie über die Rehabilitation Hegels in der gegenwärtigen Philosophie hervor, daß bei Ritter „die Gesellschaft ... zentral", dagegen der Staat „nur stiefmütterlich behandelt" werde und „auch die ganzen Sphären des absoluten Geistes ... ausgeschlossen" blieben.[50] Ritter will aber gerade zeigen, daß die „moderne Gesellschaft" nicht auf die „bürgerliche Gesellschaft" im Sinne Hegels reduziert werden kann, daß sie vielmehr als Welt des modernen Menschen erfaßt wird insofern, als durch die Geisteswissenschaften ihre Abstraktheit und Geschichtslosigkeit, die in der gegenwärtigen Welt vordringen, „kompensiert werden." In den Geisteswissenschaften sieht Ritter für unsere Zeit das erreicht, was Hegel in seiner Zeit von der Metaphysik erwartete: *„Hegel setzt die traditionelle metaphysische Theorie unmittelbar und als diese mit der Erkenntnis der Zeit und der Gegenwart gleich."*[51] Darin ist Hegel für Ritter vorbildlich. Ob das heute noch möglich ist und wie es zu erreichen wäre, sind berechtigte Fragen.

Wie Hegel die antike Substanzialität mit der neuzeitlichen Subjektivität vermittelte, so versucht Ritter in den Geisteswissenschaften die geschichtlichen Lebens- und Weltformen an die moderne Gesellschaft zu überliefern. Er will damit sowohl den romantischen Rückzug in die Innerlichkeit als auch die bloße Restauration der Vergangenheit vermeiden; ebenso will er der Reduktion allen Wissens auf das naturwissenschaftliche, ökonomische oder soziologische Erkennen entgegentreten. Er sieht in den Geisteswissenschaften die Möglichkeit zur Verwirklichung jener Fähigkeiten des Menschen, die früher in der Kunst, in der Philosophie und im Recht gepflegt und entwickelt wurden. Die Geisteswissenschaften übernehmen damit die Rolle der früheren Theorie und der klassischen Politik als der beiden wesentlichen Weisen des freien menschlichen Lebens.

---

49 Ebd.

50 H. Ottmann: Individuum und Gesellschaft bei Hegel (Berlin 1977) Bd. 1, S. 343.

51 J. Ritter: Metaphysik und Politik (Frankfurt a.M. 1969) S. 189.

2. Geisteswissenschaften und praktische Philosophie

Parallel zu der Arbeit an der Theorie der Geisteswissenschaften hat Ritter zu Anfang der siebziger Jahre an der Rehabilitierung der praktischen Philosophie mitgewirkt. Auf die Geschichte dieser Rehabilitation kann hier nicht eingegangen werden.[52] Statt dessen wollen wir uns auf einige Momente und die wesentlichen Intentionen der Studien in *Metaphysik und Politik* beschränken, um ihre fortdauernde Aktualität zu verstehen. In diesen Studien geht es Ritter darum, die Bedeutung und Aktualität von Hegels *Grundlinien der Philosophie des Rechts* aufzuzeigen. Anders als Kant gründet Hegel die Ethik nicht auf subjektive Überzeugungen des Individuums und des individuellen Gewissen, sondern er ordnet es von vornherein in die Institutionen, Gewohnheiten und Gesetze der politischen Gemeinschaft ein. Insofern orientiert sich Hegel an Aristoteles, aber nicht, um bei ihm zu verbleiben, sondern um die gegenwärtige Wirklichkeit zu begreifen und der modernen Subjektivität so gerecht zu werden, daß dessen Wahrheit als „die Substanz, die immanent und als das Ewige, das gegenwärtig ist", erkannt wird.[53] In der Anmerkung zu diesem bekannten Satz von Hegel betont Ritter: „Im Aufbau der Rechtsphilosophie zeigt sich mit ihrer Gliederung in Ethik, Ökonomie, Politik die Orientierung Hegels an der aristotelischen Politik; da es ihm jedoch um ihre Vergegenwärtigung im Verhältnis zu der Zweiheit von Subjektivität und Gesellschaft geht, tritt Ethik in Moralität und Sittlichkeit, Ökonomie in Familie und Gesellschaft auseinander. Dem entspricht, daß für Hegel ‚Politik' zur ‚Staatswissenschaft' wird; er holt so in der Rechtsphilosophie in ihren Zusammenhang die Tradition der Politik als praktischer Philosophie ein; er bringt diese als ‚philosophische Staatswissenschaft' in ein Verhältnis zur gegenwärtigen Wirklichkeit."[54]

Mit der so aufgefaßten Politik, praktischen Philosophie und Sittlichkeit des Staats hebt Hegel die Beschränktheit der „bürgerlichen Gesellschaft" und die Reduzierung allen Lebens auf seine ökonomisch-technologische Grundlage auf; er ersetzt oder, wie Ritter sagen würde, kompensiert die Verluste der modernen Welt: die Geisteswissenschaften übernehmen wesentliche Zwecke der praktischen Philosophie Hegels als einer Philosophie des objektiven Gei-

52 Über die praktische Philosophie des Aristoteles und die der Neuzeit sowie Ritters Anteil an ihrer Erneuerung vgl. A. Pažanin: Filozofija i politika (Zagreb 1973) und ders.: Moderna filozofija i politika (Zagreb 1987).

53 G. W. F. Hegel: Grundlinien der Philosophie des Rechts. Vorrede (1821), hg. von J. Hoffmeister (Hamburg 1955) S. 15.

54 J. Ritter: Metaphysik und Politik, a.a.O. [Anm. 51] S. 108.

stes; sie gleichen damit in gewisser Weise den Mangel des praktischen Geistes in der Welt der technischen Zivilisation als „Weltzivilisation" aus. Diese Einsicht verdankt Hegel der praktischen Philosophie des Aristoteles und seiner Auffassung des Naturrechts und der Ethik: „So wie das individuelle Handeln bestimmende Rechte dem Gemeinwesen angehört, haben auch politische Führung und Satzung ihrerseits das Ethische zum Inhalt, in welchem dem Menschen ‚vorgezeichnet, ausgesprochen und bekannt' ist, was er zu tun hat."[55]

Hier kann nicht auf die Frage eingegangen werden, ob in Ritters Deutung die ganze Tradition des klassischen Naturrechts genügend zum Ausdruck gekommen ist. Auf die Aktualität des Naturrechts und insbesondere Hegels Auseinandersetzung mit ihm ist verschiedentlich hingewiesen worden.[56] „Hegel lehrt zwar ‚kein Recht *ohne* politische Gemeinschaft', aber der Mensch ist für ihn nicht nur der homo politicus. Gegen die Rechtsbegründung aus der ‚Natur' sticht die Gründung des Rechts auf ‚Freiheit'. Menschenrechte aber sind nicht nur politische Rechte, sondern mehr: Rechte des ‚innerlichen' Menschen genauso wie Rechte des Gläubigen, Künstlers, Wissenschaftlers. Die Gemeinschaft, welche die notwendige Bedingung des Rechts verkörpert, muß nicht gleich die zureichende Bedingung repräsentieren, aus der allein das Recht fließt."[57] Freiheit steht also im Gegensatz zur ‚Freiheit' im Naturzustand; das schließt „den Fortschritt im Bewußtsein der Freiheit ein, an den das Recht weltgeschichtlich gebunden ist."[58] Ritters Interpretation stellt, im Gegensatz zum soziologischen Positivismus wie auch zur idealistischen Metaphysik der Weltgeschichte, nicht nur das Recht, sondern auch alle anderen Formen des Geistes als geschichtliche Verwirklichung der Freiheit des Menschen dar. Ritter ersetzt demnach in den Geisteswissenschaften nicht nur die klassische praktische Philosophie, sondern alle Formen der geschichtlichen Verwirklichung des Geistes, die die moderne Welt in ihrem Grunde nicht mehr entwickelt. Die „Theorie" der Geisteswissenschaften stößt hier allerdings auf Probleme und erfordert einige Erklärungen: Es kann der Eindruck entstehen, daß Ritter dort, wo er das von Aristoteles beschriebene theoreti-

55 Ebd. S. 113.

56 R. Spaemann: Die Aktualität des Naturrechts, in: ders.: Zur Kritik der politischen Utopie (Stuttgart 1977) S. 183–198; K.-H. Ilting: Hegels Auseinandersetzung mit der aristotelischen Politik. Philosophisches Jahrbuch Bd. 71 (1963/64) S. 38–58.

57 H. Ottmann, a.a.O. [Anm. 50] S. 313.

58 Ebd. S. 322.

sche Leben mit dem Ethos verbindet,[59] oder dort, wo er die Theorie der modernen Gesellschaft und die Französische Revolution mit der spezifisch philosophischen Theorie verknüpft,[60] nicht genügend Praxis und Revolution von Theorie und Philosophie unterscheidet. So bemerkt H. Ottmann zurecht, daß sich „die unmittelbare Verbindung von Θεωρία und Praxis (im engeren Sinn)" nur auf Platon und nicht auf Aristoteles stützen läßt.[61] Ob aber Ritter „die Brücke von Hegel zu Aristoteles wohl deshalb schlagen kann, weil er Aristoteles hegelianisiert, um dann später Hegel zu aristotelisieren" und damit Hegels Philosophie um deren christliche Dimension zu bringen, weil er, wie Ottmann meint, „die Bedeutung des Christentums unterschätzt"[62] und die ganze Sphäre des absoluten Geistes, also Kunst, Religion und selbst Philosophie vernachlässigt, wird der Leser am besten selbst beurteilen können.

Hegels *Philosophie der Weltgeschichte* als „die entfaltete Theorie der Geschichtlichkeit" dient Ritter dazu, die geschichtliche Verwirklichung der menschlichen Freiheit als historisch mannigfaltige Äußerung des menschlichen Geistes und der menschlichen Vernunft zu verstehen. Während die positivistische Kritik darin nur „eine idealistische ‚Vergeistigung' der realen Geschichte" sieht, erweist sich für Ritter „die Geschichte als die Wirklichkeit [...], von deren Gang die Bestimmung des Menschen, der Vernunft und der Freiheit nicht abgelöst werden kann."[63] Damit geht Hegels Geschichtsphilosophie zwar von der Aufklärungsphilosophie aus; im Unterschied aber zu ihr und zu ihren positivistischen Nachfolgern, für die „die Gegenwart (gemäß dem Prinzip des Fortschritts, daß das Spätere das Bessere sei) die bisherige Geschichte dadurch vollendet, daß sie den Menschen aus ihr befreit, dient Hegels Philosophie der Weltgeschichte dem Nachweis, daß die Gegenwart

59 J. Ritter: Die Lehre vom Ursprung und Sinn der Theorie bei Aristoteles (1953), in: Metaphysik und Politik, a.a.O. [Anm. 51] S. 9–33.

60 Ebd. S. 231: „So wird Hegels Theorie der Gesellschaft und der sich mit ihr vollziehenden Revolution zur philosophischen Theorie."

61 H. Ottmann, a.a.O. [Anm. 50] S. 329.

62 Ebd. S. 327, 345; vgl. ebd. S. 345: „Aber weder Revolutionen noch Gesellschaft spielen die Hauptrolle in Hegels Szenarium, die Ritter ihnen zuspricht. ... Ritter paktiert mit Philosophen wie Lukács gegen Hegel." Vgl. dazu aber die zugleich anerkennenden und kritischen Ausführungen zu Lukács' *Der junge Hegel* (1948) in: Metaphysik und Politik, a.a.O. [Anm. 51] S. 246f. Ritter wendet sich hier wie auch sonst (ebd. S. 244) gegen jede einseitige Auslegung von Hegels Denken, gegen die Reduzierung Hegels auf Politik oder Philosophie.

63 J. Ritter: Metaphysik und Politik, a.a.O. [Anm. 51] S. 247f.

die Vollendung der bisherigen Weltgeschichte ist, weil sie ihren substanziellen Gehalt nicht auflöst, sondern zu universaler Verwirklichung bringt."[64]

In der Studie *Hegel und die Französische Revolution* selbst sowie in den Beiträgen *Zu Weltzivilisation* kommt Ritters Gedanke am besten zum Ausdruck, daß für Hegel, und das bedeutet auch für Ritter selbst, die Gegenwart den substanziellen Gehalt der bisherigen Weltgeschichte nicht auflöst, sondern zu seiner universalen Verwirklichung bringt.

Obwohl hier keine Gelegenheit zu einer ausführlichen Diskussion ist, kann doch darauf hingewiesen werden, daß sich Heidegger und Ritter von Anfang an zu wesentlichen Ergebnissen der europäischen Philosophie grundsätzlich verschieden verhalten haben. Während Heidegger sein ganzes Werk als Abkehr von den Höhepunkten der europäischen Metaphysik und als Rückkehr zu den Vorsokratikern versteht, vergegenwärtigt Ritter den Weg von den Vorsokratikern über Aristoteles bis zu Hegel und versteht diesen als Fortschritt nicht nur der Philosophie, sondern auch der Freiheit und sucht im Einklang damit nach Möglichkeiten, die große Tradition der europäischen Philosophie in der zeitgenössischen Welt zu erhalten. Der Titel *Metaphysik und Politik* ist deshalb weder als Aufforderung zur Schaffung einer neuen Metaphysik noch als Wegweiser für die Rückkehr zur Ursprungsmetaphysik zu verstehen, sondern als Ausdruck der Bemühungen, in der modernen Gesellschaft die wesentlichen Intentionen und Errungenschaften der traditionellen Metaphysik und der klassischen Politik zu rehabilitieren und zu bewahren.

3. Die Unvermeidbarkeit der Geisteswissenschaften

Was für eine Rolle und Aufgabe haben also die Geisteswissenschaften im Modernisierungs- und Uniformierungsprozeß der Lebenswelten; und ist die Krise der modernen Welt so total, wie sie sowohl von den Verfechtern der absoluten Macht der modernen Technik wie auch von deren radikalen Kritikern dargestellt wird? Anstatt über den Nihilismus und die totale Krise zu klagen, helfen die Geisteswissenschaften dem modernen Menschen, die eigene Lebenswelt aufzubauen und durch alle Modernisierung hindurch möglichst viel im Einklang mit seiner Tradition und Geschichte zu erhalten. In den Geisteswissenschaften als erzählenden Wissenschaften werden die Verluste kompensiert, die durch die Modernisierungprozesse der Entzauberung der Welt, der Denaturalisierung und Desorientierung entstehen. Drei Geschichts-

64 Ebd. S. 248.

sorten entsprechen also den drei Prozessen des Verlustes von Zauber, Natürlichkeit und Orientierung, weil die Welt in ihnen undurchsichtig wird. Daraus entsteht dann das Bedürfnis, dies zu kompensieren, etwa indem man einen gewissen Sinn für das Erzählen von ‚altem Kram' entwickelt, denn in diesem wird das lebensweltlich Vertraute ausgedrückt. Auf diese Weise können wir durch das Erzählen der eigenen Lebenswelt den ästhetischen Sinn für das Schöne, den historischen Sinn für das Vergangene und Zukünftige sowie den Orientierungssinn für das praktische, moralische und politische Handeln entwickeln.

Es scheint, daß diese dritte Sorte der „erzählenden Wissenschaften", die unsere Orientierung in der Welt und unser verantwortliches Handeln unterstützende Wissenschaft, schon bei Ritter selbst angelegt ist, besonders in seiner Erneuerung der Aristotelischen und Hegelschen praktischen Philosophie. Denn damit bereitete er ein Verständnis der praktischen Philosophie vor, das auf die Zumutungen der modernen Gesellschaft und der zeitgenössischen Weltgeschichte Antworten gab und gleichzeitig die Besonderheiten der verschiedenen Kulturen berücksichtigte. Durch die Geisteswissenschaften als erzählenden Wissenschaften wird aber auch die Rehabilitierung der Metaphysik und Ontologie verständlich, denn auch deren Geschichte gehört der zeitgenössischen Geschichtlichkeit mindestens als deren ‚Geschichte' an.

All diesen Reichtum der Möglichkeiten der zeitgenössischen Philosophie hatte Ritter im Auge, als er im Vorwort zum *Historischen Wörterbuch der Philosophie* die Aufgabe und das Verdienst der gegenwärtigen philosophischen Strömungen angab: „Lebensphilosophie, Phänomenologie, Existenzphilosophie und ebenso die Erneuerung ontologischer und metaphysischer Fragestellungen sind – nicht ohne Zusammenhang mit den durch die Neuscholastik vermittelten Traditionen und mit der philosophiehistorischen Forschung, wie neuestens auch der Hermeneutik und der kritischen Theorie – bei aller Verschiedenheit dadurch gekennzeichnet, daß mit ihnen die Philosophie das Bewußtsein ihres eigenen, ihr nicht allein durch die Wissenschaften vorgegebenen Gegenstandes zurückgewonnen hat. Dazu gehört, daß die Zuwendung zur Geschichte der Philosophie nicht mehr nur als antiquarische Forschung verstanden wird, sondern positiv zur erinnernden Vergegenwärtigung geworden ist, in der antike und spätantike Philosophie, Patristik und Scholastik ebenso wie die Erneuerungsbewegung der Philosophie in Humanismus und Aufklärung seit dem 16. und 17. Jahrhundert und auch die spekulativen Theorien des Idealismus nach Kant in ihren Begriffen und Theorien eine noch nie erreichte Präsenz gewonnen haben als das, wovon und worin die Philosophie in ihren gegenwärtigen Aufgaben sprachlich und begrifflich lebt. Die Scheidewand zwischen System und Philosophiehistorie ist durchlässig geworden. Was diese erarbeitet, geht in die Bewegung des philosophischen Gedankens als ihm in seiner Gegenwart Zugehöriges ein."[65]

In der gegenwärtigen Welt erzielt das die Philosophie allerdings nur durch ein doppeltes Verhältnis: durch die Stellung zur eigenen Geschichte und zu den Natur- und Geisteswissenschaften. Wenn das *Historische Wörterbuch der Philosophie* die Aufgabe hat, „im Element der Begriffe und Termini die gegenwärtige Philosophie in ihrem Wechselverhältnis zu ihrer Geschichte und zu den Wissenschaften darzustellen",[66] so ist es für die Philosophie unvermeidbar geworden, sich mit diesen auseinanderzusetzen, denn „in dem Prozeß, in dem sich Natur- und Geisteswissenschaften aus dem Zusammenhang der Philosophie emanzipiert haben, sind zahlreiche ursprünglich der Philosophie zugehörige Begriffe in diese Wissenschaften eingegangen; damit haben sich ihre Bedeutung, ihre methodische und inhaltliche Funktion so verändert, daß die Philosophie sie nicht mehr im Sinne ihrer eigenen älteren Überlieferung verstehen und gebrauchen kann; vielmehr muß sie das, was diese Termini inhaltlich meinen, nun in der Vermittlung der Disziplinen aufnehmen, in die sie eingegangen sind."[67]

Darin liegt die Aktualität und Lebendigkeit des philosophisch-geschichtlichen Gedankens als eines Gedankens, der „Traditionen bewußt macht" und dadurch „die Arbeit der Geschichte" fortsetzt, um das eigene moderne Zeitalter in seinem Sein „verstehen zu können": Sie ist auf diese Weise nicht nur Entdeckung des Sinns vergangener Lebensformen, deren Verständnis und Tradierung, sondern ebenso die Kritik des entdeckten Sinns. Damit wird es uns möglich, sowohl die Tradition fortzusetzen als auch uns davon zu distanzieren oder sie ganz abzulehnen, wenn sie zum Zeithemmnis und zur Quelle der Unfreiheit wird.

Schon am Beispiel der Universität und der Ausbildung in der modernen Gesellschaft erweist sich Ritters Gedanke, daß die Einzelwissenschaften die ehemalige Rolle der Philosophie und Metaphysik nicht übernehmen können, als richtig; denn nur die Geisteswissenschaften können heute die Aufgabe erfüllen, die „Abstraktheit und Geschichtslosigkeit" der modernen Industriegesellschaft zu kompensieren. Nach Hegels Vorbild, der zwischen der antiken

---

65 J. Ritter: Vorwort zu: Historisches Wörterbuch der Philosophie, Bd. 1 (Basel, Stuttgart 1971) S. IVf.

66 Ebd. S. III.

67 Ebd. S. VI.

Substanzialität und der neuzeitlichen Subjektivität vermittelt und auf diese Weise das Problem der Entzweiung von Vergangenheit und Gegenwart gelöst hatte, versucht Ritter in den Geisteswissenschaften die vormodernen geschichtlichen Formen und Werte des Lebens zu bewahren und in der modernen Technikgesellschaft lebendig zu erhalten, die die technische Produktion zerstört und außer sich läßt. Diese Formen und Werte wurden früher in Philosophie, Recht, Politik, Kunst usw. gepflegt. Jetzt setzen die Geisteswissenschaften die Rolle der klassischen Theoria und der praktischen Philosophie fort und übernehmen es, die geschichtliche Lebenswelt zu deuten. Sie erforschen den Sinn mannigfaltiger Formen jener geistig-geschichtlichen Wirklichkeit, die nicht auf die Natur- und technischen Wissenschaften zurückgeführt und auch nicht durch sie verstanden werden können. Die Geisteswissenschaften sind somit die Antwort auf die Herausforderungen der modernen Technologien. Sie sind deshalb in der modernen Gesellschaft nicht überflüssig, sondern unvermeidbar; denn sie helfen dem Menschen, alle Modernisierungen zu ertragen; damit ermöglichen sie vielmehr die Modernisierung.

Joachim Ritter als Linkshegelianer

Gunter Scholtz

Drei Arbeiten in Joachim Ritters Nachlaß aus dem Jahre 1931 bestätigen, was bisher nur biographisch berichtet wurde, nämlich daß er sich in dieser Zeit intensiv mit Marx und dem Marxismus auseinandergesetzt hat und sein eigenes Denken davon nicht unbeeinflußt blieb. 1925 bei Ernst Cassirer in Hamburg promoviert, war Ritter damals mit Hilfe eines Stipendiums der Notgemeinschaft der deutschen Wissenschaft mit Forschungen über Augustin im Hinblick auf seine Habilitation befaßt.[1] Bei jenen drei Arbeiten handelt sich um zwei Vorträge, die – wie es in einem der Typoskripte heißt – „im Rahmen der Diskussion Landshut, Lewalter über den jungen Marx“ gehalten oder zumindest dafür abgefaßt wurden,[2] und sodann um eine Arbeit über Diltheys Geschichtsauffassung, die nicht ganz eindeutig als Vortrag identifizierbar ist und vielleicht als Aufsatz publiziert werden sollte. Was den erwähnten Diskussionszirkel betrifft, so erfahren wir über ihn näheres aus dem autobiographischen Bericht von Ludwig Landgrebe: „In Hamburg war ich [1931/32] eine Zeitlang Gast im Seminar *Ernst Cassirers* und kam in einen Kreis von jüngeren Philosophen und Wissenschaftlern, dem u.a. *Joachim Ritter*, *Hermann Noack* und *Siegfried Landshut* angehörten. Landshut hatte damals im Archiv der SPD die <Pariser Manuskripte> von *Karl Marx* entdeckt und in seiner Ausgabe der philosophischen Jugendschriften von *Marx* veröffentlicht. Sie wurden in diesem Krei-

---

1 J. Meran: Die Lehrer am Philosophischen Seminar der Hamburger Universität während der Zeit des Nationalsozialismus. In: Hochschulalltag im „Dritten Reich“. Die Hamburger Universität 1933–1945, hg. von E. Krause, L. Huber, H. Fischer (Berlin, Hamburg 1991) T. II, S. 459–482, 472 ff. Ch. Tilitzki: Die deutsche Universitätsphilosophie in der Weimarer Republik und im Dritten Reich (Berlin 2002) T. 2, S. 823ff.

2 So im Typoskript vom 15. 3. 1931 (s.u., Teil II.). Da der andere Vortrag ebenfalls Lewalter als Diskussionspartner nennt und da er einem ganz ähnlichen Thema gilt, dürfte auch er für jenen Kreis geschrieben sein.

se Gegenstand vieler Diskussionen.“[3] Noack war zu jener Zeit „wissenschaftlicher Hilfsarbeiter“, d.h. Assistent bei Cassirer[4] und Landshut Assistent bei Eduard Heimann, der an der Hamburger Universität den Lehrstuhl für „Theoretische und praktische Sozialökonomie“ innehatte und als religiöser Sozialist bezeichnet werden kann. Landshuts zweibändige Ausgabe der Frühschriften von Marx,[5] die er mit Jacob Peter Mayer nach konfliktreicher Zusammenarbeit 1932 im Kröner-Verlag herausgab, war ein großer Erfolg. Rückblickend berichtet René König: „Die beiden Bände erwiesen sich als eine echte Sensation. Wir Jungen stürzten uns geradezu auf diese Texte [...]“.[6] Ritters Vorträge haben so für uns ein doppeltes Interesse: Sie dokumentieren zum einen die Frühphase seines philosophischen Denkens, und sie lassen zum anderen etwas genauer in die Werkstatt blicken, in der Landshuts bekannte Marx-Edition entstand.

I.

Der erste Vortrag, datiert auf den 10. 1. 1931, trägt den Titel *Die Auseinandersetzung des jungen Marx mit der idealistischen Philosophie und ihre Motive*[7] und gilt zentral der Frage, inwieweit dem Denken des jungen Marx eine Anthropologie zugrunde lag. Ritter geht hier von der kritischen Auffassung Ernst Lewalters[8] aus (die dieser vermutlich ebenfalls in jenem

---

3 L. Landgrebe, in: Ludwig J. Pongratz (Hg.): Philosophie in Selbstdarstellungen (Hamburg 1975) Bd. 2, S. 141. R. Nicolaysen erwähnt in seiner informativen Landshut-Biographie diesen Diskussionskreis leider nicht, zeigt aber ausführlich die Entstehung von Landshuts Marx-Edition: R. Nicolaysen: Siegfried Landshut. Die Wiederentdeckung der Politik. Eine Biographie (Frankfurt/M. 1997) S. 132–157.

4 Noack arbeitete damals über Ästhetik und die Philosophie des deutschen Idealismus, gab in seinen Seminaren aber auch Einführungen in das Denken von Marx. J. Meran, a.a.O., S. 462 ff. Ch. Tilitzki, a.a.O., S. 683 ff.

5 Karl Marx: Der historische Materialismus. Die Frühschriften, hg. von S. Landshut und J. P. Mayer, 2 Bde. (Leipzig 1932).

6 Bei Nicolaysen, a.a.O. [Anm. 3] S. 133.

7 Die Typoskripte aus dem Nachlaß, aus denen ich im folgenden zitiere, stellten mir freundlicherweise H. Ritter und U. Dierse zur Verfügung.

8 Der Soziologe Lewalter war damals ein Freund von Landshut. Ch. Tilitzki, a.a.O. [Anm. 1] S. 1150, Anm. 895. Noch 1933 vertrat Lewalter eine ähnliche Position wie Landshut, denn er erkannte bei Marx eine früh von Hegel übernommene „Leitidee“: den „Begriff des wahren Staates als des wahrhaft Allgemeinen“, den Hegel realisiert sah, während ihn Marx erst von der Zukunft erwartete. Lewalter: Zur Systematik der Marxschen Staats-

Diskussionszsirkel äußerte) und hält zwei seiner Thesen als richtig fest: a) Der junge Marx hat wichtige Gedanken der abendländischen Philosophie des Menschen aufgenommen. Aber er hat b) schließlich selbst Lösungen für die Frage nach dem Menschen gefunden, die „der Einsicht in die ewige Widersprüchlichkeit des menschlichen Lebens sowie der in dieser Widersprüchlichkeit gegebenen Natur des Menschen nicht Rechnung trägt, ja zuwiderläuft." Vom Standpunkt der philosophischen Tradition aus müsse man sogar sagen, „daß Marx ihre Tiefe verflacht und ihre Höhe erniedrigt hat". Aber laut Ritter ist in Erfahrung zu bringen, warum Marx diesen Weg einschlug, und die Antwort auf diese Frage zeigt ihm, wie konsequent und richtig dieser Weg war.

Denn zum einen habe die traditionelle Philosophie in ihrer Vielfalt gar keine bestimmte Lehre vom Menschen ausgebildet, und Max Scheler bestätige, daß es eine „einheitliche Idee vom Menschen" nicht mehr gebe – kein Wunder angesichts „der realen Widersprüche im realen Leben der realen Menschheit". Also war auf der Grundlage der philosophischen Tradition und angesichts der Situation des Menschen gar keine solide Anthropologie möglich. Zum anderen verlöre Marx alles aktuelle Interesse, wenn er die Tradition gar nicht verlassen und wenn er „nur durch das Endbild der kommunistischen Gesellschaft den Abgrund der menschlichen Widersprüche illusorisch überbrückt hätte." Marx habe eine andere Richtung eingeschlagen: Er verzichtete darauf, „eine ewige Idee des menschlichen Seins der Wirklichkeit deutend unterzulegen", und durchschaute statt dessen „den Ursprung, die Funktion und die theoretische wie praktische Machtlosigkeit solcher metaphysischen ‚Anthropologie'." Er tat dies, indem er die Auseinandersetzung mit der philosophischen Tradition mit der Kritik an der bürgerlichen Gesellschaft verknüpfte und dabei die philosophische „Idee" mit der „wirklichen Welt" konfrontierte. In dieser Weise waren es seine Absicht und auch sein Verdienst, „an die Welt weder theoretisch noch praktisch etwas heranzutragen, sondern die Theorie und Praxis aus der Welt selbst zu entwickeln." Deshalb auch steht für Ritter im Hintergrund seines Denkens nicht „eine verborgene vorgefaßte Anthropologie", keine „ideelle von den Verhältnissen losgelöste Wesensdefinition des Menschen", vielmehr trete an deren Stelle die Analyse der bürgerlichen Gesellschaft. Denn während Marx Hegels Mystifikationen auflöst, durch

und Gesellschaftslehre, in: Archiv für Sozialwissenschaft und Sozialpolitik Bd. 68 (1933) S. 641–675, zit. 649.

welche der historische Prozeß als Bewegung der Idee erscheint, benutzt er „die Hegelsche Methode jetzt als Methode zur Analyse der historischen Bewegung an ihrem wirklichen Subjekt, dem geschichtlichen Menschen der bürgerlichen Gesellschaft." „Und damit erscheint nunmehr als Träger der geschichtlichen Welt nicht mehr der Geist, sondern die Praxis des wirklichen Menschen, und d.h. die bürgerliche Gesellschaft. Sie wird sichtbar als Träger der dialektischen Bewegung und zugleich als Grund der Widersprüche, in denen sich ihre eigene Welt entfaltet. Aber damit wird nun auch der Zusammenhang mit der umwälzenden Praxis deutlich. Gehen die Widersprüche des menschlichen Lebens auf die geschichtliche Praxis des Menschen zurück, sind sie die Widersprüche einer genau bestimmbaren und analysierbaren geschichtlichen Praxis. So kann die Erkenntnis dieser Widersprüche, ihrer Gründe und ihrer Zusammenhänge selbst zur Grundlage ihrer praktischen Aufhebung werden. Mußte auf dem Boden des Hegelschen Mystizismus die Lösung der Widersprüche ebenso ideell und illusorisch bleiben, wie ihr vermeintliches Subjekt ideell und illusorisch war, so kann und muß so die Erkenntnis in die Praxis der Veränderung übergehen. Beides ist nicht mehr voneinander zu lösen."

Landshuts Sicht von 1931 erfahren wir aus seinem kurzen, seine Edition ankündigenden Aufsatz *Marx redivivus*[9]: Marx' Geschichtsauffassung gehe zum einen auf die christliche Zukunftshoffnung und zum anderen auf den an der antiken Polis gewonnenen Gedanken einer sittlichen Gemeinschaft zurück.[10] In der Einleitung zu seiner Ausgabe von 1932 hat er – vielleicht aufgrund jener Diskussionen – christliche Wurzeln von Marx' Denken nicht mehr erwähnt, die zweite Quelle aber noch genauer erläutert. Vergleicht man die Auffassungen von Landshut und Ritter, so ergibt sich: Beide stimmen zwar darin überein, daß es im Denken von Marx keinen Bruch, keinen Übergang von der Philosophie zur ökonomischen Theorie, sondern Kontinuität gab. Aber Landshut vertritt die These, der junge Marx habe eine „Idee der wahren Bestimmung des Menschen" und damit eine Anthropologie aus der philosophischen Tradition übernommen, die für alle seine weiteren Forschungen, gerade auch für das *Kapital*, leitend blieben

9 S. Landshut: Marx redivivus, in: Neue Blätter für den Sozialismus. Zeitschrift für geistige und politische Gestaltung Bd. 2 (Dezember 1931) S. 611–617.

10 A.a.O. S. 614ff. – Man erkennt hier sehr gut, daß Landshut eine ganz andere Auffassung vertrat als sein Mitherausgeber der Marxschen Frühwerke J. P. Mayer. Denn dieser meinte, daß Marx 1844 seinen Weg erst durch Friedrich Engels fand, der ihn zum Studium der Ökonomie motivierte. Mayer: Karl Marx. Ein Abriß (Trier 1931) S. 13f.

und ohne die das spätere Werk gar nicht verstehbar sei. [11] Diese These greift der junge Ritter an: Marx habe sich von der idealistischen Tradition nur Hegels Dialektik zu eigen gemacht.

Die Zurückweisung der Anthropologie findet sich beim jungen Ritter auch in anderen Kontexten. In einer Besprechung der Edition von Diltheys Weltanschauungslehre, die als Band 8 der Gesammelten Schriften erschienen war, führte Ritter 1931 gegen die neuere Anthropologie, die sich zur „Metaphysik" fortgebildet habe, Diltheys warnende Stimme ins Feld: Was aus dem Blickwinkel der eigenen Individualität richtig sein möge, dürfe nicht als allgemeingültiges Wissen präsentiert werden.[12] 1933 hielt Ritter in Hamburg seine Antrittsvorlesung, die noch im selben Jahr im Druck erschien: *Über den Sinn und die Grenze der Lehre vom Menschen.*[13] Auch in ihr weist er den Anspruch der Anthropologie zurück, die Rolle der Fundamentalphilosophie zu übernehmen. In Auseinandersetzung mit Scheler und Heidegger macht er deutlich, daß eine Anthropologie jenseits der arbeitsteiligen Wissenschaften vom Menschen, die inzwischen „viele Wahrheiten" erarbeitet haben, in den Subjektivismus gerät und den Kontakt zu den Wissenschaften verliert.

II.

Der zweite vermutlich für den genannten Diskussionskreis verfaßte Vortrag hat den Titel *Die revolutionäre Position Marxens und die philosophischen Auseinandersetzungen der vierziger Jahre* und ist auf den 15. März 1931 datiert. Hier nennt uns Ritter eingangs Thema und Diskussionsstand der Gesprächsrunde: Es ging um die Frage, ob die Kritik der politischen

11 Karl Marx: Der historische Materialismus, a.a.O. [Anm. 5] bes. S. XIX, XXVI f, XXXIII f, XLI. Indem Landshut von „Anthropologie" sprach, hatte er seinen Gedanken eigentlich schief dargestellt und die Diskussion in eine falsche Richtung gelenkt. Denn er erkennt bei Marx vor allem eine Antwort auf die Frage nach der „Bestimmung des Menschen", d.h. eine sittliche Idee. In seiner kurzen, für die Arbeiterschaft verfaßten Broschüre: Karl Marx. Ein Leben für eine Idee! Anläßlich des 50. Todestages (Hamburg 1933), heißt es denn auch, Marx' Leben habe „unter der Diktatur einer Idee gestanden", der Idee der Freiheit (S. 1 u.ö.).

12 J. Ritter: Zu Wilhelm Diltheys Weltanschauungslehre, in: Hamburger Fremdenblatt, Nr. 87, 28. März 1931, S. 22.

13 Erstdruck Potsdam 1933. Später aufgenommen in: J. R.: Subjektivität (Frankfurt/M. 1974) S. 36–61.

Ökonomie und die Revolutionstheorie des späteren Marx als Ergebnis des schon 1845 eingeschlagenen Weges gelten können oder ob sie als eine Einengung und Verstellung einer ursprünglich weiteren philosophischen Intention des jungen Marx angesehen werden müssen. Siegfried Landshut – so erfahren wir von Ritter – hatte sich zu dieser zweiten Alternative erklärt: Der reife Marx habe seine frühere philosophische Frage nach der Emanzipation des Menschen später eher verdeckt als mit seinen theoretischen Entwürfen beantwortet. Und nach Ernst Lewalter sei die reife Geschichtsphilosophie Marxens eine gegen Hegels Phänomenologie des Geistes gerichtete Phänomenologie des Lebens, eine Theorie des konkreten Menschen und der wirklichen Geschichte; die Revolutionstheorie aber habe nur heuristischen Wert, um die „organizistisch“ einem Reifungspunkt zusteuernde Geschichte zu erkennen. Für Landshut und Lewalter hat der junge Marx, wie Ritter es ausdrückt, eine Philosophie nicht *des* Proletariats, sondern *über* das Proletariat verfaßt, so daß die *Philosophie* von der revolutionären *Tat* eigentlich getrennt und so in traditioneller Weise eben noch *Philosophie* gewesen sei.

Gegen diese Distanzierung der Philosophie vom Proletariat und von der Revolution insistiert Ritter auf der engen Verknüpfung von theoretischer Kritik und Forderung nach revolutionärer Praxis schon beim jungen Marx. In Auseinandersetzung mit der politischen Situation und der Philosophie seiner Zeit habe Marx früh seinen eigenen Weg gefunden, der ihn ganz konsequent zu seiner späteren Position brachte: „Dieser Weg führt mit einer seltenen Gradlinigkeit und Strenge – theoretisch bezeichnet durch die Frage nach den Grundlagen der politischen Zustände – zum Standpunkt des Proletariats, dessen Existenz – Engels hatte sie untersucht und geschildert – für Marx die Erscheinung des Widerspruchs und der Wirklichkeit gewesen ist, um deren Aufhebung willen Marx die Auseinandersetzung mit der bürgerlichen Gesellschaft unternahm, und zwar zunächst auf dem Boden der Philosophie.“ Marx könne nur dann angemessen verstanden werden, wenn man einsehe, daß für ihn das Begreifen von bürgerlicher Gesellschaft und Staat und die Forderung nach ihrer Aufhebung untrennbar waren und der historische Materialismus als Frucht seiner politischen und philosophischen Auseinandersetzungen hervorging: „Der Bezugspunkt also der ganzen Entwicklung bis zur ‚Deutschen Ideologie‘ [und] bis zur ‚politischen Ökonomie‘ ist negativ die bürgerliche Gesellschaft, positiv ihre Aufhebung. […] Im Materialismus wird einerseits die Philosophie aufgehoben, andererseits die Basis gefunden, von der aus Marx von der Kritik an der politischen Ideologie zum Aufweis ihrer realen Grundlagen vorstoßen kann. [...] Dieser historische Materialismus ist das Herz der Marxschen Philosophie, das Ende seiner Auseinandersetzung mit der ‚Interpretation', die Grundlage seiner Lehre von der revolutionären Veränderung. Dieser historische Materialismus ist nur zu verstehen aus dem Fragezusammenhang, den Marx in der ‚politischen Kritik', d. h. ursprünglich in der Frage nach der Aufhebung des bürgerlichen Staates gewonnen hatte. Er stellt in dieser Hinsicht auch genetisch den Punkt dar, in dem die philosophischen und politischen Auseinandersetzungen Marxens zusammenkommen und in die Form der revolutionären proletarischen Weltauffassung und Weltveränderung übergehen. Marx verläßt diese Position nicht mehr, sie findet ihre Explikation im wissenschaftlichen Sozialismus und in der gleichzeitigen Abgrenzung gegen die Utopien des bürgerlichen ‚Sozialismus', gegen die theoretische Kritik, gegen die Theorie des Reichtums, die Nationalökonomie."

Diese These wird von Ritter an Marxens Hegelkritik genauer erläutert: Marx erkannte mit und gegen Hegel die Widersprüche der Gesellschaft – aber er wollte diese Widersprüche nicht durch die spekulative Philosophie nur theoretisch, sondern durch die revolutionäre Praxis wirklich aufgehoben wissen. „Beide Aufgaben: Erkenntnis des Seins und Praxis der Aufhebung sind nicht mehr voneinander zu lösen. [...] Ich glaube nicht fehl zu gehen, wenn ich in dieser Korrelation zwischen der im Hegelschen Sinne ‚ganzen' Erkenntnis der Bewegung des wirklichen Menschen und der postulierten Praxis der Veränderung bereits den voll entwickelten Kern des historischen Materialismus und die Basis der von der bürgerlichen Emanzipation des Menschen getrennten revolutionären Lehre Marxens sehe."

Indem Marx in Auseinandersetzung mit Hegel die „Idee des Menschen" als Produkt der Gesellschaft entlarvte, habe er sich von der Anthropologie Feuerbachs gelöst und als Philosophie der Emanzipation des Menschen den historischen Materialismus begründet. „Die Lehre Marxens ist *materialistisch*, insofern sie den Menschen nicht als eine Hypostase höherer Ordnung, als Idee, als Menschen überhaupt faßt, sondern insofern sie ihn als das natürliche sinnliche produzierende Wesen faßt, als das er existiert. Dieser Materialismus ist *historisch*, insofern er diesen ‚natürlichen' Menschen geschichtlich begreift und damit den Gegensatz zwischen einem wahren und empirischen, zwischen einem geistigen und natürlichen Menschen aufhebt und in der Geschichte die natürliche Existenz des Menschen erkennt. Nimmt man diese Momente zusammen, so erkennt man, daß der historische Materialismus die von Hegel erarbeitete Dialektik von ihrem Mystizismus befreit und zugleich als die natürliche und geschichtliche Form der gesellschaftlichen Verhältnisse bestimmt."

Damit hat Ritter die Auffassungen Lewalters und Landshuts deutlich zurückgewiesen und noch genauer begründet, warum man seines Erachtens von einer Anthropologie des jungen Marx nicht sprechen könne. Ähnlich wie der von Ritter selbst „orthodox" genannte Marxismus stellt Ritter Marxens Revolutionstheorie als das konsequente Ergebnis seiner philosophischen und politischen Entwicklung heraus: Der philosophische Standpunkt wird bei Marx zu dem des Proletariats. „Und damit können wir sagen, daß erst mit der Zurückführung der bürgerlichen Ideologie auf ihre reale Wurzel, und mit der Analyse dieses ihres Ursprungs selbst auch die Aufhebung der bürgerlichen Gesellschaft als Ganzes wissenschaftlich faßbar und praktisch möglich wird, und daß damit erst die theoretische Kritik vollständig in die revolutionäre Praxis eingemündet ist. [...] Die Forderung nach der Emanzipation des Menschen, wie sie Marx von vornherein im Kampf gegen die religiösen und metaphysischen Ideen der deutschen Philosophie und im Zusammenhang mit der Kritik an der politischen Wirklichkeit der bürgerlichen Gesellschaft entwickelt hat, findet ihre folgerichtige Erfüllung in der Lehre vom revolutionären Klassenkampf des Proletariats."

Ritter bekräftigt abschließend seine Ansicht mit einem Zitat aus dem *Kommunistischen Manifest*: „Die theoretischen Sätze der Kommunisten beruhen keineswegs auf Ideen, auf Prinzipien, die von diesen oder jenen Weltverbesserern erfunden oder entdeckt sind. Sie sind nur allgemeine Ausdrücke tatsächlicher Verhältnisse eines existierenden Klassenkampfes einer unter unsern Augen vor sich gehenden geschichtlichen Bewegung."[14]

III.

Die bei Marx erkannte Verkettung von Theorie, geschichtlicher Bewegung und geschichtlicher Praxis spielt als Maßstab der Kritik auch in einer weiteren, viel gewichtigeren Arbeit Ritters eine zentrale Rolle, die den Titel trägt *Über die antinomische Struktur der geisteswissenschaftlichen Ge-*

14 K. Marx, F. Engels: Manifest der kommunistischen Partei (1848). MEW Bd. 4 (Berlin 1972) S. 474f.

schichtsauffassung bei Dilthey. Diese Arbeit[15] von knapp 30 Maschinenseiten, mit dem Datum 1. Juli 1931 versehen, ist von großem Interesse besonders im Hinblick auf Ritters spätere berühmte Abhandlung über *Die Aufgabe der Geisteswissenschaften in der modernen Gesellschaft* aus dem Jahr 1963.[16]

Schon jene frühe Arbeit zeigt den sehr bestimmten systematischen Zugriff, der viele Perspektiven integrieren kann, aber niemals den eigenen Gedanken losläßt. Gleichwohl schreibt und spricht hier noch ein ganz anderer, nämlich ein unverkennbar linkshegelianischer Ritter, der ebenso belesen im Werke Diltheys wie dessen scharfer Kritiker ist. Ausgehend von den Arbeiten Diltheys wird der Nachweis zu erbringen versucht, daß der Geschichtsbegriff der von Dilthey grundgelegten Geistesgeschichte in sich selbst antinomisch, widersprüchlich ist, und dafür werden sozialgeschichtliche Gründe genannt.

Die beiden Hauptthesen lauten kurzgefaßt wie folgt: a) Die Geisteswissenschaften haben auf dem Feld der historischen Erkenntnis sowohl der Methode als auch dem Umfang nach ungeheure Fortschritte erzielt, aber zugleich ist ihnen die Geschichte selbst letztlich unerkennbar und irrational geworden. Den geschichtlichen Zusammenhang haben sie zerrissen: in eine rein geistige Kultur und ein dunkles Leben; die wirklichen historischen Veränderungen aber geraten aus dem Blick. b) Durch die Arbeit der historischen Geisteswissenschaften wird zwar alles Gegenstand der geschichtlichen Erkenntnis und zeigt sich alles in seiner Geschichtlichkeit, aber zugleich haben sich diese Wissenschaften von der Sphäre geschichtlichen Handelns abgelöst, und so geht ihnen der Kern der Geschichtlichkeit des Menschen, nämlich die Möglichkeit des Handelns und Wirkens verloren. Das gänzlich historisierte Bewußtsein führt bei Dilthey zu einem unhistorischen, naturalistischen Lebensbegriff. Kurz: die geisteswissenschaftliche Geschichtsauffassung, wie sie sich beispielhaft bei Dilthey artikuliert, hat innere Schranken: Ihr Verhältnis zur Geschichte ist allein auf Erkenntnis eingeschränkt, und ihre Erkenntnis der Geschichte ist begrenzt. Daran zeigt sich schon, woran die Geisteswissenschaften, wie sie Dilthey grundlegte, von Ritter hier gemessen werden: an einer Geschichtsauffassung, welche

15 Inzwischen herausgegeben von K. Ch. Köhnke in: Dilthey-Jahrbuch für Philosophie und Geschichte der Geisteswissenschaften Bd. 9 (1994/95) S.183–206. (Die Hervorhebung der Namen wurde wieder rückgängig gemacht.)

16 Später wieder abgedruckt in: J. R.: Subjektivität, a.a.O. [Anm. 13] S.105–140.

die „Realfaktoren" und den „Realzusammenhang"[17] zu erkennen vermag und in welcher geschichtliches Erkennen und Handeln sich wechselseitig bedingen.[18] Mit keinem Wort werden Marx oder der Marxismus erwähnt, und Ritters Sprache meidet insgesamt das vorgestanzte einschlägige Vokabular; aber immerhin werden den Geisteswissenschaften expressis verbis ideologische Schranken bescheinigt, und in der begründenden Argumentation ist „Widerspruch" der Schlüsselbegriff.[19]

Den Grund für die Antinomie des geisteswissenschaftlichen Geschichtsbegriffes findet Ritter in der sozialen Stellung derjenigen, die diese geistesgeschichtliche Sichtweise begründeten. Ritter stützt sich auf Hans Weil[20], der in seiner Geschichte des deutschen Bildungsprinzips wahrscheinlich gemacht hat, daß dieses Prinzip im Bildungs- und Persönlichkeitsideal einer geistigen Elite um 1800 wurzelt, die vom politischen Handeln abgeschnitten war und eine rein geistige Revolution inmitten einer nicht-revolutionären Gesellschaft durchführte: die geistige Umformung der Tradition als Ersatzrevolution von unpolitischen Bildungsbürgern. Eben diese Bildungselite hat laut Ritter die Geisteswissenschaften begründet. Ihre prinzipiellen Schranken resultieren aus der eingeschränkten Stellung jener Elite, aus einem Geist, der sich neben und außerhalb der „realen politischen Machtverhältnisse"[21] ein eigenes Reich ausbildete. Der größte, entscheidende Mangel in den Geisteswissenschaften ist laut Ritter der, daß das historische Erkenntnissubjekt sich in die Geschichte projiziere und an sich selbst ein Bild des Geschichtssubjekts als des geschichtlichen Handlungssubjekts gewinne, so daß „der Mensch, der die Geschichte versteht, auch als der Mensch gilt, der die Geschichte macht".[22] Das schöpferische Individuum, das sich erlebend und verstehend nur in der Sphäre der Kultur betätige, werde so auch zum Akteur der Geschichte erklärt, und Geschichte werde als Ausdruck von Leben begriffen, das sich durch die Individuen hindurch objektiviere – die Realfaktoren aber kämen nicht in den Blick. Weil der Gebildete von der Sphäre der politischen und sozialen Entscheidungen abgeschnitten und ihm diese Seite der Geschichte ganz unbekannt sei, werde bei Dilthey die Geschichte das Werk des dunklen, unergründli-

17 A.a.O. S. 194.
18 A.a.O. S. 205f.
19 A.a.O. S. 206.
20 A.a.O. S. 201. H. Weil: Die Entstehung des deutschen Bildungsprinzips (Bonn 1930).
21 A.a.O. S. 202.
22 A.a.O. S. 200.

chen Lebensstromes. Der Widerspruch zwischen Gedanke und Wirklichkeit, den bei Hegel die Geschichte forttrieb, verwandele sich bei Dilthey in die prinzipielle Spannung zwischen wissenschaftlichem Erkenntnisanspruch und Endlichkeit des Lebens und führe jetzt zu Skepsis und Resignation.

Schon in diesem Manuskript von 1931 spielt bei Ritter für die Theorie der Geisteswissenschaften der Kompensationsbegriff eine Rolle, aber noch in einem ganz anderen Sinn: Es wird vermutet, der Rückgang vom geschichtlichen Handeln zum bloßen geschichtlichen Verstehen in den Geisteswissenschaften sei für den Gebildeten eine „Kompensation“ für seine eigene geschichtliche Wirkungslosigkeit.[23] Insofern übernehmen die Geisteswissenschaften bei Ritter hier die ältere Kompensationsfunktion der Religion. In Deutschland, so Ritter, habe sich die Säkularisation nur im Bereich des Geistigen vollzogen und enthalte deshalb einen Widerspruch: „Die religiösen Lebensideen werden entmündigt, aber die Funktion, die sie im Leben erfüllten, bleibt ihrerseits erhalten und wird von dem Medium der Säkularisation selbst, von dem geschichtlichen Bewußtsein, von der Idee des Menschen übernommen. An die Stelle der mythisch-religiösen Weltüberwindung tritt die Weltüberwindung durch die Erkenntnis der totalen menschlich-geschichtlichen Wirklichkeit, die zugleich als das Lebensgefüge erscheint, in dem die Religionen und die ‚absoluten‘ Ideen, zwar relativiert und ihrer absoluten Geltung entkleidet, dennoch ihre Stellung behalten, nicht als ewige Wahrheiten, sondern als Phasen in der Geschichte des Menschengeschlechts, bei Hegel findet diese widerspruchsvolle Form in der Verweltlichung ihren vollkommenen Ausdruck [...]“.[24]

Bei Herder habe diese Säkularisationsbewegung begonnen, was mit einem Briefzitat belegt wird. Ritter fährt fort: „Diese Absonderung der Persönlichkeit, diese Erhaltung der Religion im säkularisierten geschichtlichen Bewußtsein begründen die Tatsache, daß überall von Herder bis Dilthey die Theologie der Quell oder doch Anreger einer sie dann umgreifenden und einordnenden Lebensdeutung gewesen ist, die zugleich ihre kompensatorische Leistung übernimmt.“[25] Die Geisteswissenschaften kompensieren hier also nicht einen Verlust, den Verlust lebendiger, noch ungebrochener Tradition, sondern sie übernehmen die Kompensationsfunktion der Religi-

---

23 A.a.O. S. 198, 203.
24 A.a.O. S. 202.
25 A.a.O. S. 202f.

on und kompensieren die Mängel der Gesellschaft und den Mangel an politischer und sozialer Tätigkeit. So ist hier die Präsenz der Vergangenheit, die transformierte Tradition, noch ein Widerspruch, der durch Praxis aufgelöst werden muß, sie ist nicht eine notwendige Ergänzung der sonst „abstrakten“ modernen Welt.

Zugleich aber findet sich hier ein Gedanke, der auf den späteren Kompensationsbegriff vorausdeutet. Es heißt, im späten 19. Jahrhundert, zur Zeit Diltheys, sei die Welt des Individuums durch die industrielle Gesellschaft bedroht worden: „In ihrem verdinglichten und rechenbaren Lebenssystem hat der ‚Mensch‘ keinen Platz [...]. Es gibt die Einheit des Lebenszusammenhangs nur noch in der Lösung von der Gegenwart, nur noch im verstehenden Rückblick auf die Vergangenheit.“[26] Die Gegenwart, so zitiert Ritter aus Dilthey, ist gekennzeichnet durch den Schmerz der Leere und durch das Bewußtsein der Anarchie.[27] Der verstehende Mensch, der Typus des geschichtlichen Menschen bei Dilthey, füge sich dieser Anarchie nicht ein, widersetze sich ihr – er sei aber auch nicht willens, sie praktisch aufzulösen. Das ist der Vorwurf des Quietismus und der Resignation in den Geisteswissenschaften, die sich mit Kompensationen begnügen. Kompensation ist hier also ein vornehmlich kritischer Begriff, er bezeichnet Ersatzhandlungen und Notmaßnahmen. Ritter faßt abschließend seine Intention mit einem Cicero-Zitat zusammen: „Wir können sehen, [...] daß vor allem diejenigen die Taten der Vergangenheit hören und lesen wollen, für die jede Hoffnung auf Taten ausgelöscht, – die Greise.“[28]

Unverhüllt spricht Ritter damit aus, daß die historischen Geisteswissenschaften, wie sie bei Dilthey erscheinen, nur Sache einer alt und handlungsunfähig gewordenen Bourgeoisie sind. Insgesamt erkennt man bei Ritter ein Stück marxistischer Ideologiekritik, eine Kritik an den Verkehrungen des ideologischen Bewußtseins, das die Dinge auf den Kopf stellt,

26 A.a.O. S. 203f.

27 A.a.O. S. 204. In Diltheys posthum erschienenem Manuskript *Die Kultur der Gegenwart und die Philosophie* heißt es: Im Verlauf der Geschichte ist „die Skepsis gründlicher geworden, die *Anarchie des Denkens* erstreckt sich in unserer Zeit auf immer *mehr Voraussetzungen* unseres Denkens und Handelns. [...] Dieser Schmerz der Leere, dies Bewußtsein der Anarchie in allen tieferen Überzeugungen, diese Unsicherheit über die Werte und Ziele des Lebens rufen die verschiedensten Versuche in Dichtung und Literatur hervor, die Fragen nach Wert und Ziel unseres Daseins zu beantworten.“ W. Dilthey: Weltanschauungslehre. Ges. Schriften Bd. 8 (Stuttgart, Göttingen ^{4}1962) S. 194.

28 A.a.O. S. 204.

das aus dem verstehenden auch den handelnden Menschen macht und aus den „handgreiflichen geschichtlichen Mächten" nur geistige und kulturelle Phänomene,[29] aus der Ohnmacht des Gebildeten die prinzipielle Endlichkeit des Menschen und aus seiner „Entfremdung" von der Praxis[30] die Unerkennbarkeit der Geschichte. Während sich das ideologische Bewußtsein in einem *unbewußten* Widerspruch mit der Realität befindet, führt die Aufklärung darüber in den *bewußten* Widerspruch und Konflikt mit der gesellschaftlichen Realität und so zur Praxis: Der Gedanke der Versöhnung von „Theorie und Praxis, Nutzen und Wahrheit" bringt laut Ritter „in den allerdings schwerwiegenden Widerspruch gegen die Erhaltung der bestehenden geschichtlich-gesellschaftlichen Verhältnisse".[31] Und dieser Gedanke zeigt in eben die Richtung, die er in seinen beiden Marx-Vorträgen erläutert hatte: Die Philosophie kann sich aus der Praxis nicht mehr heraushalten, sondern muß zum revolutionären Handeln übergehen und zur Aufhebung der gesellschaftlichen Widersprüche führen.

In der erwähnten Rezension von 1931 hatte sich Ritter zu Dilthey noch anerkennend geäußert: Er bewundert Diltheys Bescheidenheit, da dieser zwar einerseits die auf Weltverbesserung ausgerichteten Willensphilosophen beneidete, andererseits aber seine Grenzen fühlte und sich auf „wissenschaftliche Strenge" und „gegenständliche Kontemplation" beschränkte. Nicht die Gedanken Diltheys werden hier antinomisch genannt, sondern das geschichtliche Bewußtsein, von dem Dilthey ausging und auf dessen „innere Antinomik" er reagierte.[32] Ritters ausführliche und kritische Abhandlung über Dilthey entstand deshalb vermutlich unter dem Eindruck der Davoser Hochschulkurse,[33] die vom 22. März bis 11. April 1931 stattfan-

29 A.a.O. S. 189.
30 A.a.O. S. 205.
31 A.a.O. S. 206.
32 S.o. Anm. 13.
33 Siehe zu dieser Institution Karlfried Gründer: Cassirer und Heidegger in Davos 1929. In: Über Ernst Cassirers Philosophie der symbolischen Formen, hg. von H.-J. Braun, H. Holzhey, E.-W. Orth (Frankfurt/M. 1988) S. 290 ff. – Ritter hat sicherlich über Cassirer Zugang zu jener Tagung in Davos gehabt. Ritter berichtet schon 1929 in der *Davoser Revue* (Jg. 4, S. 196–198) über Cassirers Davoser Vorträge, und er beteiligt sich 1929 in jener Zeitschrift an einer Diskussion über „Die Problematik der Akademischen Jugend" (Jg. 5, S. 16–20): Wenn die Studenten an zuviel Reflexion und am Mangel an instinktiver Sicherheit litten (wie die vermutlich von Nietzsche gelernte Klage hieß), liege das daran, daß sie den Sprung in die Wirklichkeit und den Übergang zu konkreten Aufgaben scheuten.

den und dem Thema „Bildung und Wissenschaft" galten. Ritters Bericht darüber, der noch im selben Jahr erschien,[34] ist nicht weniger kritisch als seine Stellungnahme zu Dilthey in der zitierten Abhandlung. Denn Ritter bescheinigt den Hauptreferenten jener Tagung – den Pädagogen Paul Haeberlin und Wilhelm Flitner sowie dem Soziologen Hans Freyer – zwar die Krise des Bildungsbegriffs erkannt, aber keine überzeugenden Auswege gewiesen zu haben. „Was in Davos zur Sprache kam, war, wenigstens deutscherseits, die Entfremdung von Wissenschaft und Bildung, war die Beziehungslosigkeit der theoretischen Erkenntnis zu jenen weltanschaulichen Motiven, die die – im weitesten Sinn gefaßte – Bildungsarbeit beherrschen, aber nicht nur das; was vor allem zur Sprache kam, war die ‚*Krise*' der Bildung selbst, die Entfremdung des Geistes vom Leben und also eine Ausfallserscheinung an jenem Punkt, an dem allein über den Wert und Sinn der geistigen Güter entschieden werden kann: dort, wo ihre kulturelle Funktion in der Gesellschaft selbst einsetzt."[35] Bei allen Referenten sei die Tendenz deutlich geworden, „daß nicht die mögliche Formung der Gesellschaft gefordert wird, sondern die gegebene gesellschaftliche ‚Ordnung' zur Revision der Bildung und Bildungsarbeit führt."[36] Besonders Freyers Vortrag über die „Bildungskrise der Gegenwart" fand sichtlich Ritters Interesse. Denn Freyer zeigte für ihn richtig die geistigen und sozialen Quellen der Bildungsidee (wobei er sich hätte auf Weil beziehen sollen) und erkannte im Zwiespalt zwischen Bildung und sozialer Ordnung die Ursache der Krise. Aber als Problemlösung bot er nur an, daß jeder – immer ganz gebunden an seine spezialisierte Aufgabe und seine Klasse – zugleich auch ein „Maximum an Übersicht über das Ganze" erlangen solle. Das ist aber laut Ritter „nichts anderes als die ‚Aufhebung' der auf dem Boden der gesellschaftlichen Entwicklung entstandenen Widersprüche auf Seiten der Bildung. Es kommt nicht mehr darauf an, die Welt nach den in der Bildung lebenden Forderungen zu formen, sondern diese von der Gesellschaft abhängig zu machen [...]". Freyers Meinung, durch jene „Übersicht" höre der Einzelne auf, nur „Funktionär" zu sein, wird von Ritter als wenig durchdacht und als illusorisch zurückgewiesen, da diese Seiten notwendig miteinander in Konflikt geraten müssen und dann entweder nur „ein besserer Funktionär" oder jener „‚klassische' Gebildete" übrigbleibe,

34 J. Ritter: Bildungskrise in Davos, in: Neue Jahrbücher für Wissenschaft und Jugendbildung Bd. 7 (1931) S. 661–665.

35 Ebd. S. 661.

36 Ebd. S. 662.

„über den eben das Todesurteil ausgesprochen ist.“[37] Die gesamte Tagung habe den Teilnehmern nur deutlich gemacht, daß die Bildungskrise „nicht vom Standpunkt der Bildung sondern vom Standpunkt der Gesellschaft aus“ gelöst werden müsse.[38]

Ritter nennt in diesem Zusammenhang auch Flitners Vortrag, der als Maßstab der pädagogischen Praxis „außerhalb der jeweilig gegebenen ideologischen Grenzen den Raum einer ‚pädagogische Autonomie‘“ beschwor,[39] wenig überzeugend. Da Flitner, Ordinarius in Hamburg, seine geisteswissenschaftliche Pädagogik in Anknüpfung an Dilthey entwickelte, können wir davon ausgehen, daß Ritters Dilthey-Kritik gerade auch an Flitner gerichtet oder durch diesen motiviert war, hatte Ritter doch durch seine Tätigkeit als Lehrer[40] ja auch ein praktisches Motiv, sich mit dem Thema Bildung und Gesellschaft auseinanderzusetzen.[41]

Landshut hatte in der erwähnten Einleitung zu seiner Marx-Ausgabe geschrieben: „Während der Philosoph Hegel keineswegs so phantastisch war, alles das als vernünftig anzusehen, was Marx als Wirklichkeit galt und so andererseits von der Wirklichkeit selbst keine idealen Erwartungen hegte, wächst der ganze Realismus des Marxschen Erkennens auf dem idealen Glauben an die wirkliche und vollständige Vereinigung von Idee und Wirklichkeit, von Vernunft und Wirklichkeit.“[42] In Anlehnung daran ließe sich sagen, daß Ritter in seiner philosophischen Entwicklung jenen Weg von Hegel zu Marx wieder zurückgegangen ist. Denn während das Leitmotiv seiner ersten Arbeiten heißt, es gelte, die „Widersprüche“ der Gesellschaft praktisch aufzuheben, wiederholt er später in fast allen Arbeiten, man müsse mit Hegel die „Entzweiung“ als Bedingung der Freiheit begreifen. Dabei läßt sich kaum die Erinnerung an Hegel selbst vermeiden, der zuerst von einer harmonischen und versöhnten Polisgemeinschaft träumte und später die Sittlichkeit nicht ohne die Härten der bürgerlichen Gesellschaft denken konnte.

37 Ebd. S. 663 f.

38 Ebd. S. 665.

39 Ebd. S. 664 f.

40 J. Meran, a.a.O. [Anm. 1] S. 473; Ch. Tilitzki, a.a.O. [Anm. 1] S. 826.

41 Es spricht sehr für Flitner, daß dieser trotz Ritters kritischer Bemerkungen 1935 half, diesem einen besoldeten Lehrauftrag zu verschaffen. Ch. Tilitzki, a.a.O. [Anm. 1] S. 827.

42 Karl Marx: Der historische Materialismus, a.a.O. [Anm. 5] S. XXXV.

Emanzipation und Substantialität[1]

Robert Spaemann

Angesichts der gegenwärtigen Diskussion des Fundamentalismusproblems überall in der Welt ist es nützlich, den Europäisierungsaufsatz von Ritter anzuschauen. Seine These ist: Indem die Europäisierung fortschreitet, nimmt der Druck ihrer ungelösten Probleme zu.

Seit seiner Vorlesungstätigkeit in Münster war die Selbstinterpretation des Fortschritts immer ein Thema für Joachim Ritter. Sein Türkei-Aufenthalt schien uns damals ein entscheidender Einschnitt zu sein. Im Rückblick ist der Unterschied zu seinen früheren Vorlesungen nicht so groß. Was Ritter später sagt, steht auch schon in früheren Vorlesungen, aber eher beiläufig; umgekehrt wird das, was früher im Mittelpunkt stand, später beiläufig. In der Sache gibt es eine kontinuierliche Entwicklung, die in erster Linie den Charakter einer Akzentverlagerung hatte.

Das Faktum, das wir „Fortschritt" im Singular nennen, ist bekannt. Ob die Bewegung der Neuzeit tatsächlich als Fortschritt gedeutet werden soll, ist eine andere Frage, wenn Fortschritt Fortschreiten zum Besseren meint. Es wäre sicher besser, von Fortschritten im Plural zu reden und zu fragen: Wo schreitet man fort, wo geht etwas verloren? Ritter hat die Frage so nicht gestellt. Er sprach von dem, was seit dem 18. Jahrhundert „Fortschritt" heißt. Und was den Philosophen zu interessieren hat, ist die Selbstinterpretation dieses Vorgangs. Diese Interpretation ist – das war immer Ritters Überzeugung – nicht folgenlos für die Gestalt dieses Fortschritts selbst: Was geschichtlich geschieht, ist nicht unabhängig davon, wie wir es interpretieren.

Die beiden Begriffe, die bei Ritter eine Schlüsselrolle spielen, sind die der *Substanz* oder *Substantialität* und der *Subjektivität*. Es wäre eine eigene Studie wert, zu untersuchen, was *Substanz* bei Ritter eigentlich heißt. Er spricht von „substantiellem Menschsein", von der „Substanz, von der wir leben" usw. Der Begriff der Substanz wird eingeführt nicht mit Bezug auf Dinge,

1 Durchgesehene Tonbandmitschrift eines frei gehaltenen Diskussionsbeitrags.

sondern mit Bezug auf menschliche Lebensverhältnisse. Von ihnen sagen wir, sie seien *substantiell* oder im Gegensatz dazu *emanzipatorisch*. Ritter spricht von „Freisetzung von Subjektivität". Man würde heute dazu *Emanzipation* sagen. In Ritters erster Phase liegt der Akzent stärker auf der Tatsache, daß die neuzeitliche Freisetzung der Subjektivität wesentlich bestimmt ist durch Vergessen, und zwar Vergessen dessen, wovon wir leben. Die These hält sich übrigens bei Ritter später durch. Er hat es später nie anders gesagt, er hat immer wieder von der Notwendigkeit gesprochen, dem Vergessen entgegenzuwirken.

Was wird vergessen? Vergessen wird das, was Ritter *Substanz* nennt. Und dieses hat eine doppelte Bedeutung: *Substanz* ist einerseits das, was früher war, und andererseits das, was immer ist und gilt. Das, was immer ist, und das, was früher war, steht in einem Verhältnis zueinander, über das Ritter sich nie deutlich ausgelassen hat. Das, was einmal war, erscheint in den früheren Vorlesungen dem, was immer gilt, näher gewesen zu sein. Die Früheren, die „Alten", die pampalaioi, waren dem, was immer ist, näher; und Emanzipation steht in der Gefahr, das zu vergessen, was immer ist, weil sie sich von denen, die dies besser wußten, entfernt.

Der Vorlesung im Wintersemester 1948/49 über *Philosophie im 19. und 20. Jahrhundert* hat Ritter als Motto ein Wort von T. S. Eliot vorangestellt: „Und der Wind wird sagen, hier lebten einst ehrsam gottlose Leute. Ihr einziges Denkmal ist die Asphaltstraße und tausend verlorene Golfbälle."[2] Das Substantielle wird auch in einer Heidegger-Vorlesung thematisiert, an die ich mich erinnere – und die übrigens gegenüber früheren Heidegger-kritischen Positionen Heidegger eher affirmativ präsentierte, allerdings so, daß es sich eher um eine Selbstdarstellung Ritters handelte. Hier spielte der Begriff des *Instandes* eine große Rolle, ein anderes Wort für das *Substantielle:* das, worin wir immer schon sind und dessen Paradigma die Sprache ist. Die Sprache ist das Substantielle, das Unvordenkliche, in dem wir, ehe wir beginnen, als Subjekte zu sein, immer schon sind.

Wenn die Emanzipationsbewegung wesentlich den Charakter des Vergessens hat, so ist die Aufgabe der Philosophie die Erinnerung. Ich zitiere aus dieser Vorlesung:

„So muß die konkrete Aufzehrung des substantiellen Menschseins am Ende mit Notwendigkeit erneut zur Frage nach dem Wesen des Menschen führen."

2 T. S. Eliot: Choruses from ‚The Rock', III [1934]. The Complete Poems and Plays of T. S. Eliot (London 1969) S. 155.

Hier muß man an einen Text erinnern, der ja für Ritter Anfang der dreißiger Jahre einmal wichtig war. Im *Kommunistischen Manifest* wird die Zerstörung aller substantiellen Bindungen durch den Kapitalismus beschrieben. Diese Zerstörung ist für Marx die Bedingung dafür, daß nun erst hervortritt, was der Mensch wirklich ist. Der „fromme“ Überbau muß zerstört werden, weil er Lüge ist.[3] Für Ritter sind nun diese ‚frommen Bande‘ nicht mehr ein die Wahrheit des Menschseins verstellender Überbau, sondern die Wahrheit des Menschseins. Das, was mit ihnen zugrundegeht, ist das Substantielle. Die Aufzehrung dieses substantiellen Menschseins treibt aber nun erneut die Frage nach dem Wesen des Menschen hervor, als die Frage nach dem, was verloren ist, was aber nie so verloren werden kann, daß die Erinnerung daran sterben könnte.

Ritter deutet gelegentlich einmal an, es könnte sein, daß die Menschen wirklich vollständig vergessen. Aber auf der anderen Seite sagt er: „Der Emanzipationsprozeß ist nicht abschließbar.“ „Die Emanzipation kann nicht zum Ende kommen.“ Die Emanzipation kann nicht zum Ende kommen, weil das das Ende des Menschen wäre. Die Emanzipationsbewegung ist eine notwendige, aber unabschließbare Bewegung, denn sie lebt selbst von dem, was sie nicht reproduzieren kann. Von „Aufzehrung des substantiellen Menschseins“ spricht Ritter. Was zehrt hier auf?

In der Vorlesung über *Philosophie im 19. und 20. Jahrhundert* (WS 1948/49) wird das, wodurch die Aufzehrung bewirkt wird, als „die Technik“ beschrieben, die Zweckrationalität der modernen Technik, die nackte Funktionalität, Zweckrationalität gegen das, was man vielleicht – das ist nun kein Ritterscher Ausdruck – die Ritualität des Handelns nennen könnte. Alles traditionelle Handeln ist zugleich zweckbestimmt und rituell. Die Perfektionierung der Zweckrationalität, die das rituelle Moment des Handelns eliminiert, führt einerseits zur Befreiung und führt andererseits zu dem, was Ritter „die leere Perfektion“ nennt.

In Bezug auf die Deutung des Fortschritts werden Hegel und Voltaire miteinander konfrontiert. Das ist immerhin schon 1951. Voltaire ist derjenige, der das Moment des Vergessens nicht sieht, sondern der im Gegenteil die Vergangenheit als Selbstentfremdung begreift. Hegel ist derjenige, der die Gegenwart als „Selbstentfremdung“ begreift. Die Vergangenheit vergegenwärtigte das Sein, in dem wir sind: Statt „Substanz“ sagt Ritter auch „Sein“.

3 K. Marx, F. Engels: Das Kommunistische Manifest. MEW Bd. 4, S. 464.

Die Vergangenheit vergegenwärtigte das Sein, in dem wir sind. Was geschieht eigentlich in der Moderne? Hier gibt Ritter, wie mir scheint, eine sehr wichtige Bestimmung: die Moderne verwandelt alles in Bedürfnis. Indem sie die Ordnung des Menschseins von der Subjektivität her bestimmt, wird das, was aus der Subjektivität selbst nicht abgeleitet werden kann, bestimmt als das, was das Subjekt „braucht". So wird die Gesellschaft zum „System der Bedürfnisse." Dieser Hegelsche Ausdruck[4] gewinnt dann bei Ritter eine Schlüsselbedeutung. Das System der Bedürfnisse verwandelt tendenziell alle substantiellen Elemente in Bedürfnisbefriedigung. So gibt es nicht Gott, aber religiöse Bedürfnisse. Es läßt sich alles in die Sprache des Bedürfnisses übersetzen. Nur daß bei dieser Übersetzung des substantiellen Gehalts des Menschseins in die Sprache der Bedürfnisse das Spezifische dessen verloren geht, was diese Gehalte eigentlich auszeichnete: daß sie nämlich auf eine bestimmte Weise den Menschen in Anspruch nehmen und ihre Pointe verlieren, wenn sie als Befriedigung subjektiver Bedürfnisse verstanden werden können. Eine solche Verwandlung aller Inhalte, die das menschliche Leben ausmachen, in bedürfnisbefriedigende Gehalte ist das, was bei Ritter in diesen Vorlesungen „Selbstentfremdung" heißt.

Aber schon früh grenzt sich Ritter ab gegen eine bestimmte Art von romantischem Traditionalismus: Die Entfremdung wird nicht aufgehoben durch Rückkehr, durch Rückkehr zum Alten, zu dem, was war. Man muß immer festhalten: Substanz ist das, was immer ist. Das, was früher war, war ihr Statthalter. Man kann zu dem, was immer ist, auch zurückkehren, ohne zurückzukehren zu dem, was früher war, vorausgesetzt, man erinnert sich an das, was früher war. „Die Aufhebung der Selbstentfremdung geschieht", so sagt Ritter, „durch eine Sicht der Gegenwart im Licht ihrer Herkunft." Zum Bild der Moderne wurde der verlorene Sohn: er emanzipiert sich und landet bei den Schweinen, im Elend. Aber nun geschieht eine Umdeutung des Gleichnisses: Die Rückkehr des verlorenen Sohnes ins Vaterhaus ist nämlich eigentlich gar nicht *Rückkehr*, sondern Ritter sagt: der Sohn entdeckt, daß das väterliche Haus nicht das Haus ist, das eine Grenze gegenüber der Fremde hat und hinter der Feldmark aufhört, sondern daß es überall das Dasein ist. Damit ist die Entfremdung aufgehoben. Das heißt, der verlorene Sohn entdeckt, daß er eigentlich nie von Zuhause weggekommen ist. Man kann nämlich gar nicht wegkommen von Zuhause. Und die Rückkehr besteht in der Entdeckung des Zuhause, das auch dort ist, wo er sich befindet. Gerade diese Deutung scheint

4 G. W. F. Hegel: Grundlinien der Philosophie des Rechts (Berlin 1821) §§ 189ff.; vgl. J. Ritter: Metaphysik und Politik (Frankfurt a. M. 1969) S. 221ff.

mir deutlich zu machen, daß von einem Bruch in der Entwicklung Ritters zumindest in der Nachkriegszeit nicht die Rede sein kann, denn dasselbe hätte er auch später gesagt.

Bewahrung ist nicht antithetisch zum Fortschritt zu verstehen. Aber in der früheren Zeit, also vor der „Türkei-Zäsur", ist doch Bewahrung zu verstehen im Gegensatz zur Selbstdeutung des Fortschritts. Diese Selbstdeutung ist falsch. Und hier fällt das Wort von der Emanzipation, die nicht zum Ende kommen kann. Der Gedanke Voltaires, daß die Vergangenheit die Selbstentfremdung gewesen sei, der Mensch langsam zu sich komme im Fortschritt, ist ein falscher Gedanke: die zu Ende gekommene Emanzipation wäre der zu Ende gekommene Mensch. Die Substanz bleibt. Später sagt Ritter einmal ausdrücklich: sie bleibt unabhängig davon, ob sie gewußt wird. Das heißt, gerade deshalb ist jederzeit die Rückkehr möglich, weil dasjenige, wohin zurückgekehrt wird, nie aufhört, anwesend zu sein, unabhängig davon, ob es gewußt wird oder nicht.

Allerdings ist es für den Menschen nicht gleichgültig, ob es gewußt wird oder nicht. Die Philosophie ist es, die es im Wissen gegenwärtig hält. Wenn es nicht gegenwärtig gehalten wird von der Philosophie, wird es sich auf andere Weise geltend machen. Später las ich bei Rousseau: „Wenn ein Staat auf eine Weise regiert wird, die abweicht von der ‚Natur der Dinge', dann wird er unweigerlich solange verfallen, bis eine unbesiegbare Natur die Herrschaft wieder an sich genommen hat."[5]

Die spätere Akzentverlagerung ist ein Weiterdenken dieser anfänglichen Sicht der Dinge. Früher hieß es, daß das Substantielle immer gegenwärtig ist. Es ist das, wovon wir leben. Der Versuch der Emanzipation, von ihm wegzuführen, ist illusorisch. Später nun werden Emanzipation und Fortschritt selbst im Licht dessen gesehen, was die Substanz des Menschseins ausmacht. Der Fortschritt ist als solcher ein wesentliches Moment der menschlichen Substanz selbst.

Das unterscheidet nun Ritter von antiemanzipatorischen Autoren wie etwa J. Evola, einem Autor, der die ganze jüdisch-christliche Geschichte hinter sich lassen und zurückkehren möchte zu jenen Ursprüngen, die wirklich im strikten Sinne „substantielle" sind. Die Wahrheit des Menschseins liegt für Evola in diesen Ursprüngen, die freigesetzte Subjektivität ist das Unwahre.

Bei Ritter wird im Lichte der Tradition nach der Wahrheit der Emanzipation gefragt. Dabei wird nun das spezifisch Christliche jetzt in der Deutung Hegels

5 J.-J. Rousseau: Du contrat social II, 11.

hervorgehoben, während es in der früheren Phase einfach um das Religiöse geht. Ritter zitierte gern den Satz Augustins: „Vera religio est ab origine generis humani.“[6] Jetzt wird gefragt nach dem, was das eigentlich Christlich-Europäische ist. Die Antwort lautet: Wenn das Christentum die authentische Interpretation des Substantiellen ist, dann war das Substantielle immer schon dieses, daß der Mensch als Mensch, als Subjekt hervortritt. Die Subjektivität, die freigesetzt wird in der Bewegung des Fortschritts, ist nicht eine naturalistisch verstandene Subjektivität. Die Emanzipationsbewegung, die sie so versteht, setzt die Subjektivität schlechterdings gegen das Substantielle, wird dann aber von der Substanz auf eine heimtückische Weise eingeholt. Das freigesetzte Subjekt entdeckt sich selbst einfach als ein Aggregatzustand der Materie. Es interpretiert sich naturalistisch und wird so vollständig zurückgeholt in eine natürliche „Substantialität“, die aber gerade nicht diejenige ist, die gleichbedeutend ist mit der naturalistischen Selbstaufhebung des Subjektes.

Die Emanzipation, die Ritter vorschwebt, ist eine solche, in der die Freisetzung der Subjektivität gleichbedeutend ist mit der Freisetzung der geschichtlichen Substanz selbst, die erst so zu ihrer vollen Entfaltung kommt. Das, was im Fortschritt sich entfaltet, ist das, was der Mensch immer schon ist, und Europa ist der Ort, wo genau dies geschieht. Was in Europa das Substantielle heißen darf, kann gerade nicht im Gegensatz zur Subjektivität gesehen werden, während nach Ritters Auffassung in allen anderen Kulturen durch die Emanzipation tatsächlich ein Bruch entsteht, so daß Fortschritt in diesen anderen Kulturen deshalb vor allem Europäisierung bedeutet. Sie werden vor die Frage gestellt werden, mit ihrer Tradition zu brechen, um sich zu befreien, während die Europäer in der Lage sind, nicht mit der Tradition brechen zu müssen, um sich zu befreien, sondern ihre Tradition unmittelbar zu dem zu bringen, was sie immer war. Darum ist Europa, die europäische Geschichte Weltgeschichte, und Fortschritt heißt: Europäisierung. Ich zitiere aus dem Europäisierungsaufsatz: „Das europäische Erbe selbst, das Maß des Menschlichen und des Menschenwürdigen,“[7] verbietet die nostalgische Denunzierung des Fortschritts in den Entwicklungsländern. Aber der Fortschritt treibt nun auch in Europa Diskontinuität hervor.

6 Der Satz lautet bei Augustinus: Retractationes I, 13: „Nam res ipsa, quae nunc christiana religio nuncupatur, erat apud antiquos nec defuit ab initio generis humani, quousque ipse Christus veniret in carne, unde vera religio, quae iam erat, coepit appellari christiana.“

7 J. Ritter: Europäisierung als europäisches Problem, in: ders.: Metaphysik und Politik, a.a.O. [Anm. 4] S. 329.

Der Unterschied zwischen Europa und anderen Kulturen ist nicht der, daß es in Europa eine bruchlose Entwicklung gäbe. Der Unterschied ist nur, daß in Europa sich zugleich die Philosophie ausgebildet hat, die durch die Diskontinuität bedingt ist und die imstande ist, eine Versöhnung von Fortschritt und dem, was das Substantielle heißt, herzustellen. Diese Brücke ist nun wiederum nicht unabhängig vom Christentum. Ohne eine solche Brücke wäre der Fortschrittsoptimismus unbegründet, und er wäre unbegründet auch für Europa. Ich zitiere: „Versöhnung“ von Herkunft und Zukunft „ist die Bedingung des Bestehens und Bleibens.“[8] Auch hier also der frühe Gedanke: die Emanzipation kann nicht zum Ende kommen.

Die Frage lautet: welche Herkunft ist stark genug, den Fortschritt im „Sein“ zu halten? Ritter hat sich gelegentlich so geäußert, daß es nicht ausgemacht sei, wie die Sache ausgeht. Die Substanz als das, was immer ist, ist nicht zu vernichten, ohne daß der Mensch vernichtet wird, aber Vergessen kann stattfinden. Vergessen jedoch bedeutet Zusammenbruch des Menschseins, bloßes Vegetieren des Menschen, Rückkehr zu dem, was im Eliot-Zitat gesagt ist. Ein gewisser Optimismus Ritters hängt meines Erachtens auch mit der besonderen Lage der fünfziger und des Anfangs der sechziger Jahre zusammen: ein Gleichgewichtszustand der Zivilisation, einerseits Wiederaufbau, technischer Fortschritt, auf der anderen Seite Präsenz der traditionellen Bildungsmächte, die noch nicht prinzipiell in Frage gestellt waren. Die These Ritters in der Form, in der ich es hier skizziert habe, spiegelt in gewisser Weise diese Gleichgewichtslage.

Die Dinge haben dann eine dramatische Zuspitzung erfahren, und das Vergessen ist auf eine Weise programmatisch gemacht und zum Programm erhoben worden, die in der Zeit, in der Ritter lehrte, noch unvorstellbar war. Wo das System der Bedürfnisse sich anschickt, auf die „Substanz“ im elementaren Sinn, nämlich auf die Natur des Menschen in ihrer genetischen Grundlage durchzugreifen und sich so ihr Widerlager einzuverleiben, da gibt es nichts mehr zu versöhnen. Und es ist ja zum Beispiel die Idee Sloterdijks, das Medium der immer neu zu leistenden Versöhnung, die Erziehung, abzulösen durch biologische Züchtung, durch die sowohl Tradition als auch Emanzipation obsolet werden. Ritter könnte aber entgegnen, daß erst die widerstandslose Akzeptanz der brave new world das Ende des Menschen wäre. Ritter hatte immer etwas gegen Huxley und Orwell, gegen die Extrapolation von Trends, gegen lineare Konsequenzenmacherei. Geschichte war ihm Resultat von Kräften und Gegenkräften, von Sinn und Gegensinn. Die Philosophie freilich

8 Ebd. S. 339.

ist für ihn weder auf der einen noch auf der anderen Seite. Die Philosophie kämpft nicht, sondern versucht seit Heraklit, den Kampf als eine wesentliche Weise der Zusammengehörigkeit der Kämpfenden zu begreifen. Gerade deshalb aber darf sie nicht beschwichtigen und so unter Umständen dem Widerstand gegen die stärkeren Bataillone in den Arm fallen. Das äußerste, was ihr möglich ist, ist, den Feind als justus hostis zu sehen. (Carl Schmitt war mehrfach zu Gast im Collegium Philosophicum, seine „Ballade“ über „Substanz und Subjekt“ könnte als Hilfe dienen, um das Verhältnis beider zueinander aufzuklären.) Solange kontrovers ist, worin Zerstörung des Menschlichen bestehen würde und worin seine Bewahrung besteht, hat Ritters Erneuerung des Hegelschen Gedankens der Vernunft der Wirklichkeit die Vernunft auf ihrer Seite.

Anhang

Ritters Lehrveranstaltungen an der Universität Hamburg und an der Volkshochschule Hamburg zwischen 1933 und 1939[1]

SS 1933:	Die Entstehung und die geschichtlichen Hauptformen der philosophischen Erkenntnis	2stg. Vorlesung
	Übungen zum Erkenntnisproblem der gegenwärtigen Philosophie	2stg.
WS 1933/34:	Grundfragen einer philosophischen Lehre vom Menschen	2stg. Vorlesung
	Das philosophische Geschichtsbild grosser deutscher Historiker	1stg. Vorlesung
	Interpretation und Lektüre von Kant: Kritik der reinen Vernunft	2stg. Übung
SS 1934:	Ursprung, Aufbau und Bedeutung der Philosophie Kants	3stg. Vorlesung
	Übungen zu den allgemeinen Problemen der Philosophie Kants und der Kant-Auffassung	2stg.
	Übungen zu Kants Ethik	2stg.
WS 1934/35:	Interpretation von Kants Kritik der Urteilskraft	1stg. Vorlesung
	Die Entwicklung des geschichtsphilosophischen Denkens in den deutschen Geschichtswissenschaften des 19. Jahrhunderts	2stg. Vorlesung

[1] Nach: Hansische Universität [Hamburg]: Personal- und Vorlesungsverzeichnisse SS 1933 bis WS 1939/40 im Vergleich mit der Personalakte J. Ritter IV 2529 des Staatsarchivs Hamburg (Anlage zum Antrag Flitners auf Verleihung des Prof.-Titels vom 1.12.1937). – Die mit * bezeichneten Veranstaltungen wurden auch unter „Politische Fachgemeinschaft der Fakultäten“ bzw. „Wissenschaftslager in Kalkhorst“ angekündigt. Das WS 1939/40 konnte Ritter nicht mehr zu Ende führen, da er am 20.1.1940 zur Wehrmacht eingezogen wurde. Die Angaben zu den Lehrveranstaltungen an der Volkshochschule wurden der genannten Akte entnommen. Ich danke dem Staatsarchiv Hamburg für die Erlaubnis zur Einsichtnahme.

	Übungen zur neueren Geschichtsphilosophie (Burckhardt, Nietzsche, Bachofen, Dilthey, Croce)	2stg. Vorlesung
SS 1935:	Einführung in die Philosophie des Mittelalters	3stg. Vorlesung
	Übungen zur mittelalterlichen Philosophie (Augustinus, Thomas von Aquino, Eckhart, Nicolaus von Cues)	2stg.
	Übungen zur Geschichtsphilosophie	14tg. 2stg.
WS 1935/36:	Thomas von Aquino und Meister Eckhart	3stg. Vorlesung
	Übungen zu Thomas von Aquino und Meister Eckhart	2stg.
	Kolloquium über Grenzfragen der Geistesgeschichte und Biologie. In Gemeinschaft mit Prof. A. Meyer u. Dr. Heydenreich	14tg. 2stg.
SS 1936:	Plato	3stg. Vorlesung
	Übungen zu Plato und zum Platonismus	2stg.
WS 1936/37:	Einführung in die Aufgaben philosophischer Erkenntnis	2stg. Vorlesung
	Platons zehn Bücher vom Staat	1stg. Vorlesung
	Übungen zu Aristoteles	2stg.
	Übungen zur deutschen Mystik und Philosophie des 15. und 16. Jahrhunderts*	2stg.
SS 1937:	Einführung in die Philosophie Hegels	2stg. Vorlesung
	Erkenntnistheorie	1stg. Vorlesung
	Übungen zu Hegel	2stg.
WS 1937/38:	Hegels Lehre von der Geschichte	1stg. Vorlesung
	Die geschichtlichen Hauptformen der philosophischen Psychologie u. die Entstehung der modernen Psychologie	2stg. Vorlesung
	Übungen zur philosophischen Psychologie und ihrer Geschichte	2stg.
	Übungen über die deutsche Philosophie im Zeitalter der Reichsgründung (in Gemeinschaft mit Prof. Noack u. Dr. Ralfs.)*	14tg. 2stg.
SS 1938:	Ausgewählte Probleme der Philosophie des Deutschen Idealismus*	2stg. Vorles.
	Übungen zur Philosophie des Deutschen Idealismus	2stg.

	Übungen über die deutsche Philosophie im Zeitalter der Reichsgründung (Fortsetzung) (zus. mit Prof. Noack u. Dr. Ralfs)*	2stg.
WS 1938/39:	Ausgewählte Probleme der philosophischen Ethik	2stg. Vorlesung
	Übungen zur Philosophie des Nicolaus von Cues	2stg.
SS 1939:	Die Philosophie des 19. Jahrhunderts	2stg. Vorlesung
	Übungen über Hegels Phänomenologie des Geistes	2stg.
	Übungen zur Philosophie der Gegenreformation*	2stg.
WS 1939/40:	Geschichte der antiken Philosophie	2stg. Vorlesung
	Übungen zur Geschichte der Philosophie und Theologie des 17. Jahrhunderts (zus. mit Prof. Noack und Dr. Ralfs)*	

Lehrveranstaltungen an der Hamburger Volkshochschule:

SS 1936:	Philosophische Grundbegriffe	2stg.
WS 1936/37:	Einführung in das Wesen philosophischer Werke (Eckhart, Herder, Fichte, Kant)	2stg.
SS 1937:	Einführung in das Wesen philosophischer Werke (Platon, Eckhart, Leibniz, Kant, Fichte, Nietzsche)	2stg.
WS 1937/38:	Die Philosophie Platons	2stg.
	Nicolaus von Cues	Vortrag am 10. XI.

FUNDAMENTALKANTATE

für Solostimme und Chor mit gemischten Gefühlen zum zehnjährigen Bestehen des Collegium Philosophicum Münster

Musik: Ludwig van Beethoven, Paul Dessau, Carl Orff, Friedrich Silcher, Kurt Weill – Musikalische Einrichtung und am Spinett: Georg Schulte-Fischedick – Text: Odo Marquard – Solist: Robert Spaemann – Chor: Ursula Franke, Wilhelm Goerdt, Grete und Hermann Lübbe, Edeltraut Wlosok – Szenischer Ausklang: Grete und Hermann Lübbe – Regie- und sonstiger Assistent: Karlfried Gründer
Uraufführung: Münster 9.3.1957

I. DER ÄSTHETIK-RITTER

Solo (Melodie: Dreigroschenoper, Mackie-Messer-Song)

Liebe Freunde! Nach zehn Jahren
ziemt es sich, daß ein Chronist,
der im ganzen mit dabei war,
sagt, wie es gewesen ist,

und uns alle im Gedichte
in die alte Zeit versetzt.
Damals sah die Weltgeschichte
ziemlich anders aus als jetzt.

Denn das Alte war das Wahre,
und die Neuzeit, die war schlecht;
sie betrog sich durch das Schöne,
durch die Kunst. Das war nicht recht.

Und so wurde die „Ästhetik“
Logbuch ihrer Agonie.

Sie bewies, daß es so nicht geht;
doch wie's geht, verschwieg auch sie.

LIED DER GESCHICHTE:

Chor (Melodie: Mutter Courage, Lied der Mutter Courage)

Doch die Geschichte, die geht weiter,
und ihre Basis wälzt sich um.
Philosophie als ihr Begleiter,
die sieht sich auch nach Neuem um,
sieht an der Zukunft bessre Seiten,
der Herkunft bleibt sie weiter treu.
Doch mit den guten alten Zeiten
ist's ein für allemal vorbei.
  Hypolepsei sagt sie, was ist,
  voll guten Muts als Sohn der Zeit.
  Und weil sie nicht gestorben ist,
  lebt sie einstweilen so bis heut.

II. DER GESELLSCHAFTS-RITTER

Solo (Melodie: Dreigroschenoper, Mackie-Messer-Song)

Und so ändern sich die Thesen,
und es kommt was Neues dran,
das man freilich noch nicht lesen,
aber hier nun hören kann.

§ 1. DIE GRIECHEN

Solo (Melodie: Dreigroschenoper, Lied von der Unzulänglichkeit menschlichen Strebens)

Im Anfang war die Stadt.
Das mußte wohl so sein,
denn dadurch kam Vernunft zuerst
in die Geschichte rein.

und nachdem sie drin ist,
kriegt man sie nicht mehr heraus.
Daß das ein Gewinn ist,
stellt sich heut heraus.
Die Stadt ist ohne Grund,
wo Tradition zerbricht:
die Dichter und Sophisten, die
bewahrn sie eben nicht.
Nur die Philosophen
können ihre Retter sein;
und sie führen dafür
die Ousia ein.
Der Platon setzte Wahr-
heit auf das hohe Roß
und trennte sie von dieser Welt.
Das nennt man Chorismos.
Doch im Idealen
ist sie ein zu fernes Licht.
Und auch in den Zahlen
west die Wahrheit nicht.
Der Aristoteles
war bürgerlich fürs Glück,
drum holte er die Wahrheit schnell
in diese Welt zurück.
Und er setzt sein Leben
für Vernunft und für das Sein,
und sein ganzes Streben
für den Rechtsstaat ein.

KLAGE DER ALTPHILOLOGEN:

Chor (Melodie: Carmina Burana, In taberna ...)

Ha, Wir hadern tief betroffen
mit den finstern Philosophen,
die die Texte nicht datieren
und ganz falsch interpretieren,
die den Werner Jaeger hassen
und den Gohlke leben lassen,

die von Sprachen nichts verstehen
und die Philologen schmähen!

(Melodie: Carmina Burana, O-o-o totus floreo ...)

Oh! Oh! Oh!
Geht das wirklich so?
Diese Anti-
philologen
machen uns nicht froh!
Oudemia episteme,
sed opinio!

§ 2. CHRISTENTUM

Solo (Melodie: Dreigroschenoper, Mackie-Messer-Song)

Und Vernunft: nach manchen Jahren
ist es darum schlecht bestellt.
Und sie flieht, sich zu bewahren,
aus der Stadt und aus der Welt,

und sie lobt das Allgemeine
und will alle Menschen gleich:
sind sie's auch noch nicht auf Erden,
sind sie's doch im Himmelreich.

Und so wird in schlechten Zeiten,
wo das Recht nicht funktioniert,
provisorisch auch der Rechtsstaat
theologisch konserviert.

KLAGE DER THEOLOGEN:

Solo (gesprochen)

Uns kommt
von den zuständigen Fakultäten
zuverlässig zu Ohren,
daß diese Konzeption
theologisch nicht unbedenklich ist,

sondern den Auffassungen
(*gregorianisch*)
des päpstlichen Lehramts
sowie mehrerer Landeskirchen
(*gesprochen*)
widerspricht.
Gereimte Äußerungen dazu
liegen bis zur Stunde
noch nicht vor.
Herder-Korrepondenzen und Evangelischer Pressedienst.

§ 3. MITTELALTER

Chor (Melodie: Carmina Burana, O fortuna ...)

Die Herrschaft hat
der Herrschaftsstaat.
Der Rechtsstaat, der ist passé.
Der Machtstaat quält
derweil die Welt,
das ist wirklich die Höh!
Das regnum ist
erheblich trist.
Die civitas hominum
wird exiliert.
Sie emigriert
in das sacerdotium.
St. Augustin
schickt Hilfe hin
per civitatem Dei.
St. Thomas stellt
sie in die Welt
und praktiziert die Theorie.

KLAGE DER HISTORIKER:

Chor (Melodie: Carmina Burana, In taberna ...)

Hermeneutik, Hypolepsis
zeugt in uns tiefste Skepsis.
Keine Quellen, keine Stellen,
keine Akten, keine Fakten.
Apparatlos, ständig rege
ohne gründliche Belege.
Keine Forschung in Archiven
Abstinenz vom Objektiven!

(Melodie: Carmina Burana, O-o-o totus floreo ...)

Oh! Oh! Oh!
Geht das wirklich so?
Ohne Quellen
Ohne Stellen
werden wir nicht froh!
Oudemia episteme,
sed opinio!

LIED DER GESCHICHTE:

Chor (Melodie: Mutter Courage, Lied der Mutter Courage)

Doch die Geschichte, die geht weiter,
und ihre Schritte, die sind groß.
Philosophie wird Vorarbeiter
und ihre Muße ist sie los.
Sie holt den Rechtsstaat auf die Erde.
Die Herkunft läßt sie leider aus.
Die Hoffnung, daß es besser werde,
die stellt sich dann als falsch heraus.
Sie konstruiert als Progressist
Zukunft und Ziel. Denn sie denkt weit.
Und da sie nicht gestorben ist,
lebt sie ganz munter auch noch heut.

§ 4. NEUZEIT

Solo (Melodie: Dreigroschenoper, Mackie-Messer-Song)

Gott verändert sich zum Willen,
und das tut Vernunft nicht gut.
Und was dann geschah, erforscht zur
Zeit das Leibniz-Institut.

Und das Denken wird Methode,
wird abstrakt und klammert aus.
Die Natur, die kommt in Mode,
die Geschichte, die fliegt raus.

Und die Dinge werden Sachen
fürs Bedürfnis im System
Und der Mensch hat nichts zu lachen.
Elend ist nicht angenehm.

Und er sucht sein wahres Wesen
subjektiv und im Gefühl
und will durch die Kunst genesen
und will Mensch sein durch das Spiel.

Aber ach! er bleibt nur möglich,
und er merkt, daß das nicht geht.
Und er leidet ganz unsäglich,
und er scheitert als Ästhet.

KLAGE DER GERMANISTEN:

Chor (Melodie: Ännchen von Tharau; a cappella)

Wir Germanisten sind höchlich empört,
daß man unsre Symbole zerstört
und alle Bürgen der Humanität,
Sänger und Dichter, entlarvt und versteht
und destruiert voller Arglist und Hohn
als „ontologische Kompensation“.

TRIUMPH DER SKEPTIKER:

Solo (Melodie: Dreigroschenoper, Mackie-Messer-Song)

Und die Welt, und die ist fertig,
ist am Ende, d. h. matt.
Theorie ist gegenwärtig
Zusehn, das das Nachsehn hat.

Endlich ist die Welt versunken
in den Abgrund ihrer Qual.
Wir betrachten freudetrunken
als ihr Fazit den Verfall.

Chor (Melodie: Freude, schöner Götterfunken....; a capella)

Endlich ist die Welt versunken
in den Abgrund ihrer Qual.
Wir betrachten freudetrunken
als ihr Fazit den Verfall,
die verewigte Entzweiung
und die Hoffnungslosigkeit
in Bezug auf die Befreiung;
– stets zum Suicid bereit.

Solo (Rezitativ)
Oh Freunde! Nicht diese Töne,
Sondern lasset uns angenehmere anstimmen
und freudenvollere!

§ 5. GEGENWART

Solo (Melodie; Dreigroschenoper, Mackie-Messer-Song)

Und wir streichen nicht die Segel,
selbst in noch so dürft'ger Zeit,
denn wir haben ja den Hegel,
und der Hegel weiß bescheid:

Herkunft kann zusammenstehen
mit der Zukunft ohne Krach.

Hegel hat das scharf gesehen,
und wir sehen es ihm nach:

die Entzweiung ist Versöhnung,
Illusion, daß man sich quält;
denn dem Menschen fehlt fast gar nichts,
nur die Einsicht, daß nichts fehlt.

Und die Zeit ist in den Fugen,
und die Welt ist wunderschön.
Und wir alle sind ja Bürger,
die am Freitag hegeln gehen.

KLAGE DER NEUROTIKER:

Solo (Melodie: Carmina burana, Olim lacus colueram ...)

Weh! Verklärung der Psychosen!
Drogen in bestimmten Dosen
und das Grundrecht auf Neurosen:
Chor: Miser, miser! Modo niger et ustus fortiter!

KLAGE DER METAPHYSIKER:

Solo (Melodie: Carmina Burana, Olim lacus colueram...)

Ach! das Sein! und ach! das Wesen!
Die Natur! Substanzgenesen!
(Unsre Summen! Unsre Thesen:
Chor: Miser, miser! Modo niger et ustus fortiter!

LIED DER GESCHICHTE:

Chor (Melodie: Mutter Courage, Lied der Mutter Courage)

Doch die Geschichte, die geht weiter,
und man sieht schwarz, und man sieht rot.
Philosophie wird Außenseiter,
doch scheint sie immer noch nicht tot.
Sie ist erschöpft und voller Wunden.
Sie kennt sich aus in Agonie.

Sie weiß von vielen schlimmen Stunden,
allein – zuende weiß sie nie.
  Hypolepsei sagt sie, was ist,
  sorgengeplagt als Sohn der Zeit.
  Und wenn sie nicht gestorben ist,
  lebt sie vielleicht sogar noch heut.

III. AUSBLICK

Solo (Melodie: Dreigroschenoper, Mackie-Messer-Song)

Und so zeigt, daß auf Erden
alles immer besser geht.
Also Mut! Es wird schon werden!
Schließlich kommt, was Ihr hier seht:

Es verträgt zum guten Ende
Herkunft mit der Zukunft sich.
Und sie reichen sich die Hände,
und sie leben minniglich.
  (Heimat, deine Sterne ...; Internationale; szenisch dargestellte
  Versöhnung eines Roboters und eines Trachtenmädchens;
  Abtanz auf Internationale im Walzertakt).

Autorenverzeichnis

BIEN, Prof. Dr. Günther, Institut für Philosophie der Universität Stuttgart

DIERSE, Dr. Ulrich, Institut für Philosophie der Ruhr-Universität Bochum

GOERDT, Prof. Dr. Wilhelm, Philosophisches Seminar der Westfälischen Wilhelms-Universität Münster

GRÜNDER, Prof. Dr. Karlfried, Institut für Philosophie der Freien Universität Berlin

HOMANN, Prof. Dr. Karl, Institut für Philosophie der Ludwig Maximilians-Universität München

LÜBBE, Prof. Dr. Hermann, Institut für Philosophie der Universität Zürich (Schweiz)

MARQUARD, Prof. Dr. Odo, Zentrum für Philosophie der Justus Liebig-Universität Gießen

PAŽANIN, Prof. Dr. Ante, Fakultät für Politische Wissenschaften der Universität Zagreb (Kroatien)

SCHOLTZ, Prof. Dr. Gunter, Institut für Philosophie der Ruhr-Universität Bochum

SPAEMANN, Prof. Dr. Robert, Institut für Philosophie der Ludwig Maximilians-Universität München